노성태, 역사의 길을 걷다

노성태, 역사의 길을 걷다

초판 1쇄 인쇄 2020년 8월 8일
초판 1쇄 발행 2020년 8월 15일

지은이 노성태
펴낸이 김승희
펴낸곳 도서출판 살림터

기획 정광일
편집 조현주
디자인 김경수

인쇄 · 제본 (주)신화프린팅
종이 월드페이퍼(주)

주소 서울시 양천구 목동동로 293, 22층 2215-1호
전화 02-3141-6553
팩스 02-3141-6555

출판등록 2008년 3월 18일 제313-1990-12호
이메일 gwang80@hanmail.net
블로그 http://blog.naver.com/dkffk1020

ISBN 979-11-5930-154-4(03910)

이 도서의 국립중앙도서관 출판예정도서목록(CIP)은 서지정보유통지원시스템 홈페이지
(http://seoji.nl.go.kr)와 국가자료종합목록시스템(http://www.nl.go.kr/kolisnet)에서
이용하실 수 있습니다. (CIP제어번호 : CIP 2020032387)

노성태,
역사의 길을 걷다

남도문화전령사,
역사교사
37년의 기록

노성태 지음

살림터

연꽃 만나고 가는 바람처럼

30여 년 가까이 지역사를 들여다보면서 많은 인물을 만났다. 그 가운데 가장 부러운 사람은 담양 출신 면앙정 송순과 장성 출신 지지당 송흠이다. 송순의 과거급제 60년을 기념하여, 제자들이 회방연(回榜宴)을 열고 직접 가마에 태워 집으로 모신다. 양반이 멘 가마를 탄 유일한 인물이 그가 아닐까 싶다. 임금 중에도 양반이 멘 가마를 탄 사람은 없다. 효와 청렴의 상징 인물로 '삼마태수'라 불린 송흠이 퇴임하자 임금은 어사주를 내려 축하연을 열어 주었고, 영의정 등 재상들은 낙향하는 그를 한강에서 배웅한다. 정말 아름다운 퇴장이다.

2020년 8월, 37년 몸담았던 교직을 퇴임한다. 30년 넘게 몸담았던 국제고등학교 부임 당시 학교에서 내려다본 일곡지구는 조그마한 시골 동네였고, 동네 뒤로 이어진 야산은 전남대학교 학생들의 교련 각개전투 훈련장이었다. 학교에 출근하려면 논길을 걸어야 했고, 비 오는 날이면 장화 없이 다닐 수 없는 길이었다. 그게 엊그제의 풍경이었는데, 이제 그 길은 대규모 주택단지인 일곡지구로 변했다. 항상 선배들은 세월이 너무 빨리 지나간다고들 했다. 그걸 이제 내가 온몸으로 실감하고 있다.

1981년 전남대학교 사범대학 국사교육과를 졸업하고 군 제대 후 1983년 8월 벌교여중에 첫 발령을 받았다. 이불 보따리 하나 짊어 메고 완행버스에 올라 벌교를 찾았다. 내 교직 생활의 출발이다. 이후 대학원 진학, 장흥 회덕중 복직, 국제고등학교로의 이직(移職), 그리고 정년을 맞았다. 돌아보면 크고 작은 일들이 일어났지만 순탄한 교직 생활이었다.

멋진 교사란 탁월한 교과 실력과 교직에 대한 열정, 그리고 플러스알파를 갖추어야 한다고 생각한다. 나의 플러스알파는 빛고을역사교사모임과 함께한 지역사 연구였다. 빛고을역사교사모임 회장, 『독립의 기억을 걷다』 출판, 광주교육아카데미 연합회장, 고등학교 역사 교과서 검정위원, 광주 비엔날레 참여관객, 노벨평화상 수상자 정상회의 개회 및 만찬 참석, 제2회 나라사랑 교수학습 프로그램 경진대회 입상, 제3회 광주 MBC 교육문화부문 희망대상 수상, 독립운동 현장 표지석 설치, 광주 3·1혁명 100주년 기념 논문 발표, 남도역사연구원 원장 등은 다 플러스알파 활동이다.

유럽, 실크로드, 티베트 여행, 만주·연해주·중국·일본의 독립운동 현장 탐방, 백두산·금강산·개성 답사 등은 나의 교직 생활에 의미를 더해 주었다. 안중근 의사 숭모비를 찾아내고 재건립했던 일, 광주광역시교육청, 광주광역시청, 광주광역시교육연수원에서의 자문 및 강사 활동도 잊을 수 없다. 특히 교육연수원과 함께한 해외독립현장 탐방활동은 가장 의미 있는 활동 중 하나였다.

교직 37년, 내 삶에 가장 극적인 사건은 지역사 연구의 출발이 된 빛고을역사교사모임과 글쓰기의 시작이 된 전남일보와의 인연이었다. 빛고을역사교사모임 선후배님들은 지금도 가장 가까운 나의 동료다. 빛고을모임이 있었기에 남도는 물론 전국 방방곡곡과 만주·연해주·러시아·일본 등 역사 현장을 찾아볼 수 있었다. 백두산에 오르고, 고구려 수도 집안과 고려 수도 개성을 탐방했던 것도 빛고을모임과 함께였다. 이들이 있었기에 수많은 수업자료를 만들 수 있었고, 20여 권의 책을 쓸 수 있었으며, 역사 교과서 국정화에 맞서 싸울 수 있었다. 그러니 내 글의 9할은, 내 활동의 9할은 빛고을모임 회원들 것이다. 신봉수 후배는 늘 내 글의 첫 독자였고, 교정자였으며, 사진 제공자였다. 전남일보 지면에 실린 글만도 200회가 넘는다. 최도철 국장, 이건상 총괄본부장과 맺은 따뜻한 인연 덕분이었다.

나를 아는 많은 분은 내가 교직에 딱 어울린다고 말한다. 말투도 행동도, 성격도 맞아 보인다고 했다. 나도 그렇게 생각하니, 나는 행복한 사람인 것 같다. 직업을 즐겼으니 말이다.

요즘 퇴임식을 하는 평교사는 별로 없다. 나 역시 그렇게 마음먹고 있었다. 그런데 올 초 김남철, 신봉수, 윤덕훈 후배가 찾아왔다. 후배님들이 퇴임식을 준비해 주겠다는 것이다. 정년을 기념하는 책도 내자는 것이다. 순간 난감했지만, 후배님들의 채근에 주책도 없이 승낙하고 말았다. 그래서 정한 책 이름이 『노성태, 역사의 길을 걷다』다. 책 제목은 신봉수 샘이 잡아 주었다. 맘에 든다. 책 제목이 맘에 들면 뭐 하나. 내용이 튼실해야지. 뭘로 채울지 고민이 많았다. 다행스럽게도 신문·잡지 등에 발표한 글들이 제법 되었다. 이미 출간한 단행본들이 특정 주제를 가지고 쓴 것이라면, 이 책은 처음부터 끝까지 내가 주어가 되어 만들어진 나만의 책인 셈이다.

2003년 교육부 잡지 『교육마당 21』의 표지모델이 되었고, 나를 소개하는 글이 실렸다. 40대 중반 모습이다. 이때 붙여진 '남도문화전령사'는 지금 내 별명이 된다. 제3자가 취재한 나에 대한 첫 평가를 담은 글로 이 책은 시작한다. 역사교사로 살아오면서 지역의 역사는 늘 나의 알파요 오메가였다. '역사의 외침'에 실린 글들은 주로 지역사와 관련된 글들이다. 젊은 교사 시절 교단일기도, 잡글도, 지역사 교재 서문도 실었다. '사진으로 본 노샘' 등 나의 교직 37년의 흔적은 부록으로 담았다. 그러니 부록은 일종의 타임캡슐인 셈이다. 노샘과 맺은 인연 글은 특별히 소중하다. 내가 가장 많은 도움을 받은 분들인데, 마지막 퇴임 때 또 민폐를 끼쳐 드렸다.

『노성태, 역사의 길을 걷다』는 그냥 평교사가 37년을 나름 치열하게 살아온 기록이다. 만들어 놓고 보니 많이 부끄럽다. 그러나 용기를 내 본다. 주위에, "내가 아는 역사 선생 한 명은, 선배 한 분은 이런 삶도 살았대"라며, 조금이라도 도움이 된다면 다행이겠다. 이 책을 만드는 데 늘 그랬던 것처럼 신봉수 샘의 도움을 또 받았다.

내가 만난 모든 선후배들은 다 향기로움을 품은 연꽃이었다. 그 연꽃을 만나고 가는 바람처럼 이젠 떠난다. 그러나 이미 내 몸에 밴 연꽃의 향기는 영원히 잊을 수 없을 것 같다. 인연을 맺은 모든 분(연꽃)께 거듭 감사드린다.

2020년 8월

정년퇴임 기념문집 발간을 축하하며

박만규(전남대 명예교수, 흥사단 이사장)

누구나 오롯이 한길을 걷는 모습은 보기 좋다. 그것도 넉넉한 마음과 환한 얼굴로 또박또박 자기 길을 걸어 마침내 종착지에 닿은 이의 모습은 참 아름답다. 노성태 선생이 정년을 맞는다 한다. 가슴 가득히 축하를 보내고 싶다.

내가 아는 그는 항상 부드럽고 온화한 사람이다. 자신에 충실한 사람들의 특징이다. 모두에게 필요한 덕성이지만 특히 청소년들을 가르치는 교사에게는 최고의 미덕이라고 생각한다. 그는 천부적으로도 교육자의 자질을 타고 난 듯싶은데 거기에다 또 스스로를 잘 단련해 온 듯하다.

그는 나와 직접 얼굴을 마주하건 전화 통화를 하건 항상 따스함을 느끼게 한다. 그러면서 때로는 살짝 무엇을 요청하기도 하는데 거절할 수가 없다. 그를 보거나 떠올리는 순간 먼저 미소부터 지어지니 어쩔 수 없다. 부드러움의 힘이다. 아마도 그는 그 따스함과 부드러움으로 늘 사람들을 끌어당기고 지배하는 모양이다. 알고 보면 그는 늘 여러 모임이나 일들의 중심에 서 있었다.

그는 오랫동안 교육에 충실하면서도 역사교사로서 우리 역사와 지역사에 관해 끊임없이 탐구하고 또 그걸 글로 써서 널리 읽히게 했다. 전공과 관련하여 학문적으로 큰 기여를 하였을 뿐 아니라, 역사의 대중화라는 사회적 요구에도 잘 부응하였다.

그의 저서들은 이미 다 읽어 알지만, 이번 문집에는 그 밖의 다양한 글들이 묶여 실린다고 들었다. 내가 미처 모르는 어떤 경험들을 했고 무슨 생각들을 또 했었는지 적잖이 호기심이 생긴다.

두말할 필요도 없지만 내가 아는 노성태 선생은 정년을 맞아 퇴임한다 해서 결코 한가히 멈춰 있을 사람이 아니다. 왕성한 공부 열정과 필력과 인화력이 어우러져 앞으로 어떤 성과들을 쏟아 낼지 정말 궁금하고 기대가 된다. 인격적으로 한층 원숙하고 결실이 더욱 풍성한 새로운 인생이 펼쳐지기를 기원한다.

퇴임 후에도 지역사에 더욱 천착하시길

김덕진 (광주교육대 교수, 전남대 역사교육과 동문회장)

노성태 선생님은 필자의 대학 선배이다. 선배님의 교직 퇴임과 그에 따른 문집 발간을 진심으로 축하드린다.

노 선생님은 대학원 석사과정 졸업 후 대학에 남지 않고 고교 교사로 진출하였다. 그런 노 선생님의 발자취를 일찍부터 보아 왔던 터이기에, 오늘 이 자리는 더없이 뜻깊다. 특히 대과 없이 퇴임을 눈앞에 두게되어 후배로서 그저 기쁠 따름이다.

『노성태, 역사의 길을 걷다』에는 주옥같은 글들이 수록되어 있다. 그가운데 우리의 눈을 끄는 것은 단연 역사교사로서, 우리 사회의 민주화를 향한 열정과 지역사와 역사교육에 대한 천착이다. 특히 광주지역의일제 강점기 민족운동에 대한 연구 업적은 압권이다. 해외 민족운동에대한 식견도 전문가 이상이다. 세월이 제법 흐른 글도 있지만, 그 생명력은 오늘 이 순간에도 살아 숨 쉬니 통찰력 하나만큼은 부러울 따름이다. 후배 연구자와 교직자들이 귀감으로 삼아도 전혀 손색이 없다.

노 선생님은 옆에서 보면, 참 부지런하다. 그리고 새로운 주제를 찾아나서는 민첩성도 남다르다. 아마 이런 점 때문에, 수업에 얽매이면서도 여러 분야의 글을 왕성하게 쓰고 강연과 방송도 활발하게 하였을 것 같다.

　이런 선배님이 퇴임을 한다고 하니, 아쉽기만 하다. 퇴임 후 다 내려놓지 마시고, 후학과 지역사회를 위해 여생을 바쳐 주시길 바란다. 그리고 항상 건강하기를, 그리고 늘 다시 만남을 기대한다.

남도문화전령사,
노성태

1. 『교육마당 21』, 표지모델 되다

2. 역사는 특정 정권의 사유물이 아니다(역사의 외침)

3. 막 쪄 낸 찐빵(교단 일기)

4. 젊은 교사를 슬프게 하는 것들(잡글)

5. 향토사 어떻게 가르칠 것인가?(자료집)

6. 노샘과 맺은 인연

7. 노샘, 사진으로 들여다보기

8. 교직 37년의 흔적

1.

『교육마당 21』,
표지모델 되다

역사·문화 가르치는
'남도문화전령사'

올해(2003)로 교직 경력이 꼭 20년인 노성태(45) 교사는 중·고등학교 역사교사 단체인 '빛고을역사교사모임'의 회장을 6년 동안 역임하고 있으며 학기 중에는 학생들에게, 방학 중에는 교사들에게 남도의 역사와 문화를 알리는 '남도문화의 전령사' 역할을 톡톡히 담당하고 있다.

빛고을 광주(光州)는 임진왜란 7년여 세월에도 왜병의 침략을 끝까지 막아 낸 구국의 용기가 광주학생운동을 거쳐 면면이 이어져 오는 애국 충절의 고장으로 유명하다.

의향 광주에서 만난 노성태 국제고등학교 교사는 남도의 문화를 학생들에게 전파하는 '남도문화의 전령사', '광주 역사의 구심체'로 불리고 있다.

광주시 북구 삼각동에 자리한 국제고등학교(교장 한갑수)는 흰색 4층 건물에 초록잔디가 어우러져 있는 곳이다. 비가 내린 뒤라 잔디가 촉촉하다. 4층 도서실에 있는 노성태 교사를 만나기 위해 부랴부랴 계단을 올랐다.

다방면 재주 있는 '팔방미인'

"먼 길 오시느라 고생 많으셨지요?"

취재진을 반기는 노성태 교사 뒤로 즐비하게 진열되어 있는 일만 천여 권의 도서가 보인다. 도서실은 올해 노 교사가 독서교육부장을 맡으면서 교사 3명과 함께 사용하고 있는 집무실이다. 학교에서 2003년도 특색사업으로 학생들의 '독서 생활화'를 추진하면서 한갑수(55) 교장이 노 교사를 독서교육부장에 적극 추천한 것이다. 15년

『교육마당 21』 표지

동안 노성태 교사를 지켜본 한갑수 교장은 "노성태 선생은 영역의 구분 없이 다방면에 재주가 있는 팔방미인"이라며 칭찬을 아끼지 않는다. 노성태 교사는 진학지도 경력만 10여 년으로 지난해까지는 고3 수험생들의 진학부장으로 광주 시내에 입시 전문가로 입소문이 나 있던 터였다.

이번에 그는 진학부장에서 독서교육부장으로 자리를 옮겨 도서관 리모델링 사업을 총괄하고 있다. 도서관 소장 장서를 모두 전산화하는 작업과 함께 도서실을 단순히 책을 빌리는 곳이 아닌 책을 읽고 토론하고 정보도 검색할 수 있는 다목적실로 만들 계획이다. △교내 독서퀴즈대회 △사이버 독후감 대회 △독서 경시대회 △시와 시조 암송대회를 주관하고 오성독서신문을 발간하는 등 각종 독서교육 관련 행사를 계획하고 추진하는 것 또한 주요 업무 중 하나다. 독서교육부장 역할만으로도 벅찰 텐데 그는 학부모 독서토론회를 구성해 또 다른 능력을 펼치고 있다.

'창조의 요지' 남도 문화에 긍지

"남도는 불의를 용납하지 않는, 외세의 침략에 가장 먼저 몸을 던져 나라를 구한 충절의 고장입니다. 삼별초의 대몽항쟁, 임진왜란 때의 의병봉기, 동학농민운동, 한말 의병항쟁, 그리고 일제 치하 광주학생독립운동과 5·18 광주민중항쟁이 그 증거지요."

독서교육부장으로 학생과 학부모들의 독서지도를 도맡고 있지만, 그는 역사교육을 전공한 역사교사다. '교사는 모름지기 자신의 전공에 늘 자신이 있어야 한다'는 그는 특히 남도 역사에 해박하다. 그의 남도 자랑은 계속된다.

"남도는 새로움을 창조하는 문화의 요지이기도 합니다. 신라 말 유행한 선종의 주 개창지였고 세계적인 공예품인 고려청자의 중심지였습니다. 조선 시대 무등산을 중심으로 형성된 정자는 새로운 시가 문학의 산실이 되었으며, 허련으로부터 시작된 남종화와 판소리는 남도를 '예향'으로 불리게 했습니다."

전남 나주 노안면에서 8남매 중 일곱째로 태어난 그는 군대 시절을 제외하고 남도를 떠나 본 적이 없는 남도 토박이다. 학창 시절 국사 점수는 무조건 만점이었으며 대학 시절에는 유적지 탐방이 취미이기도 했다.

대학 시절부터 향토사 연구의 기본기를 닦아 온 그는 지난 98년 '빛고을역사교사모임'을 결성하면서 남도의 역사와 문화에 대한 연구를 본격적으로 시작했다. 노성태 교사는 모임 초창기부터 현재까지 6년 동안 회장으로 장기집권(?)하고 있다. 매년 실시하는 회장 선거에서 어김없이 그가 추대된 것이다.

빛고을역사교사모임은 광주지역의 중·고등학교 교사들이 중심이 되어 남도의 문화유산을 탐방하고 이를 수업현장에 반영하는 활동을 해오고 있다. 이들은 이미 광주를 포함한 남도 일대를 서너 차례 순례했고 7권의 향토사 관련 도서를 공동집필했다. 지난 2001년 발간한 『시내버스를 이용한 소풍 코스 20선』에서는 시내버스를 이용해 갈 수 있는 광주지역 유적지 20곳을 선정해 가는 방법과 유물·유적에 대한 설명, 체험학습 제출 보고서 작성 요령까지 친절하게 소개해 수업현장에 도움을 주고 있다. 이런 활동들을 인정받아 지난 2000년과 이듬해에는 연이어 교육인적자원부 교과연구회에 선정되기도 했다.

빛고을역사교사모임은 역사 탐방을 국내에만 국한시키지 않고 탐방 영역을 해외로 넓히고 있다. 지난 2001년 1월에는 일본 속의 남도 문화 탐방을 위해 일본의 나라, 도쿄 등지를 돌았으며, 이듬해 8월에는 고구려의 발자취를 따르기 위해 중국의 심양, 용정 등을 답사했다. 올 여름방학 역시 실크로드를 답사하고 겨울방학에는 일본 쓰시마를 다녀올 계획이다.

노성태 교사가 답사지에서 찍어 온 사진들은 수업 시간에 유용한 학습 자료가 된다. 역사는 교과서 지식만으로 가르쳐서는 안 되며 특정한 사건과 관련된 종합적인 상황을 함께 알려 주어야 한다는 것이 그의 국사교육론이다. 학생들은 이구동성으로 노성태 교사의 수업에는 실질적인 사진이나 경험이 소개돼 다양한 들을 거리와 볼거리가 흥미롭다고 이야기한다.

그는 학생뿐 아니라 교사들에게도 남도의 역사를 가르치기에 방학 중에도 한가한 날이 며칠 없다. 지난해 8월부터 광주광역시교육청 여름방학 교사직무연수에서 남도 역사 강의를 맡아 오고 있다. 지난해에 이어 올해도 광주광역시교육청, 전라남도교육청 교사직무연수 등 3회에 걸쳐 역사교사들을 지도했다.

인생의 전환기 '흥사단 아카데미' 활동

지난 99년에는 빛고을역사교사모임이 광주시교육청 광주교육아카데미에 선정됐다. 광주교육아카데미는 1998년 시작된 교사 교과연구회 연합회로 광주시교육청이 지원하는 광주 시내 14개 자발적인 교과모임에서 200여 회원이 참여하고 있다. 이곳에서는 일 년에 한 번 동일 교과 교사들이 모여 세미나나 강연회 혹은 연구수업 발표 등을 통해 교과별로 얻은 연구 성과물들을 공유하고 있다.

빛고을역사교사모임의 회장을 역임하고 있던 노성태 교사는 이 모임에서도 2000년부터 회장직을 맡게 되었다. 그는 회장직을 맡은 첫해인 2000년 12월 각 교과별 수업 자료전을 열고 이듬해 신규 발령 난 새내기 교사 150명을 초청해 '선후배가 함께 만들어 가는 광주 교육'을 주제로 1박 2일 세미나를 계획하고 추진해 광주지역 교사들에게 큰 호응을 얻었다.

또한 연합회 사업으로 '교과 단원별 도서목록' 14권을 만들어 각 학교에 보급하기도 하는 등 광주교육아카데미에서도 왕성한 활동을 벌였다.

세미나, 수련회 등 광주교육아카데미를 이끌면서 계획하고 실천했던 사업들은 그가 대학 시절 학생 동아리 '흥사단 아카데미' 경험을 통해 익히 배운 것들이다. 도산 안창호 선생이 세운 흥사단이 모체가 된 '흥사단 아카데미'는 국토순례, 체육대회 등 자신의 수련과 함께 민족과 사회에 봉사하도록 하는 단체다. 초·중등 12년 동안 결석 한번 없을 정도로 성실했던 그이지만 학급회의 시간에 제대로 한마디 하려면 가슴이

콩닥콩닥 뛰는 다소 소심한 성격이었다고 한다. 하지만 대학 시절 흥사단 아카데미 활동이 그의 인생에 전환기가 되었다. 그곳에서의 끊임없는 토론이 그에게 발표력과 자신감을 키워 주었다. 급기야 대학교 3학년 때는 흥사단 아카데미 전남대학교 회장에 당선되었고, 회장직을 수행하면서 책임감과 리더십 그리고 프로그램을 기획하고 이끄는 능력이 숙달되었다.

"제 자신에게는 엄격하고 상대방에게는 관대한 편입니다. 어떤 계획이든 심사숙고해 세우고 꼭 실천하는 성격이지요. 무엇이든 대충 하는 모습은 용납하기 어렵습니다."

그래서 노성태 교사 학급의 급훈은 항상 '최고보다 최선을 다하는 사람이 되자'다. 그가 맡고 있는 두 개의 회장직과 독서교육부장, 학부모 독서토론회 강사, 그리고 2학년 5반 담임까지. 최선을 다하기에 일이 너무 과하지 않을까라는 질문에 그는 일을 많이 해 본 사람들은 일하는 방법을 알기에 한꺼번에 여러 가지를 할 수 있다고 귀띔해 준다.

최선을 다해 온 20년 교직 생활

"전남 벌교여자중학교에서 교단에 처음 선 이후 20여 년의 세월 동안 학생들에게 도움이 되는 교사가 되고자 부단히 노력해 왔습니다. 노력하지 않고 최선을 다하지 않으면 학생들이 금방 알아 버려요. 학생들의 신뢰를 잃어버리는 일만큼 교사에게 불행한 일이 또 있을까요?"

독서교육부장을 맡은 노성태 교사는 학생들에게 먼저 실천하는 모습을 보이기 위해 오전 7시 20분에 출근해 퇴근하는 오후 11시까지 틈틈이 책을 읽고 있다. 자투리 시간을 이용해 읽은 책이 한 달에 4~5권은 족히 된다고 한다. 도서실에 앉아 차분히 독서하는 그의 모습을 보니

'구르는 돌에는 이끼가 끼지 않는다'는 속담처럼 노성태 교사의 열정은 초임 시절이나 지금이나 변함이 없는 듯하다.

(『교육마당21』 2003년 9월 게재)

일선 현장에서 남도의 역사와 문화 묵묵히 전파

노성태 씨는 23년간 역사교사로 재직하면서 남도의 역사와 문화를 전파하고 있다. 그는 1998년 광주지역의 중·고등학교에 근무하는 역사교사들로 구성된 '빛고을역사교사모임'을 만든 이래 우리 고장의 문화유산 탐방을 비롯 「일본 역사 교과서 문제와 우리 역사교육의 바람직한 방향」, 「고구려사 왜곡 사진전」, 「향토사 어떻게 가르칠 것인가」 등 다양한 강연회와 학술 포럼을 진행해 오고 있다.

또한 이러한 경험을 바탕으로 「왜란·호란과 전남 의병」, 「필문 이선제의 생애와 정책」 등 남도 문화와 관련된 논문을 비롯해 『남도의 문화』, 『의향』, 『시내버스를 활용한 소풍 코스 20선』, 『남도 역사 남도 문화』 외 수십 종의 남도 관련 학습 자료를 제작 보급하고 있다.

그는 또한 광주시교육연수원, 전남교육연수원, 전남대학교 교육연수원에서 수십여 차례 남도의 역사와 문화를 강의하고 현장 탐방을 안내하며 남도문화전령사로 활동하고 있다. 15개 교과모임이 참여하고 있는 광주교육아카데미에서는 회장직을 6년째 맡아 활동하며 일선 교사와 학생들의 역사의식 고취 및 교육 수준 향상에 기여하고 있다.

그는 "앞으로도 계속 우리 고장의 문화유산을 탐구하는 작업을 멈추지 않을 것"이라고 한다. "계속해서 남도 지역을 답사하고 우리 지역의 인물 등을 연구하여 교육현장에서 활용할 수 있는 자료를 만들 것입니

노성태(국제고등학교 교사)

다. 이러한 자료들은 우리 고장의 역사교사나 학생 모두의 것이 될 것"
이라고 말한다.

(『광주 MBC 저널』 2006년 11월 게재)

만나고 싶었습니다

남도 역사 전문가 노성태 수석교사

남도 지역사를 연구하는 교사가 되기까지의 이야기가 궁금합니다.

– 역사가 그냥 좋았습니다. 그 안에 살아 숨 쉬는 이야기가 다가오는 느낌이 좋았어요. 흔히 사람들이 말로 설명할 수 없을 때 '운명'이란 단어를 많이 쓰잖아요? 그런 의미에서 저도 역사와 운명적인 관계 같습니다. 자연스럽게 사범대학 국사교육과로 진학을 하고 1983년 벌교여중에서 첫 교편을 잡았습니다. 지금 몸담고 있는 국제고로 1988년 옮겼으니 어느덧 28년이란 세월이 훌쩍 지났네요. 남도에서 자라고 대학을 졸업하고 학생들을 가르치다 보니 남도 지역사를 체계적으로 정리해서 알리고 싶은 욕심이 생기더군요. 평일에는 아이들을 가르치고, 주말에는 현장을 답사하고, 시간을 알뜰하게 쓰며 지역사 연구를 열심히 했고, 그 결과로 『남도의 기억을 걷다』, 『광주의 기억을 걷다』 등 관련 저술도 10여 권 넘게 출판했습니다. 참 재밌고 뿌듯해요.

남도 지역 문화가 꽃핀 이유에는 어떤 것들이 있을까요?

– 남도 지역은 선사 시대 한반도에서 가장 발달한 지역이었습니다. 세계 고인돌의 2/3가 한반도에 있고, 한반도 고인돌의 2/3가 또 전라도에 있습니다. 고인돌이 당시 지도자들의 무덤임을 고려한다면 이 지역에서 가장 활발한 정치 체제의 형성이 이루어졌다는 것을 추측할 수 있죠. 아시다시피 남도 지역은 기후가 따뜻하고 들이 넓어 예로부터 곡창지대

였습니다. 그리고 영산강의 바닷길과 중국·일본과의 지리적 인접성은 활발한 대외무역을 가능하게 하였습니다. 삼한시대 강성했던 마한이 이러한 지리적 조건을 활용해 중국 및 일본과 대외교류를 하였죠.

또 하나 남도문화에서 빼놓을 수 없는 것이 바로 '유배문화'입니다. 조선 시대 수많은 사람들이 이곳으로 유배를 왔습니다. 대표적으로 정약용을 들 수 있죠. 정치적 탄압과 박해로 가정이 파탄 났지만, 결코 좌절하지 않고 '민본사상'의 정수인 『목민심서』를 비롯해 500권이 넘는 책을 18명의 제자와 함께 집필합니다. 또한 왕도정치의 구현을 위한 개혁을 추진하다 화순 능주에서 사약을 받고 죽은 조광조 또한 많이 회고됩니다. 정권을 위한 충성이 아닌 백성을 향한 충성을 몸소 실천한 수많은 역사적 인물들의 넋이 남도 곳곳에 펼쳐져 있으니 이 또한 남도문화의 중요한 한 축인 셈이지요.

진주와 남도에 얽힌 역사 이야기가 남다르다고 합니다.

– 맞습니다. 진주는 경상도, 전라도, 충청도를 잇는 교통의 요지로 '하삼도관문(下三道關門)으로 불린 지역입니다. 호남으로 가는 큰 관문이죠. 임진왜란 당시 진주성에서 큰 전투가 두 번 있었습니다. 1592년 1차 진주성 전투와 1593년 2차 진주성 전투가 그것입니다. 1차 진주성 전투는 진주목사 김시민의 활약으로 왜군을 물리치며 호남 진출을 저지한 임진왜란 3대 대첩의 하나로 꼽습니다. 이후 전열을 가다듬은 왜군은 1593년 10만 대군을 이끌고 인근 경남지역 함안과 의령을 점령하고 다시 진주성에 도달합니다. 워낙 대군이라 명나라 군대, 권율 장군, 경상도 의병장 곽재우마저 진주성을 포기했습니다. 하지만 전라도 의병장이었던 최경회, 김천일, 고경명의 장남인 고종후 등이 진주성에 들어가 왜

군을 일주일이나 막아 냅니다. 워낙 수적 열세였기 때문에 성이 함락되자 세 장수는 결국 남강에 몸을 던졌고, 함께했던 모든 전라도 의병들은 순국하고 맙니다. 여기서 우리가 주목해야 할 것이 있습니다. 화순 출신 의병장으로 왜놈 장수를 껴안고 남강에 몸을 던진 논개의 남편인 화순 출신 의병장 최경회는, 진주성 출병을 앞두고 경상도 진출을 반대하던 의병들에게 '호남도 우리 땅이

남도 역사 전문가 노성태 수석교사

며, 영남도 우리 땅이다'라고 의병들을 설득합니다. 최경회 의병장의 이 말은 오늘 지역감정을 볼모로 살아가는 사람들에게는 시사하는 바가 크다고 생각합니다. 사회에 갈등은 상존하는 것이지만 기본적인 사고방식에 따라 그 갈등을 풀어 가는 방법도 달라지기 때문이죠. 모두가 하나라고 생각한 최경회 장군처럼 지금의 우리도 모두가 하나라는 공동체 의식을 회복한다면 더 건강하게 이해관계를 조정해 나갈 수 있지 않을까요?

힘든 시절입니다. 이 시대에 필요한 자세가 있을까요?

– 저는 금남군 정충신의 리더십을 말하고 싶습니다. 금남군이라는 군호(君號)에서 알 수 있듯 민주화의 성지인 광주 금남로의 도로명 주인공입니다. 청룡과 백호가 가슴에 안기는 태몽을 꾼 아버지와 집안의 식비(食婢) 사이에 태어난 정충신은 천민 출신으로 광주목 관아에서 허드렛일을 하는 심부름꾼이었습니다. 당시 광주목사로 권율이 취임하였고, 전라도의 사정을 담은 장계(狀啓, 임금에게 올리는 현장 상황 및 전투 결과를 보

고하는 글)를 선조에게 전달할 사람이 필요했습니다. 그러나 누구도 광주에서 선조의 피난처인 의주까지 목숨을 무릅쓰고 갈 용기를 내지 못했죠. 당시 16세였던 정충신이 '제가 가겠습니다.' 하고 먼 길을 떠나 선조에게 장계를 성공적으로 전달합니다. 이런 정충신을 눈여겨본 당시 도승지였던 이항복이 정충신을 거두어 가르쳤고, 이후 과거에 급제한 후 여진을 막는 데 큰 공을 세우게 됩니다. 인조반정 당시 큰 공을 세운 이괄이 논공행상에 불만을 품고 난을 일으키게 되는데, 이를 '이괄의 난'이라고 합니다. 그 이괄의 난을 진압하는 가장 큰 공을 세운 분이 정충신이고, 인조는 정충신에게 '금남'이라는 군호를 내려 준 것입니다. 저는 강연을 할 때마다 '제가 가겠습니다, 제가 하겠습니다'라며 주저없이 나선 정충신을 광주정신, 대한민국 정신으로 삼자고 주장합니다. 중소벤처기업진흥공단 가족 여러분과 중소기업인 여러분도 힘든 상황이 있더라도 항상 준비를 철저히 하고 적극적인 자세로 임한다면 인생을 살아가며 새로운 보람을 느낄 수 있을 것이라 확신합니다.

(『작은 인류의 동반자』 통권 493호, 2016년 1월 게재)

서연정 시인,
노성태 향토사학자를 만나다

　요즈음은 컴퓨터나 스마트폰으로 검색만 하면 수많은 정보가 떠오른다. 그런데 그것들은 붉덩물에 떠다니는 부유물처럼 보물인지 쓰레기인지 정체와 진위를 확인하기 어렵다. 글쓴이의 무식에서 드러난 오류와 저작권 보호를 위한 의도적인 왜곡 등이 뒤섞여 떠다니기 때문이다. 정보의 신뢰성은 정보를 취합하는 사람의 몫이 되었다.

　노성태 향토사학자의 글은 광주의 인물이나 역사 등을 검색했을 때 나오는 자료 중에서 신뢰도가 높다. 노성태, 그는 향토의 기억을 걷는 사람이다. 우리는 흔히 좋아하는 것을 나이 먹도록 하며 사는 사람을 행복한 사람이라고 말한다. 학교 다닐 때 그냥 역사가 제일 좋아서 역사교육과에 진학했고, 역사교사가 되었다는 사람, "걷다, 노닐다, 가다"가 생활인 사람, 강연장에서든 찻집에서든 온화하고 편안하게 보이는 사람, 그는 행복한 사람인 것 같다. 그가 거니는 역사의 골짝 골짝에는 붉은 진달래나 새하얀 구절초로 피고 진 인물들이 있기 마련일 텐데, 그는 그 속에서 역사와 문화원형을 발굴하고자 한다. 모습을 바꿀 뿐 어떤 식으로든 역사는 되풀이된다는 것을 알고 있으므로 과거를 짚어 보는 것은 미래를 예측하기 위함일 것이다. 그는 20여 년 전인 1998년, 광주의 역사교사들과 함께 '빛고을역사교사모임'을 만들었다. 지역의 역사와 문화가 매우 중요하다고 생각했기 때문이다. 2012년도까지 회장을 하면서 20여 명이 넘는 회원들과 함께 우리 지역을 답사하고 조사하면서 지역의 역사를 정리하게 되었다. 그 결실이 『양진여·양상기 부자 의병장 실기』(2009, 광주문화원연합회), 『독립의 기억을 걷다』(2010, 한울), 『남도의 기억을 걷다』(2012, 살림터), 『광주의 기억을 걷다』(2014, 살림터), 『역사를 배우며 문화에 노닐다』(2015, 아시아문화커뮤니티), 『광주·남도 차이나로드를 가다』(2016, 로렘나무) 등의 저서로 남았다. '내가 할 수 있는 일에 최선을 다하자', '남에게 조금이라도 도움이 되는 사람이 되자'는 그의 생활 신조는 성실 그 자체이다. 그의 활동을 들여다보니 얼마나 부지런히 움직일지 짐작만도 숨이 차다. 그런데 정작 그의 말은 함께한 이들에 대한 감사로 이어진다.

"광주·전남은 물론이고, 전국 곳곳을 누볐으며, 독립운동의 현장이던 만주와 연해주, 광복군과 조선의용군의 현장인 시안과 옌안, 태항산 등도 다녀왔습니다. 오사카, 교토, 쓰시마, 오키나와, 규슈 등 우리의 역사 흔적이 남아 있는 곳은 어디든 갔지요, 답사 후에 만든 자료집과 동료 교사들의 도움이 '남도의 역사와 문화를 답사하고 정리하는 작업'에 정말 도움이 되었습니다. 내 작업의 성과가 있다면 이는 전적으로 동료 역사교사들이 도와준 결과입니다."

보이지 않는 행간에 힘을 보태 준 이들을 잊지 않는 사람을 만나면 팍팍한 인생이 더러 흐뭇하고 아름답게 느껴져 덩달아 미소를 짓게 된다.

"광주인들이 보여 준 시대정신의 실천들(광주학생독립운동, 5·18, 6월 항쟁, 촛불집회 등)에 대한 광주인들의 자긍심이 중요합니다. 그 자긍심의 유전 인자는 후손에서 후손으로 자연적으로 이어지겠지만, 보다 적극적으로 연구 정리되고 교육과 체험을 통해 계승 발전되어야지요. 광주에 '광주 역사관'이 꼭 만들어져야 합니다. 전라도 전체를 아우르는 호남학연구소(혹은 남도학연구소)도 만들어져 체계적인 남도학이 정립되었으면 합니다."

그가 말하는 호남학은, 편의상 구분해 놓은 행정의 경계를 넘어 오랜 시간 함께 정체성과 문화를 공유해 왔던 사람들을 포함하는 연구이다. 영남학 또는 영남학파는 있는데, 호남학 또는 호남학파가 없다는 것이 부끄럽다는 그의 말 속에는 우리 지역 현실에 대한 안타까움과 앞으로 그가 걸어갈 길에 대한 결심이 동시에 깔려 있다. 현재의 미래를 걷는 사람, 그가 앞으로 무엇에 방점을 찍으며 걸어가게 될지는 모르겠지만, '온고지신'의 새로운 문화정책을 세우기를 응원해 본다.

(『창』 39권, 2017년 8월 게재)

2.
역사는 특정 정권의
사유물이 아니다

역사의 외침

역사교육 이대로 좋은가?

일본 역사 교과서 왜곡으로 전 국민은 지금 흥분 상태다. 각종 단체의 성명서, 피켓을 든 항의 시위대 사진이 연일 신문의 1면을 차지하고 있다. 여기저기에 역사 교과서 왜곡을 비난하는 플래카드가 걸려 있다. 주일 대사는 소환된 지 이미 오래고, 대통령까지 심한 우려를 표명하면서 정부에서도 공식 대책 기구를 만들었다. 어쩌면 지금 우리는 일본과 보이지 않는 전쟁을 치르고 있는지도 모른다. 분명 그 책임은 일본에 있다. 일본의 역사 교과서 왜곡, 그것은 인접국뿐 아니라 일본 자신들에게도 불행이다. 역사적 진실이란 언젠가는 제자리를 찾아가게 되어 있기 때문이다. 일본 내 양심적인 사람들의 경고도 그 한 예다.

그러나 여기서 우린 냉정하게 정말 냉정하게 우리 자신을 되돌아볼 필요가 있다. 우리는 정말 우리 역사교육에 대해 반성할 점이 없는가? 역사를 바라보는 교육 당국의 시각은 올바른가? 그리고 학생들과 학부모들은 어떤 시각을 가지고 있는가?

내년부터 고등학교의 경우 7차 교육과정이 시작된다. 7차 교육과정에서의 국사 교과목은 한마디로 말하면 독립된 교과로서의 지위를 상실한다. 국사과의 위축 및 기형화가 적절한 표현이 아닐까 싶다. 국사과가 교과의 지위를 잃고 사회 교과 안의 한 과목으로 포함된 것은 6차 교육과정부터였다. 이때도 고등학교 국사는 독립 교과목으로 존재했으나, 중학교 국사는 교과서와 수업 시간의 독립성을 인정받는 정도에서 사회과에 흡수되었다. 그러면서 국사과는 독립된 성적란을 상실하고 사회와 국사를 각각 50%로 하여 성적을 매기게 되었다.

이러한 국사교육은 7차 교육과정이 시행되면서 더욱 위축된다. 중학교의 8단위가 6단위로 축소되며, 고등학교의 경우 독립 교과로서의 지위를 상실한다. 국민 공통 기본 교육과정 10학년(고1)에서 4단위를 이수하게 했는데, 이는 이전의 6단위에서 2단위 줄어든 꼴이다. 그것도 고등학교 1학년에서는 근대 이전까지를 배우고, 근·현대사는 2, 3학년 때 선택할 경우에만 배울 수 있는 심화선택 과목이다. 만약 근·현대사를 선택하지 않는다면 개항 이전까지로 역사교육은 끝나게 되어 있다. 선택하지 않는 경우 역사교육은 절름발이가 될 수밖에 없다. 특히 근·현대사 교육 부재는 일제하 항일독립투쟁이나 대한민국 정부 수립 과정을 놓칠 수밖에 없다.

그럼에도 교육 당국은 문제가 없다고 항변하고 있다. 대부분의 학생들이 선택할 것이며, 설령 학생들이 선택하지 않는다 해도 교육청이나 학교단위에서 지정하면 배울 수 있다고 말한다. 물론 그럴 수도 있다. 그러나 문제는 선택과목으로 설정된 한국 근·현대사에 대한 학생과 학부모들의 반응이다. 최근 교육부는 학생과 학부모들을 대상으로 심화선택과목 설문조사를 실시했다. 그러나 결과는 필자를 매우 놀라게 만들었다. 본교 학생들의 총 응답자 351명 중 한국 근·현대사를 선택하겠다고 응답한 학생은 28명에 불과했다. 16개 인문·사회 과목군 중 4%만이 근·현대사를 배우겠다고 응답한 것이다. 그것도 일본 역사 교과서 왜곡으로 우리 근·현대사가 사회적 이슈화되어 있는 상황인데도 말이다. 학부모들은 15명만이 선택하고 있어 조사군 중 최하위를 보여 주었다. 너무 의외의 결과에 당황한 필자는 인근 몇몇의 학교를 확인해 보았다. 약간의 차이만 있을 뿐 결과는 비슷하였다. 우리 역사에 대한 학생들과 학부모들의 이러한 인식이 현재 우리 역사를 바라보는 국민들의 실제 모습은 아닐까?

지금 세계는 자국의 역사를 독립 과목으로 설정하여 역사교육을 더욱 강화시키고 있다. 타산지석으로 삼아야 한다. 일본 역사 교과서 왜곡은 비난받아 마땅하다. 그리고 분노해야 한다. 그러나 분노하고만 있어서도 안 된다. 우리 역사교육의 현황을 짚어 보고 보다 올바른 틀을 정립해 나가는 것이 매우 중요하다. 최소한 역사를 독립 교과로 분리시키고, 한국 근·현대사를 필수로 지정하는 일이 시급한 과제라고 본다. 그리고 국정인 국사를 검인정으로 바꾸어 역사에 대한 다양한 견해를 접할 수 있게 해 주어야 한다. 21세기의 화두가 되어 버린 세계화, 정보화의 지향은 우리 역사에 대한 정확한 인식과 자긍심에서 출발해야 할 것이기 때문이다.

지금 우리는 흥분만 하고 있을 때가 아니다. 우리의 역사교육이 어떻게 되어 가고 있는지 이번 기회에 정말 냉정하게 살펴보아야 할 시점이 아닐까?

(2000년 4월 19일)

왕인은 백제인인가, 마한인인가?

지난 2001년 빛고을역사교사모임 교사들과 함께 배낭을 메고 일본 속의 한국 유적을 찾아 나선 적이 있었다. 오사카(大坂)에서 기차를 타고 후지사카(藤坂)역에서 내려 30여 분을 헤맨 끝에 1,600여 년 전의 인물인 왕인이 잠들어 있는 무덤을 찾을 수 있었다. 분묘 없이 '박사 왕인지묘(博士 王仁之墓)'라 새겨진 무덤이었다.

한국에서 왕인을 만나기는 쉽지 않다. 한국의 어떤 사서에도 그의 이름을 찾을 수 없다. 그러나 전혀 뜻밖의 장소인 도쿄 우에노 공원에서 왕인을 만났다. 비문에 보면 백제인 왕인은 응신천황의 초빙을 받고 서기 285년 천자문과 논어를 가지고 일본에 건너가 태자의 스승이 된 분이다. 도일 연대가 서기 285년인데 왕인이 백제인이라니. 서기 285년, 영암 지역은 백제의 영향력이 전혀 미치지 못한 마한의 토착 세력이 통치하는 지역이 아닌가? 그렇다면 왕인은 백제인인가, 마한인인가?

일본의 사서인 『고사기』에는 백제의 조고왕(照古王)이 현인을 보내 달라는 일왕의 요청을 받아들여 와니(和邇)란 인물을 보내 논어 10권과 천자문 1권을 전했다고 되어 있다. 여기에 나오는 와니가 곧 왕인이라는 것이다. 또한 『일본서기』에 의하면 응신천황 16년 6월에 일왕의 요청으로 백제의 왕인이 도착하여 태자의 스승이 되었다고 기록되어 있다. 그런데 『일본서기』의 기년에 따르면 응신천왕 16년은 서기 285년으로 백제 고이왕 52년에 해당한다. 백제 왕력에는 나오지 않고 일본 『고사기』에만 나오는 조고왕은 누구일까? 조고왕은 일반적으로 근초고왕

(346~375)으로 본다. 따라서 양 사서에 나오는 왕인의 도일 시기는 상당히 차이가 난다. 일반적으로 『일본서기』 응신기의 기년은 2주갑(周甲, 120년) 내려서 재조정해야만 실 연대에 부합되는 것으로 알려져 있다. 이 견해에 따른다면 왕인이 도일한 연대는 405년(285+120)이 된다.

이처럼 왕인이 언제 도일했는지에 대한 정확한 연대는 알 수 없지만 적어도 4세기 후반부터 5세기 초에 이루어진 것만은 분명해 보인다.

왕인이 살았던 나주 영산강 유역의 영암 구림은 언제부터 백제의 직접적인 지배를 받게 되었을까? 백제가 발전해 나갔던 4~6세기 영산강 유역에서는 대규모 옹관묘가 만들어졌는데, 이는 백제 중심 지역의 대표적 고분인 적석총이나 석실묘와는 전혀 다른 모습이었다. 따라서 당시 이 지역에는 백제와 구분되는 토착문화가 존재하였고, 그 역사적 실체는 마한의 54개 소국 중 하나로 인식되어 왔다.

그러나 5세기 후반부터 백제 양식으로 알려진 석실묘가 등장하게 되면서 영산강 유역의 전통적인 분묘 양식인 옹관묘는 점차 소멸되어 갔다. 이러한 변화, 즉 석실묘의 시작은 영산강 유역을 중심으로 한 전남 지역의 마지막 마한이 백제의 본격적인 지배 아래 들어간 것으로 해석되는 근거로 사용되었다. 그리고 이러한 해석은 근초고왕 24년(369)에 백제가 마한을 통합했으며, 이후 5세기까지 조성된 토착 옹관묘는 백제의 간접 지배 아래에서 조성된 지역적 특징이며, 5세기 후반부터 직접 지배로 바뀌면서 백제에서 파견된 관리들에 의해 석실묘가 도입되었다고 보는 통설에 입각한 것이었다.

그런데 전남 지역에서 6세기 초까지 사용되었던 초기의 석실묘들은 당시 백제 중심 지역의 석실묘와 적지 않은 차이를 보여 주고 있다. 입지와 구조, 출토 유물 등 고분이 가지고 있는 다양한 특징들이 백제와는 전혀 다르며 오히려 앞 단계에 해당하는 옹관묘와 통한다는 것이다. 특히 나주 복암리 3호분처럼 석실 안에 옹관이 들어 있는 것은 그 피장자가 옹관을 썼던 토착세력임을 말해 준다. 따라서 초기 석실묘의 등장 시기인 5세기 후반부터 마한이 백제로 완전 편입되었다는 기존의 학설은 문제가 있다. 새 학설에 의하면, 나주 영산강 유역에 백제의 문물이 파급되기 시작한 것은 6세기 중엽부터이고, 이때 나주 영산강 유역의 마지막 마한 세력이 백제에 통합되었다고 보고 있다.

왕인이 백제인인지 마한인인지를 묻는 것은 어리석은 질문인지도 모른다. 그럼에도 질문을 던져 본 것은, 잃어버린 왕국 마한에 대한 애정 때문이다.

백제가 나·당 연합군에 의해 멸망되면서 백제의 역사는 산산조각이 나고 말았다. 『삼국사기』에 남아 전하는 기록이 삼국 중 가장 적게 남아 있는 것도 정복자 신라에 의한 역사 파괴 때문이었다. 백제가 신라에 의해 역사가 파괴되었듯, 마한의 역사도 백제에 의해 파괴되었다. 그리고 문헌적으로 남아 있는 기록이 전무하면서 마한은 우리 지역에서조차 잃어버린 왕국으로 깊은 잠을 자게 되었다. 그리고 마한인으로 유일하게 알려진 왕인마저도 마한인이 아닌 백제인으로 잘못 알려지게 되었다.

그러나 최근 잃어버린 왕국 마한은, 마한인들이 남긴 흔적에 의해 적어도 6세기 중엽까지는 나주 영산강 유역에서 백제와는 전혀 다른 독자적인 문화를 유지하면서 존재한 토착 집단이었음을 보여 주고 있다. 따라서 전라도인들은 백제인이기에 앞서 마한인의 유전인자를 더 많이 가지고 살아가는 마한인의 후예들이 아닐까 생각해 본다.

(『광주 MBC 저널』 2007년 2월)

도청 별관 원형대로 보존되어야

　도청 별관을 보존하기 위한 5·18 관련 단체의 농성이 두 달을 넘고 있다. 다 아는 것처럼 도청 별관은 5·18 당시 항쟁지도부의 지휘소였으며, 도청을 사수하려 했던 시민군들이 항쟁의 마지막 밤을 보냈던 역사적 현장으로, 광주정신의 상징이자 자긍심이며, 남아 있는 5·18 유적의 핵심이다.

　역사는 원형 그 자체로 보존되는 것이 그 어떤 기록물보다도 값지고 중요하다. 원형 그 자체의 보존은 불행한 역사를 또다시 되풀이하지 않겠다는 역사적 교훈과 관련이 있다. 히로시마의 원폭 돔, 제2차 세계대전 당시 폭격당한 베를린의 빌헬름 교회, 유대인들의 집단학살 장소였던 아우슈비츠의 유대인 수용소가 원형 그대로 보존되는 이유다. 그런데 지금 도청 별관에서 목숨을 걸었던 5·18 단체 회원들은 '오늘 도청을 부수면 내일 아이들에게 뭐라 할 것인가?'라는 플래카드를 내걸고 도청을 보존하기 위한 치열한 싸움을 벌이고 있다. 안타까운 일이 아닐 수 없다.

　아시아문화중심도시 건설을 위한 '문화전당' 건립은 미래 광주의 큰 자산이 될 것이다. 그런데 문제는 문화전당이 들어서면서 5·18 정신의 핵심인 도청 별관이 헐려야 한다는 데 있다. 문화중심도시 추진단의 계획에 의하면 도청 별관의 지하 부분에 '어린이 지식 박물관'이 들어서게 되어 있다. 추진단의 계획대로라면 지하 굴착을 위해 도청 별관을 헐어낼 수밖에 없다.

도청 별관을 살리기 위해서는 '어린이 지식 박물관' 이전이나 축소가 불가피할 수도, 1조 가까운 예산이 투자되는 국책사업이 자칫 차질을 빚을 수도 있어 보인다. 그리고 2012년 완공이 늦어질 수도 있다. 이 또한 광주의 미래를 위해 안타까운 일이 아닐 수 없다.

왜 이 지경에까지 이르렀는가? 소통의 부재라고 생각한다. 설계 당시부터 5월 상징물인 도청 건물에 대한 5·18 단체나 광주시민들과의 원활한 소통이 있었다면, 이처럼 안타까운 일이 벌어질 수 있었겠는가? 광주시민은 문화전당도, 옛 전남 도청도 둘 다 잃고 싶지 않다.

9월까지는 별관을 헐지 않겠다고 했다니 그나마 다행이다. 이젠 시간이 정말 얼마 남지 않았다. 어떤 일이 있어도 9월 안에는 결정이 나야한다. 거듭 주장한다. 5월 정신의 상징인 도청 별관은 어떤 경우에도 보존되어야 한다. 도청 별관을 살리는 방향으로 문화의 전당이 건립되어야 한다. 기공식이 조금 늦어진다고 행정편의주의로 밀어붙인다면 천추의 한을 남길 수도 있다.

5·18 광주정신의 상징인 도청 별관의 보존은 살아남은 자들의 역사적 빚이다. 문화전당 사업도 5월 정신의 역사성 위에 서 있다는 사실을 잊지 말기를 바란다.

(『전남일보』 2008년 8월 26일)

정율성의 미래 가치

올해(2012)는 한·중 수교 20주년이 되는 해다. 한·중 수교 20주년을 맞아 지난 10여 년 전부터 공들여 온(?) 광주 출신의 혁명음악가요 국제전사이며, 신중국 건설 100대 영웅의 한 사람으로 추앙받는 정율성의 활용 가치는 무궁무진하다.

우선, 중국 관광객을 맞이하기 위해서는 생가 복원 및 기념관 건립이 절실하다. 생가 복원 및 기념관 건립은 정율성을 기리는 공적 기억의 장소일 수도 있지만, 중요한 관광자원이기 때문이다.

정율성 생가 복원 및 기념관 건립은 2014년 오픈되는 아시아 문화전당과 연계되어 중국인들을 끌어당기는 메인 메뉴임에 틀림없다. 이에 구시청 음식의 거리, 충장로 쇼핑의 거리, 양림동 역사마을 등과의 연계도 유망해 보인다. 그가 유년기를 보낸 화순을 포함한 주변의 문화 관광자원으로의 확대도 가능하다. 그가 유년기를 보낸 능주 관영리 옛 집터의 복원이 이루어지면, 주자 사당인 주자묘와 운주사, 고인돌 공원, 도곡 온천도 함께하는 파트너로 손색이 없어 보인다. 더 욕심을 내어 증도의 천연 염전, 해남의 땅끝, 서남해의 수려한 경관을 자랑하는 아름다운 섬과 갯벌, 순천만과 정원박람회장, 여수 엑스포 전시관 등으로 확대되는 더 멋진 꿈을 꿔 볼 수 있어 보인다.

그러나 필자는, 정율성의 가장 큰 매력은 그를 활용한 관광자원보다는 그가 해내야 하고 해낼 수 있는 동북아 평화 메신저로서의 미래 가치라고 생각한다.

그는 과거보다는 현재, 그리고 미래의 인물이어야 한다. 한·중 사이에 그가 어떤 의미를 지닌 존재인지는 2005년, 광주를 방문한 순지아쩡(孫家正) 당시 문화부장이 했던 '한·중 문화교류의 중요한 코드는 정율성'이라는 말 속에 잘 드러난다. 한·중 수교 20주년인 2012년, 이미 한국과 중국의 교역량은 미국과 일본을 합한 교역량을 넘어서고 있다. 한국과 중국은 경제적인 측면에서 이미 공동 운명체다.

21세기가 동북아 시대임을 의심하는 사람은 이젠 없다. 중국, 일본, 인도, 한국의 총생산액은 미국을 넘어선 지 오래고, 독일, 프랑스, 영국, 이탈리아의 총생산액보다 2배가 많다. 그 누구도 동북아 시대의 대세를 멈추게 할 수는 없다. 그런 의미에서도 동북아 평화는 매우 중요하다. 한국과 북한, 중국을 하나로 묶어 낼 수 있는 평화 메신저로서의 역할을 수행할 수 있는 정율성이 미래의 가치일 수밖에 없는 이유다.

광주는 미래 아시아문화중심도시다. 단순히 문화산업만으로 그칠 것이 아니라 정율성의 음악 정신을 아시아적 가치의 확산으로 활용할 필요가 있다. 전남일보 이건상 기자가 제기한, 정율성 정신을 살린 '동북아 평화음악제 개최'를 꿈꿔야 하는 이유다. 고집 센 오늘의 사상적 굴레는 미래 가치를 결코 이길 수 없다. 미래적 관점에서 정율성의 가치를 보고 그 활용 방안의 큰 그림을 그릴 필요가 있다.

정율성 기념사업회와 지자체는 정율성의 미래적 가치를 실현할 마스터플랜을 마련, 하나씩 실천해야 한다.

(『전남일보』 2012년 4월 23일)

의병 정신 기리는 메모리얼 파크,
어등산에 건립하자

　최근 '어등산 골프장 선(先) 개장'을 둘러싸고 광주시와 민간 사업자 간의 첨예한 갈등이 법정 싸움으로 번졌다는 뉴스는 폭염만큼이나 짜증스럽다. 골프장 운영권자인 ㈜어등산리조트 측이 광주지방법원에 광주시와 도시공사를 상대로 민사 소송을 제기한 것은 광주시가 골프장 시설 준공 이후에도 분양권 신청을 승인해 주지 않아 엄청난 재산상의 피해를 입었다는 이유였지만, 이는 어등산리조트 측이 시와 맺은 협약 내용을 뒤집는 것이어서 논란은 계속될 것 같다. 당시 양측이 맺은 '어등산 관광단지 협약'은 올 연말까지 골프장뿐만 아니라 야외공연장, 식물원, 전망대 등 유원지를 동시 개장한다는 조건이었다. 협약을 뒤집은 시공사의 몰염치나 관리감독을 소홀히 한 시 당국의 처사 모두 지탄받아 마땅하다.

　어등산 관광단지 개발 사업의 이해관계 때문에 불거진 법정 싸움으로 인해 오늘 어등산은 광주시민들의 초미의 관심사가 되었다. 이참에 시민들의 등산로로 사랑받고 있는 어등산이 광주의 근·현대사에 어떤 의미를 지닌 곳인지를 정리해 보는 것도 의미 있을 것 같다. 한말 최대의 의병항쟁지는 광주·전남이었다. 1909년의 경우 광주·전남 의병은 전투 횟수에서 전국의 47.2%, 의병 수에서 60%를 차지했다. 한말 의병 최대의 항쟁지 남도, 그중에서도 어등산은 최고의 격전지였다. 특히 어등산은 1908년 일제가 기록한 『전남폭도사』에서 최고의 거괴(巨魁, 의병장)로 꼽은 나주 출신 김태원 의병장의 순국지로도 유명하다. 일제는 김태원과 그의 아우 김율의 의병 부대를 진압하기 위해 제2특설 순사대를 편성하고 광주 수비대와 헌병을 총출동시킨다. 1908년 4월 25일, 39세의 김태원 의병장은 23명의 부하 의병과 함께 어등산에서 장렬하게 순국한다. 농성광장에 우뚝 서 있는 김태원 의병장의 동상이 두 눈 부릅뜨고 어등산을 바라보고 서 있는 이유이기도 하다.

광주·전남인의 소중한 정체성 중 하나가 절의(節義) 정신이다. 그래서 불리는 광주·전남의 별칭이 의로움의 고장, 즉 의향이다. 그 절의 정신은 1980년 5·18민주화운동을 거치면서 민주, 인권, 평화의 정신으로 거듭 태어나게 된다. 광주는 양진여·양상기 부자 의병장을 비롯, 가장 많은 의병장을 배출한 자랑스러운 고장이다. 그러나 광주 어디에도 그들의 절의 정신을 기리는 기념공원, 기념탑 하나 없다. 정말 늦었지만 그들을 기리는 메모리얼 파크가 세워져 그 정신을 계승해야 한다. 그 적격지는 김태원 의병장과 수많은 의병들이 순국한, 지금 골프장 인허가 문제로 싸움이 벌어지고 있는 어등산이다. 어등산에 그들을 기리는 메모리얼 파크를 만들자. 일제와 싸웠던 모든 의병장의 흉상을 만들고 기념관에는 그들의 활약상을 새기자. 이름도 남기지 않고 죽어 간 의병들의 혼도 위로하자. 그게 오늘을 살아가는 우리들의 의무요 임무다.

어등산에 골프장이 만들어지고 특급 호텔이 들어서고 각종 체육 시설이 들어서는 것도 좋다. 그러나 그 이전에 꼭 해야 할 일이 있다. 그것은 100여 년 전 나라를 지키기 위해 분연히 일어나 어등산 등지에서 순국한 의병들의 혼을 기리는 사업이다. 그게 의로움의 고장을 내세우면 살아가는 광주시민들의 자존심이 아닐까?

(『전남일보』 2012년 8월 13일)

영화 〈26년〉 제작, 광주시민이 힘 보태야

5·18민주화운동이 일어난 지도 30년이 넘었다. 폭도의 누명이 벗겨지고, 기념공원도 묘역도 단장되었지만, 피해자는 여전히 억장이 무너진다. 총칼로 짓밟았던 가해자가 뉘우침 없이 뻔뻔스럽게 살고 있기 때문이다. 아직 역사가 되고, 역사 자원이 되어 축제를 마음 놓고 즐길 수 없는 이유다. 한때 그들의 폭력은 항쟁 이후에도 여러 해 동안 집요하게 계속되었다. 그들은 정말 비열한 방법으로 광주의 진실이 알려지는 것을 막았다. 그러나 진실은 아무리 단속하고 옥죄도 밝혀질 수밖에 없다. 광주의 진실이 널리 알려지게 된 것은 온갖 불이익을 감수한 사람들이 보여 준 치열한 삶 때문이기도 했다. 투사는 투쟁으로, 시인은 시어로, 사진 기자는 사진으로, 만화가는 만화를 빌려 그 진실을 전했다. 그중에서도 대중성이 강한 영화인들의 노력 또한 대단했다.

지금까지 5·18을 소재로 만든 영화는 모두 다섯 편, 〈오 꿈의 나라, 1989〉, 〈부활의 노래〉, 〈꽃잎〉, 〈박하사탕〉 그리고 700만 명이 관람했던 〈화려한 휴가〉가 그것이다. 이들 다섯 편의 영화는 모두 그해 5월 광주를 재현, 광주의 진실을 알리는 영화였다. 지금 또 광주를 소재로 한 영화 〈26년〉이 우여곡절 끝에 만들어지고 있다. 〈26년〉은 인기 만화가 강풀이 인터넷을 통해 연재한 웹툰 작품이었다. 만화가 원작이 된 영화 〈26년〉은 1980년 5월 광주의 비극과 연관된 조직폭력배, 국가대표 사격선수, 현직 경찰, 대기업 총수, 사설 경호업체 실장이 26년 후 바로 그날, 학살의 주범인 '그 사람'을 단죄하는 내용이 중심 스토리다.

2008년부터 제작하려던 영화는 투자자들의 자금 지원 철회로 어느 날 갑자기 취소되어 버린다. 5·18민주화운동 당시 시민군의 아이들이 자라 당시의 최고 권력자를 심판하려 한다는 내용의 줄거리가 투자자들에게는 무언의 압력이 된 것 같다. 아직도 우리는 검열이라는 두려움에 떨며 살고 있다. 광주가 가해자와 화해할 수 없는 또 다른 이유다. 그런데 영화 〈26년〉이 간절한 자들의 염원을 담아 연말 개봉을 목표로 올초 다시 촬영을 개시했다. 기존 투자가들이 철회한 영화 제작비 46억 원 중 방송인 김제동과 가수 이승환, 소설가 공지영이 30억여 원을 투자하고, 그리고 1만여 명이 넘는 시민들이 크라우드펀딩(일반인들이 인터넷을 통해 일정액을 지원하는 방식) 방식을 통해 4억 2천여만 원을 후원했기 때문이다. 후원할 수 있는 금액은 2만, 5만, 29만 원이다. 5만 원부터는 영화의 엔딩 크레딧에 이름을 올릴 수 있다. 그러나 제작비는 아직도 턱없이 부족하다.

　　"얼마 전 백수가 되어 실업 급여를 받고 있는 사람입니다. 영화가 잘 완성되길 바라는 기원을 담았습니다." 〈26년〉 사이트에 올려진 후원자들이 남긴 글들 중 하나다. 그들은 절박한 염원을 담아 〈26년〉이 만들어져야 하는 이유를 설명하고 있다. 그 가슴 벅찬 뜨거운 글들은 감동이면서 뒷짐 지고 구경하는 우리에겐 부끄러움이다. 이젠 주인인 광주시민들이 답할 차례다. 전국의 보통 사람들이 뜨거운 염원을 담아 영화 〈26년〉을 살려 내기 위해 몸부림치고 있는데, 광주시민들이 뒷짐 지고 서 있어서는 안 된다. 10월까지 계속되는 크라우드펀딩에 참여하여 힘을 보태자. 이게 민주, 평화, 통일을 광주정신이라 외치는 광주시민의 도리요 의무다. 자존심이다.

(『전남일보』 2012년 9월 13일)

이회영 형제는 있고, 정율성 형제는 없다

정율성 5형제의 항일운동은 광주를 넘어 남도인에게는 자긍심이다. 정율성과 그 형제들의 항일운동은 나라가 망하자 전 재산(현 시가 약 600억 원)을 처분하여 6형제 모두 대가족을 이끌고 만주로 망명하여 항일운동을 펼친 이회영 형제들을 떠올리게 한다. '노블리스 오블리주', 즉 가진 자의 도덕적 의무를 실천한 대표적인 두 가문이 아닐 수 없다. 그러나 교과서에는 이회영 형제는 있고, 정율성 형제는 없다.

최근 전남일보는 '정율성 5형제의 항일운동'을 연재하고 있다. 대학에서 역사를 전공하는 교수들이 해야 할 일을 신문사가 하고 있으니 대단한 일이 아닐 수 없다. 전남일보 전면 기사로 10회가 넘게 실렸지만, 정율성 5형제의 항일운동은 일반인에게 여전히 생소하다. 먼저 간략하게 정율성 5형제의 항일운동을 정리하는 이유다.

정율성과 그 형제들 중 주인공은 막내인 정율성(1914~1976)이다. 정율성은 넷째 형 의은을 따라 중국에 들어간 후 19세인 1933년에 조선혁명군사정치간부학교에 입학한다. 졸업 후 난징에서 선전 공작 업무 중 옌안에 들어가 그의 대표곡인 「옌안송」과 후일 중국 인민군 군가로 지정된 「팔로군 행진곡」을 작곡한다. 특히 정율성은 2009년 '새 중국 창건 특수 기여 영웅 모범 인물 100인(신중국 창건 100대 영웅)'에 선정되어, 광주인들은 물론 남도인들의 자긍심이 되고 있다.

정효룡(1894~1934)은 정율성의 맏형이다. 1919년 화순의 3·1 만세시위를 주도한 후 일제의 체포령을 피해 상하이로 망명한다. 대한민국 임시정부의 교통부 서기, 독립신문 직원을 거쳐 임시정부 선전원으로 국내 잠입 활동 중 체포된다. 출옥 이후 조선독립청년단 군자금 모집 사건에 참여하는 등 항일운동을 계속하다 1925년 출판법 위반으로 다시 구속된다.

정충룡(1901~1927)은 정율성의 둘째형이다. 큰형 효룡과 함께 화순의 3·1운동을 주도하다 형과 함께 중국 상하이로 망명한 후 운남 강무학교에 입학한다. 1923년, 충룡은 호남 조선청년단 대표로 임시정부의 진로를 결정하기 위해 모인 국민대표회의에 참석한다. 이후 충룡은 국민당의 군사 조직인 국민혁명군 제24군의 참모로 북벌에 참여 도중 사망한다.

정봉은(1908~1977)은 율성의 둘째 누나다. 동생 의은을 따라 중국에 들어간 후 김규식(봉은의 외숙모인 김필례의 형부)의 소개로 조선혁명간부학교 교관과 후일 대한민국 임시정부 부주임을 지낸 박건웅과 결혼한다. 귀국 후 광주의 어머니라 불리던 조아라와 함께 광주 YWCA 활동의 중심이 된다.

정의은(1912~1980)은 율성의 넷째 형이다. 1919년 김원봉 등이 결성한 의열단에 가입하여 활동 중 조선혁명간부학교 1기생으로 입학한 후 1933년 이육사와 함께 2기생 모집 임무를 띠고 국내에 잠입한다. 이때 의은이 5명을 모집하여 다시 중국으로 돌아가는데, 그 5명이 그의 동생인 율성과 누나 봉은, 그리고 담양 출신의 김승곤과 김일곤, 나주 출신의 김재호다.

정율성 5형제의 항일운동은 눈부시다. 이회영 6형제의 활동에 버금간다. 그러나 국사 교과서에 이회영 형제는 있지만, 정율성 형제는 없다. 아직 명예회복이 이뤄지지 못했기 때문이다. 얼마나 더 기다려야 정율성 5형제의 항일운동이 제대로 평가를 받게 될까? 정율성과 그의 형제들이 남도의 '노블리스 오블리주'로 불릴 그날을 기대해 본다.

(『전남일보』 2012월 10월 24일)

이 땅을 다녀간 작은 예수, 서서평

12월은 한 해를 마무리하는 사랑과 헌신의 달, 나눔과 베풂의 달이다. 사랑과 헌신의 달 12월만 되면 나눔과 베풂을 온몸으로 실천하다 간 푸른 눈을 지닌 한 여인이 생각난다. 양림동 호신대학교 언덕의 선교사 묘역에 잠들고 있는 엘리자베스 쉐핑(Elisabeth J. Shepping, 1880~1934)이 그녀다. 독일에서 태어난 엘리자베스 쉐핑은 9살에 미국으로 건너가 간호학교를 졸업하고 미국 남장로교 간호선교사로 조선 땅 광주 제중원에 파견된다. '가장 위대한 인도인'으로 뽑힌 테레사 수녀보다 18년 앞선 1912년 3월이었다. 그리고 가장 먼저 한국 이름인 서서평(徐舒平)으로 개명한다. 서서평은 급하고 모난 성격을 평평하게 바꾸겠다고 지은 한국 이름이었다.

어린 시절 서서평은 불우했다. 1살 때 할머니의 손에 맡겨진 후 평생을 어머니의 사랑에 굶주린다. 가톨릭에서 개신교로 개종했다는 이유로 집에서 쫓겨나는 아픔도 겪는다. 1929년 안식년을 맞아 미국의 어머니를 찾아가지만, 어머니는 고된 선교사 생활로 검소함이 몸에 밴 딸을 "네 몰골이 부끄러우니 썩 꺼지라"고 내친다. 평생 어머니의 사랑에 굶주렸음에도 그녀는 13명을 수양딸로 삼았고, 과부 38명이 자립하도록 도와준다. 그리고 아들 요셉을 포함하여 14명을 입양한다. 요셉은 태어나면서 어머니가 죽었고, 한센병 환자인 아버지가 개천에 버리려 한 것을 데려온 아이였다. 그녀는 특히 천대받던 한센병 환자나 거지들에게 모든 사랑을 쏟는다. 저잣거리를 헤매는 여자 나환자나 거지들을 만나면 그냥 지나치지를 못하고 집에 데려와 목욕시키고 밥을 먹였으며, 심지어는 자기 옷을 나누어 입히기도 했다. 그녀는 여기서 멈추지 않고 최흥종 목사, 윌슨 선교사 등과 함께 한센병 환자 시설 건축 모금도 하고, 여수에 애양원도 세운다. 1933년에는 한센병 환자들의 시설 확충을 위해 500여 명의 나환자를 모아 서울로 행진하기도 했다. 서서평의 행진으로 소록도에는 한센병 환자 갱생원이 세워진다. '한센병 환자들의 어머니'란 별명도 이때 생긴다.

"최씨 아저씨, 아직 안 죽었소?" 추운 겨울밤, 양림천 다리 아래 거적때기를 덮고 잠을 청하던 최씨를 누군가 깨운다. "이거 덮고 주무시오." 하더니, 머리에 이고 온 이불과 요를 나눠 주고 어둠 속으로 총총히 사라진다. 낮에 본 양림천 다리 밑의 최씨 아저씨가 생각나 도저히 잠을 이루지 못하던 그녀가 덮고 있던 이불과 요를 머리에 이고 온 것이다. 모든 것을 걸인들에게 나눠 준 그녀는 누렇게 바랜 옥양목 저고리에 검은 통치마를 평생 입고 살았으며, 그것도 단 두 벌뿐이었다. 맞는 신발도 없어 남자 검정 고무신을 신었다.

1934년 6월, 서서평은 54세로 생을 마친다. 그녀가 죽을 때 남긴 전 재산은 담요 반 장과 쌀 두 홉, 현금 27전이 전부였다. 시신마저도 의학 해부용으로 사용하라는 유언을 남긴다. 해부 결과 그녀의 병명은 영양실조였다. 그녀가 죽자 당시 동아일보는 '자선과 교육 사업에 일생을 바친 빈민의 어머니 서서평 양 서거'라는 제목과 '재생한 예수'라는 부제로 그녀의 죽음을 대서특필한다. 그리고 며칠 뒤 사설로 그녀의 삶을 조명했다. 광주 최초의 시민 사회장으로 치러진 장례식에는 수백의 걸인과 한센병 환자들이 상여를 메고 뒤따르며 '어머니!'라 부르며 오열한다.

동료들은 그녀를 '한국의 메리 슬레서'라고 추모했다. 메리 슬레서는 아프리카 나이지리아에서 버려진 아이들을 돌보다 숨진, 아프리카 아이들의 어머니로 추앙된 인물이다. 또 미국 장로회는 한국 파견 선교사로는 유일하게 '가장 위대한 선교사 7인'으로 그녀를 선정한다. 모든 것을 나눠 주고 이 땅을 떠난 푸른 눈의 선교사 서서평, 그녀는 이 땅을 다녀간 작은 예수였다. 나눔과 베풂의 달 12월만 되면 양림동 선교사 묘역에 잠든 그녀가 생각나는 이유다.

(『전남일보』 2012년 12월 3일)

조선의 운명을 건져 낸 명량해전

남도 땅 명량해협에서 펼쳐진 영화 〈명량〉의 흥행이 1일 최다 관객을 갱신하면서, 이순신의 리더십과 남도가 다시 뜨거운 주목을 받고 있다. 영화는 명량해전에 참여한 왜의 전함 수나 거북선의 건조와 소실, '신에게는 아직 12척의 배가 있나이다'라는 장계를 올린 장소 등이 사실과 다르게 그려지기도 했다. 그러나 등장인물은 모두 실명이었다.

1597년 9월 16일, 명량에서는 어떤 일이 벌어졌는지 당시 이순신이 남긴 『난중일기』를 통해 생생하게 재현해 보고자 한다. 영화 〈명량〉과 비교해 보는 재미도 있을 것 같다.

명량해전은 세계 해전사에서 가장 드라마틱한 해전인 동시에 이순신의 해전 가운데 가장 눈물겹고 감동적인 전투이다. 그래서 명량해전은 양치기 소년 다윗이 작은 돌멩이 하나로 거인 골리앗을 쓰러뜨린 싸움에 곧잘 비유된다. 혹자는 한산도 해전이 '화려한 뮤지컬'이라면, 명량해전은 '비장감이 흐르는 오페라'라고 말하기도 한다.

1592년 4월 13일 임진왜란이 발발한다. 2월 13일 전라좌도수군절도사로 승진한 이순신은 거북선을 건조하는 등 일군의 침략에 대비한다. 그리고 출전한 옥포 전투를 비롯, 거북선이 첫 출전한 사천 전투와 당포, 당항포, 한산도, 부산포 해전 등에서 대승을 거둔다. 이듬해인 1593년 8월 15일에는 전라·경상·충청 3도의 수군을 지휘하고 통솔하는 삼도수군통제사에 임명된다. 이어 당항포, 장문포, 영등포 해전에서도 승리를 거둔다. 그러나 1597년 1월, 정유재란이 발발하고 왜군이 거짓으로 꾸민 밀서를 그대로 믿은 조정에서 부산포로의 출동 명령을 내리지만, 이를 어기고 출동하지 않았음을 문제 삼아 이순신은 삼도수군통제사에서 파직되고, 한성으로 압송된 후 투옥되어 모진 고문을 받는다.

권율 휘하에서 백의종군하던 중 7월 15일, 원균이 이끈 삼도수군이 칠천량 해전에서 전멸당했다는 소식을 접한다. 이순신이 삼도수군통제사에서 파직되면서 원균에게 넘겨 준 조선 군함은 300여 척이었다. 칠천량 해전에 참여한 조선 군함 중 경상우수사 배설이 이끌고 빠져나온 12척만 빼고는 격파되어 남해 바다에 수장된다. 한산도 일대와 고성 일대 포구에 남겨진 나머지 조선 수군의 배도 모두 일군에 의해 불태워진다. 피와 땀으로 일군 조선의 무적함대가 단 한 번의 참패로 궤멸된 것이다. 7월 18일, 패전의 소식을 들은 이순신은 『난중일기』에 "통곡이 터져 나오는 것을 이길 길이 없다"라고 적고 있다.

8월 3일, 선조는 이순신을 삼도수군통제사에 다시 임명한다. 그가 재임용 교지를 받았을 때 그에게는 군관 9명과 군사 6명뿐이었다. 그가 삼도수군통제사에 재임용된 8월 3일부터 명량대첩이 벌어지게 될 9월 16일까지는 고작 한 달 열흘의 시간뿐이었다. 8월 9일, 보성에 도착한 후 4마리의 말에 실을 분량의 병기와 120명의 군사를 확보하는 등 미약하지만 수군을 복구하여 해전을 준비한다. 그런 이순신에게 '수군을 육군에 합치라'는 뜻밖의 어명이 내린다. 이에 이순신은 인구에 회자되는 "지금 신에게는 아직 12척이 남아 있습니다"라는 비장한 결의가 담긴 장계를 올린다. 8월 18일 장흥 회령포에 도착, 12척의 전함과 새로 합류한 배 한 척 등 13척으로 조선 수군을 재건한다. 그리고 조선은 운명의 날, 명량대첩의 그날을 맞는다.

명량해협은 해남과 진도 사이를 잇는 진도대교 바로 아래 수로다. 길이 1.3킬로미터, 평균 폭이 500미터 정도이지만 양쪽에 암초가 있어 좁은 곳은 150미터가 채 되지 못한다. 이 암초에 조류가 부딪히면서 요란한 소리가 울려 '울돌목'이라 불린다. 명량은 하루에 네 번 물살이 바뀌는 급류이고, 좁은 물길이었다. 이때 조류는 왜군에게 유리한 순류였고, 조선 수군이 불리한 역류였다. 왜군은 그들에게 유리한 조류인 순류를 타고, 조선 수군을 향해 돌진해 왔다.

그 좁은 물길에서 오전 11시경, 불리한 싸움이 시작된다. 명량해전은 『난중일기』, 『이충무공행록』, 『선조수정실록』, 『난중잡록』, 『연려실기술』 등 여러 곳에 기록이 남아 있다. 이 중 가장 상세한 것은 세계기록문화유산인 『난중일기』다. 『난중일기』를 통해 당시의 실제 모습을 재현해 본다.

"이른 아침 별망(別望)군이 다가와 보고하기를 헤아릴 수 없을 만큼 많은 적선이 명량을 거쳐 곧바로 우리가 진 치고 있는 곳을 향해 오고 있다고 했다. 즉각 여러 배에 명령하여 닻을 올려 바다로 나가니 적선 130여 척이 우리 배를 에워쌌다. 여러 장수들은 중과부적임을 알고 돌아서 피할 궁리만 했다. 우수사 김억추가 탄 배는 이미 2마장(800미터) 밖으로 물러나 있었다.

나는 노를 재촉하여 앞으로 돌진하여 현자 등 각종 총통을 풍뢰(風雷, 바람과 우레)같이 쏘았고, 배 위에 빽빽이 서서 화살을 빗발처럼 쏘아대니 적의 무리가 감히 대들지 못하고 나왔다 물러갔다 하였다. 그러나 적에게 겹겹이 둘러싸여 형세가 어찌 될지 알 수 없어 배에 탄 사람들이 서로 돌아보며 얼굴빛을 잃고 있었다. 나는 조용히 타이르면서, '적선이 비록 많다 해도 우리 배를 바로 침범치 못할 것이니 조금도 마음을 동요하지 말고 다시 힘을 다하여 적을 쏘고 또 쏘아라.' 하였다. 여러 장수들의 배를 돌아본즉 먼 바다로 물러서 있는데, 배를 돌려 군령을 내리고자 해도 적들이 그 틈을 타서 더 대들 것이니 나가지도 돌아서지도 못할 형편이었다.

호각을 불어 중군에게 내린 깃발을 세우게 하고, 또 초요기(招搖旗)를 세웠더니 중군장 미조항 첨사 김응함의 배가 차츰 내 배 가까이 왔으며, 거제 현령 안위의 배가 먼저 다가왔다. 나는 배 위에 서서 친히 안위를 불러 말하기를 '안위야, 너는 군법에 죽고 싶으냐, 도망간다고 어디 가서 살 것 같으냐.' 하니 안위가 황급히 적선 속으로 돌입하였다. 또, 김응함을 불러, '너는 중군장으로 멀리 피하여 대장을 구원하지 않았으니 죄를 어찌 피할 것이냐? 당장 처형할 것이로되 적세가 또한 급하니 우선 전공을 세우게 한다'고 하였다.

두 배가 앞서 나가자, 적장이 탄 배가 그 휘하에 지시하여 일시에 안위의 배에 개미가 붙듯이 서로 먼저 올라가려 하니, 안위와 그 배에 탄 사람들이 죽을힘을 다해 혹은 모난 몽둥이로, 혹은 긴 창으로, 혹은 돌덩어리로 무수히 마구 쳐 대다가 배 위의 사람들이 거의 기진맥진하므로, 나는 뱃머리를 돌려 바로 쫓아 들어가 빗발치듯 마구 쏘아 댔다. 적선 3척의 적들이 거의 다 엎어지고 쓰러질 때 녹도 만호 송여종과 평산포대장 정응두의 배들이 뒤따라와서 힘을 합해 적들을 사살하니, 몸을 움직이는 적은 하나도 없었다. 왜인 준사(俊沙)는 안골포의 적진으로부터 항복해 온 자인데, 내 배 위에 있다가 바다를 굽어보더니 말하기를 '그림 무늬 놓은 붉은 비단옷을 입은 저 자가 안골포 적장 마다시다'라고 했다.

나는 군사 김돌손을 시켜 갈고리를 던져 뱃머리로 낚아 올리니, 준사가 기뻐 날뛰면서 '바로 마다시다'라고 말하므로 곧 명하여 토막토막 자르게 하니, 적의 사기가 크게 꺾였다. 이때 우리 배들은 적이 다시 범하지 못할 것을 알고 북을 울리며 일제히 진격하여, 지자·현자 포를 쏘아대니 그 소리가 산천을 뒤흔들었고, 화살을 빗발처럼 퍼부어 적선 31척을 쳐 깨뜨리자, 적선은 퇴각하여 다시는 가까이 오지 못했다. 우리 수군은 싸웠던 바다에 그대로 묵고 싶었으나, 물결이 몹시 험하고 바람도 역풍인데다 형세 또한 외롭고 위태로워, 당사도(唐笥島, 전남 신안군 암태면)로 옮겨 가서 밤을 지냈다. 이번 일은 실로 천행(天幸)이었다."

당시 명량해전의 분위기를 가장 잘 보여 주는 것은 우수사 김억추의 행동이다. 이길 수 없는 전투로 생각한 그는 이순신의 배와 2마장(800미터) 떨어진 곳에서 추이를 살피다가 여차하면 도망갈 태세였다. 당시의 조선 수군은 칠천량에서 수군이 전멸하고 사기를 잃은 상태였고, 133척의 대선단을 보고 두려움에 떨었다. 단 한 사람, 이순신 장군만 죽기를 각오하고 전투에 임했다. 그 말고는 모두 내키지 않는 전투에 나온 것이다.

그러나 이순신에게 이곳 명량은 마지막 승부였다. 이곳을 내주면 서해의 제해권을 상실하고 다시 한양을 내주어야 했다. 울돌목의 물살과 지형지물을 이용하여 적을 격파해야만 했다. 물길이 바뀌는 시간인 오후 1시까지만 버틴다면 승산이 있다고 생각했다. 초요기를 흔들고 적진을 향해 돌격하라는 신호로 머뭇거리고 있던 중군장 김응함과 거제 현령 안위가 가세하면서 해전의 양상이 바뀐다. 적장 마다시가 3척의 전투함을 이끌고 안위의 배를 공격하다가 물에 빠져 죽으면서 전세가 역전된다. 일군이 허둥대며 도망치기 시작할 무렵인 오후 1시경, 물길이 다시 남쪽으로 바뀌면서 일본 수군은 혼란에 빠진다. 그들은 앞으로 나아갈 수도 없고 뒤로 물러설 수도 없는 진퇴양난이 되어 자기들 배와 엉키고 있었다. 이순신은 이 절호의 기회를 놓치지 않고 곧바로 총공격을 명한다.

13척 대 133척의 싸움은 이렇게 끝이 난다. 그리고 세계 해전사에 전무후무한 1:10의 절대 불리한 전투에서 대승리를 거둔다. 이순신은 일기에서 하늘이 준 큰 행운, 천행(天幸)이라고 기록하고 있지만, 이순신의 뛰어난 전술·전략과 두려움을 용기로 바꾼 탁월한 리더십이 이루어 낸 기적 같은 승리였다.

그가 명량에서 지켜 낸 것은 스스로의 안위나 따르던 병사들의 목숨만은 아니었다. 그가 지켜 낸 것은 숨이 멎기 직전 조선의 운명이었다.

(『전남일보』 2014년 8월 5일)

왜 광주인이며 광주정신인가?

광주는 전남 동부의 산지와 서부의 평야 지대를 잇는 요충지로 일찍부터 두 지역 간 생산 교역의 중심지, 행정·문화·예술의 중심지로 발달하였다. 예부터 문화와 예술을 숭상하여 예향(藝鄕), 세파와 타협하지 않으면서 외침과 불의에 맞서 분연히 일어나 민족과 정의를 위해 싸웠기에 의향(義鄕)이라는 애칭이 따라다녔으며, 다양한 음식문화를 발달시켜 미향(味鄕)으로도 이름이 높은 곳이다.

광주가 남도의 중심 치소가 된 것은 신문왕 6년(686), 9주의 하나인 무진주가 되면서 지방장관인 도독이 파견되어 15개 군을 관할하면서부터다. 따라서 엄밀히 말하면, 광주는 천 년을 훨씬 뛰어넘는 고도인 셈이다. 그러나 중심 치소가 되기 훨씬 이전부터 광주는 하이테크 기술을 갖춘 사람들의 삶의 보금자리였다.

최초의 광주인이라 할 수 있는 12만 5천 년 전의 구석기인들이 치평동에 살았으며, 청동기 시대에는 용두동 송학산 기슭에 북방식 고인돌을 남기기도 했다. 철기 시대 신창동 사람들의 기술력은 당대 최고였다. 그들이 남긴 155센티미터 두께의 벼 껍질 압착층은 현재까지 확인된 세계 최대의 벼 생산 자료이며, 신을 만들 때 사용하던 틀인 신발골도 세계 최초다. 그리고 그들이 만든 비단과 현악기, 발화도구, 수레바퀴는 한국 최초다. 노래를 즐겨 불렀음을 알 수 있는 현악기의 DNA는 오늘 BTS(방탄소년단)의 광주 출신 제이홉(정호석)으로 이어졌다.

후백제의 견훤은 광주를 근거지로 출발하였으며, 45년 뒤 신검이 왕건에게 망할 때는 마지막 저항지였다. '빛의 고을'이라는 뜻을 지닌 '광주(光州)'라는 고을 명칭은 고려 태조 23년(940)에 처음 등장한다.

고려 때의 유적으로는 광주의 비보사찰인 성거사터의 광주서오층석탑, 운천사 마애여래좌상, 신룡동 오층석탑 등이 있다. 고종 43년(1256)에는 몽고의 차라대가 무등산을 점거했으며, 고려 말 왜구의 창궐로 6차례나 침입을 당했고, 우왕 4년(1388)에는 광주가 함락되기까지 하였다. 광주를 비롯한 전라도 일대에서 왜구를 토벌하는 데 큰 공을 세운 사람이 망월동에 위치한 경렬사의 주인공 정지(鄭地)이다. 정지의 남해대첩은 최영의 홍산대첩, 이성계의 황산대첩과 더불어 왜구 격파 3대첩으로 불린다.

천 년이 훨씬 넘는 세월 동안 무등산 자락과 광주천을 배경으로 살아 온 광주인들이 남긴 삶의 흔적은 셀 수 없을 만큼 많다. 일본과의 교류를 보여 주는 명화동·월계동 장고분도, 신라시대 축조된 무진고성도, 증심사·원효사 등 불교 흔적도, 광주에서 거병하여 후백제를 건국한 견훤의 흔적도, 전국 최초인 향약 시행처인 부용정도, 최고급 분청사기를 구워 내던 충효동 가마터도 그 흔적들이다.

인간이 출현하기 훨씬 이전부터 광주를 지켜본 것은 광주의 성황신 무등산과 광주천이었다. 무진악, 서석산, 무정산으로 불리기도 했던 무등산은 한때 몽골군과 왜군에게 유린당하기도 했지만, 한말 최대 의병 항쟁지였고 광주학생독립운동을 이끈 광주고보와 광주농고생들의 비밀결사 조직인 독서회 결성 장소이기도 했다.

무등산 샘골에서 발원하여 광주의 중심부를 가로질렀던 광주천은 어린이들의 놀이터이자 아낙네들의 빨래터였으며, 시장이 서고 나이롱 극장이 열린 문화공간이었다. 1919년 3월 10일, 3·1만세운동의 함성이 울려 퍼졌으며, 1908년 호남창의회맹소 대장 기삼연 의병장이 총살당한 아픈 역사의 현장이기도 했다.

그러나 세월과 인간은 무서운 파괴자였다. 남아 있는 흔적보다 훨씬 더 많은 흔적들이 사라져 버렸다. 남아 있는 것도 인위적으로 성형하여 원래의 맛을 상실하기도 했다.

대부분은 세월의 무게를 버티지 못하고 사라지고 말았지만, 더러는 광주읍성처럼 일제의 침략에 의해 허물어지기도 했다. 더러는 개발에 눈이 뒤집힌 인간의 탐욕과 욕심이 마지막 남은 광주의 옛 모습마저 깡 그리 없애 버리고 만다. 태봉산이 헐리고 경양방죽이 메워지고 유림수가 베어진 건 다 그 때문이었다. 미래를 보지 못한 단견이 가져다주는 파괴는 아픔이다. 하지만 아픔도, 추억도, 흔적도 다 우리들이 가슴에 품어야 할 역사요 문화이다.

천 년이 훨씬 넘는 광주의 역사는 수많은 영웅들을 낳았다. 견훤, 박상, 이선제, 박광옥, 고경명, 김덕령, 양진여·양상기, 최흥종, 전상의, 기대승, 정충신, 정율성, 임방울, 최병채, 박준, 박관현, 윤상원, 뱃사공으로 한 푼 두 푼 모은 돈으로 서창 면민들을 구제한 뱃사공 박호련도 무등산이 낳은 영웅들이었다. 20세기 초 양림산 자락에 들어와 학교를 세우고 병원을 세우는 등 사랑을 남긴 푸른 눈의 소유자인 배유지, 오웬, 엘리자베스 쉐핑(서서평)도 무등산이 품은 영웅들이다. 그중 '한국의 메리 슬레서'로 불린, 미국 장로회가 선정한 가장 위대한 선교사 7인 중 한 사람으로 한센병 환자들의 어머니로 불린 서서평의 삶은 감동이다. 이들뿐만 아니라 임진왜란 당시 나라를 구한 남도 의병과 한말 어등산에서 목숨 걸고 싸운 남도 의병, 3·1만세운동, 광주학생독립운동, 4·19혁명, 5·18민주화운동, 6월 항쟁 당시 선두에 선 학생과 시민들도 다 무등산이 품은 광주의 영웅으로 기억해야 한다.

그 영웅들이 죽음으로 지켜 낸 가치가 정의로움이며, 그 정의로움의 가치가 역사적으로 축적되고 광주에서 4·19, 5·18, 6월 항쟁을 통해 발현된 20세기의 시대 가치는 '민주·인권·평화'였다.

금남로는 '민주'의 성지다. 4·19혁명의 기폭제가 된 3·15부정선거의 첫 규탄 시위가 금남로에서 일어났으며, 그 정신은 이후 민주주의를 쟁취하기 위한 대한민국 현대사의 최대 사건인 5·18민주화운동으로 이어진다. 6월 항쟁의 점화처도 광주였다. 전두환의 4·13호헌조치에 맞서 천주교광주대교구의 남재희 신부 등 사제 12명의 단식 투쟁의 불씨는 이내 6월 항쟁의 불길로 번지면서 민주주의를 쟁취해 낸다.

이제 광주에서 발현된, 광주인들의 정체성이 되고 자긍심인 민주·인권·평화의 정신은 새로운 가치인 광주를 넘어 전국으로, 전 세계로 확산되고 실천되어야 한다. 국립 5·18민주묘지에 형상화된 기념탑의 원형 조형물이 내포한 의미이기도 하다.

정의로움의 실천으로 발현된 광주정신과 가치가 무등산 자락에서 잉태되었음은 정말 자랑스러운 일이다. 그럼에도 광주는, 광주정신은 어딘지 허전한다. 광주를 벗어나지 못한 답답함도 있다. 허전하고 답답함을 메꾸는 것은 오늘을 살아가는 우리들의 과제가 아닐 수 없다.

광주는 빛고을이다. '빛'이 갖는 창조성은 이미 이천 년 전 신창동 유적지에서 출토된 유물을 통해 확인된 바 있다. 자긍심이 된 정의로움을 실천한 광주정신은 당당함이다. 이젠 그 당당함 위에 '창조도시 광주'라는 새로운 꿈을 꾸어야 한다.

(『스승의 요람』 제28호, 2014년)

광주·전남은 하나다

영산강, 남도를 하나로 묶다

영산강은 전라남도 담양군 용추봉(560미터)에서 발원하여 담양군 봉산면에서 오례천, 증암천과 합류한 후 광주광역시로 들어가는데, 이 구간부터 극락강이라 부른다. 광주광역시 송대동에서 황룡강과 합류하고 나주시 금천면 북쪽에서 지석강과 합류한 후 남서쪽으로 흐른다. 이어 나주시와 함평군의 경계를 이루며 흐르다가 영산호를 지나 서해로 흘러든다. 총 길이는 150여 킬로미터이고, 유역 면적은 전라남도 총면적의 약 23%를 차지한다. 강 유역의 충적 평야는 매우 비옥하여 대부분 논으로 이용된다. 담양 평야를 비롯, 광주와 나주, 함평 일대에 넓은 평야를 형성한다. 넓은 평야는 고대로부터 지금까지 남도인들의 밥줄이 된다.

강줄기는 최고의 교통로가 되어 홍어를 비롯한 각종 어류와 소금을 내륙 깊숙이 실어 날랐고, 내륙의 쌀 등이 서남해안 일대로 실려 나갔다. 영산강 유역에서 형성된 문화도 함께였다.

영산강 유역의 기름진 땅은 고대 사회 지배자의 물적 기반이 되어 청동기 시대 족장들의 무덤으로 알려진 고인돌이 축조된다. 그중 화순 효산리, 대신리 고인돌은 세계문화유산으로 등재된다. 기원 전후의 광주 신창동 유적(사적 제375호) 출토 유물과 함평 초포리 출토 유물, 화순 대곡리 출토 유물(국보 제143호), 영암 거푸집(국보 제231호) 등은 고대 문화가 영산강 유역에서 꽃피었음을 보여 준다. 이후 이러한 고대 문화는 대형 독무덤을 축조한 남도 최초의 정치체인 마한 소국으로 발전된다. 대형 독무덤을 남기면서 6세기 중엽까지 독자적인 세력으로 남았던 나주 마한의 중심지 또한 영암 시종면과 나주 반남면, 나주 복암리 일대의 영산강 유역이다.

남도를 하나로 묶었던 영산강은 남도 문화의 발원지며, 중심지이다. 그리고 그 문화가 만들어 낸 정체성은 영산강변에 자리 잡은 나주, 광주가 중심이 되어 수천 년을 이어 왔고, 지금도 이어지고 있다.

남도의 중심이 된 나주와 광주

남도 최초의 정치체는 기원전 3세기경의 마한 소국이었다. 마한 54개 국 중 남도에 어떤 마한 소국이 어디에 존재했는지는 정확히 알 수 없지만, 6세기 중엽 무렵까지 나주 영산강 유역을 중심으로 형성되었던 마한은 환두대도와 금동관을 지닌 강력한 지배세력이었다. 그리고 돌방무덤을 사용하던 백제와는 달리, 대형 옹관을 사용하였다.

이후 잠시 백제의 영토가 되었지만, 곧바로 신라에 병합된다. 삼국을 통일한 신라는 신문왕 6년(686), 광주에 무진주를 설치하고 15개 시군을 관할한다. 고려 성종 2년(983), 전국을 12목으로 나누면서 남도는 나주목과 승주목의 관할이었다가, 현종 9년(1018)에 전국을 5도 양계로 개편하면서 강남도(지금의 전라북도)와 함께 전라도가 된다. 전주와 나주의 앞 자를 딴 전라도가 드디어 등장한다. 1895년, 전라도는 23부제 실시에 따라 전주부·남원부·나주부 등으로 나뉘었다가, 1896년 13도제 실시로 노령 이남의 땅을 전라남도로 분리하고 광주에 도청을 둔다. 1986년 광주시가 광주직할시로 승격되면서, 광주와 전라남도는 행정적으로 분리된다. 그리고 2005년, 전남 도청이 무안군 삼향면 남악리로 이전한다.

행정구역으로 보면 남도와 광주는 1,300여 년 동안 무진주 혹은 나주목, 전라도, 나주부, 전라남도의 지방조직으로 함께였다. 1,300여 년 동안 광주와 나주는 남도의 중심지였고, 두 도시를 중심으로 형성된 것이 남도인으로서의 정체성이요, 하나라는 뿌리의식이었다. 그리고 이 의식은 1986년 광주직할시로 승격된 후에도, 2005년 전남 도청이 무안군 삼향면으로 이전된 후에도 이어지고 있다. 이러한 하나라는 뿌리의식은 한때 같은 전라도의 행정구역이었던 전북과는 분명 다르다.

남도인의 성황신, 무등산

광주, 화순, 담양군에 걸쳐 있는 무등산(1,187미터)은 예로부터 남도인들의 진산이었고, 남도인들을 지켜 주는 성황신으로 인식되고 있었다.

나주 출신인 최부(1454~1504)는 1487년 제주도에 추쇄경차관으로 갔다가 부친의 갑작스러운 사망 소식을 듣고 급히 뭍으로 나오던 중 폭풍을 만나 중국까지 떠밀려 간다. 그리고 우여곡절을 겪다 반년 만에 귀국한다. 이때의 내용을 기록한 책이 『표해록』이다. 이 책에는 폭풍을 겪은 선상에서 수행원들이 쑥덕거리는 말을 우연히 엿듣게 되는 대목이 나온다. 제주에 들어가려는 사람들은 무등산 신사와 금성산 신사에, 제주를 떠나는 사람들은 제주 일원에 있는 여러 신사에 제사를 지냈어야 하는데, 최부가 그렇게 하지 않아 결국 바다의 노여움을 사 낭패를 당했다는 쑥덕거림이었다. 이는 무등산과 금성산(나주)이 당시 남해 바다를 관장하고 항해자의 안전을 살피는 수호신이었다는 증거다. 그런데 바다로부터 수십 킬로미터나 떨어져 있는 무등산이 남해 바다의 항로를 관장한다고 믿은 이유는 무엇이었을까? 남도인들의 이런 믿음은 고려 시대로 거슬러 올라간다. 충렬왕 7년(1281), 제2차 여·몽 연합군의 일본 원정을 앞두고 광주 출신의 동정원수 김주정이 제사를 지냈을 때 무등산 산신만이 세 번이나 방울을 울려 승리를 기원했고, 이를 알게 된 고려 조정에서는 무등산 성황신에게 벼슬을 내린다. 이 이야기는 조선 초기에 쓰인 『동국여지승람』에 전한다. 이때의 일이 조선 시대까지 남도인들의 기억에 남아 최부와 같은 배를 탔던 동승자들의 입을 통해 전해지고 있었던 것이다.

남도의 진산이 무엇인지 물으면 누구나 무등산이라고 대답한다. 남도 인과 무등산은 서로 떼어서 생각할 수 없는 사이인 셈이다. 남도에 사람이 살기 시작할 때부터 무등산은 남도 지킴이였고 안식처였다. 그리고 오늘도 여전히 무등산은 광주만이 아닌 남도인 모두의 성황신이다.

경계가 없었던 남도 의병

6,000여의 고경명 의병 부대는, 남도가 하나의 공동체였음을 더욱 분명히 보여 준다. 1592년 5월 29일 고경명과 두 아들인 종후·인후, 곡성의 유팽로, 남원의 안영·양대박, 광주의 김덕홍, 남평의 최후립·최홍립 형제 등 21개 읍 61명의 사림과 유생이 담양 추성관에서 회합한다. 이 회합에서 고경명은 만장일치로 의병장에 추대된다. 곧이어 추성관에 의병청이 설치되고 총대장 고경명, 좌부장 유팽로, 우부장 양대박, 종사관 안영을 지휘부로 하는 6,000여 명의 호남 의병이 결성된다. 그리고 6월 11일, 담양 추성관을 출발한 후 7월 10일 금산 전투에서 고경명 의병장을 비롯해 좌부장 유팽로와 종사관 안영, 그리고 고경명의 둘째 아들 고인후와 수많은 의병들이 순절한다. 금산 전투에서 순절한 이들은 단지 유팽로, 안영, 고인후만이 아니었다. 『호남절의록』에는 고경명과 함께 순절한 20여 명의 의병이 더 적혀 있다.

김덕홍, 정귀세, 박언신, 신건, 하정, 김세근(이상 광주), 최응룡·최영수 부자, 최후립·최홍립 형제(이상 나주), 고훈(화순), 강염(장성), 조효원(담양), 박응주(함평), 이인우(영광), 박광조·박광종 형제(무안), 고몽룡(해남), 이억수, 채희연, 양정언(이상 남원), 김봉학(순창), 김신문(정읍), 전용관(옥구) 등이 그들이다. 고경명이 이끈 호남 의병 부대는 이처럼 광주는 물론 나주, 곡성, 장성, 화순, 담양, 영광, 함평, 해남 등 각처의 남도인들이 모여들었고, 심지어는 정읍, 남원, 옥구 등 남도와 인접한 전북 인근에서도 합류하고 있다.

명성황후 시해와 단발령에 반발하여 남도에서도 의병이 일어난다. 이 중 장성을 중심으로 한 유생들의 의병과 나주를 중심으로 한 이서(吏胥)들의 의병이 가장 두드러졌다. 장성 의병은 송사 기우만(1846~1916)을 중심으로 노사 기정진의 문인들인 기삼연·정의림·고광순·김익중 등이 앞장섰다. 기우만은 기정진의 친손자로, 많은 제자들을 거느리고 있었다. 그는 1896년 1월 인근 고을에 격문을 보내어, 국모 시해와 단발령의 원수를 갚고 러시아 공사관에 피신해 있는 임금을 모셔 오자고 호소한다. 기우만은 2월, 장성부의 향교에서 200여 의병을 편성한 후 나주로 향한다. 단발령에 앞장선 나주관찰부 참서관 안종수를 죽인 나주 의병을 위로하고 그들과 연합한 후 의병진을 광주로 옮긴다. 그가 광주로 의병진을 옮긴 것은, 광주가 갖는 지리적 이점과 충의의 고장 때문임을 이유로 내세웠다. 광주 광산관에 의병진을 정하자, 광주향교 재임이던 박원영 등 광주의 유림 상당수가 합류한다. 조선 후기 유림들에게도 전남과 광주, 즉 남도는 하나라는 의식이 짙게 남아 있었고, 그 중심지는 광주였다.

한말 전국 최대의 의병항쟁지는 광주였고, 그 최대 격전지는 호남대학교 뒷산인 어등산이다. 어등산이 남도 최대의 격전지가 될 수 있었던 것은 광주를 비롯한 장성, 나주, 함평을 잇는 지리적인 이점 때문이었다. 또한 3·4개 군의 경계에 위치하고 있어 관할 구역이 애매했고, 주위에서 가장 높은 산(338미터)이었기 때문에 일군의 추격을 따돌리고 주변 지역을 관측하기에도 용이했다. 그리고 인근 지역과의 연락 면에서도 편리했다. 1908년 4월 25일 김태원 의병장을 비롯한 23명이 어등산에서 격전 끝에 전사했고, 1909년 1월 10일에는 조경환 의병장 이하 30여 명이, 9월 26일에는 양동환 의병장을 포함 10명 등 60여 명 이상이 전사한다. 전국 최대 의병 격전지 어등산의 영웅들은 광주 출신인 조경환, 양동환 의병장만은 아니었다. 어등산에서 전사한 김태원 의병장과 그의 동생 김율은 나주 출신이었다.

광주에는 두 분의 의병장을 기리는 동상과 비가 서 있다. 농성광장에 두 눈 부릅뜨고 어등산을 향해 서 있는 김태원 의병장 동상과 광주공원에 세워진 심남일 의병장 순절비가 그것이다. 그런데 두 분은 다 광주 출신이 아닌 나주와 함평 출신이다.

광주 출신인 전국 유일의 부자 의병장인 양진여 의병 부대의 주 전투지는 광주를 비롯하여 인근의 장성, 담양, 창평 등이었고, 아들 양상기 부대의 중심 활동 지역은 광주를 비롯하여 동복, 담양, 장성, 창평이었다. 의병에게 의병진의 참여도 활동 영역도 광주와 남도의 경계는 없었다.

광주공원에 함께 세워진 영랑과 용아 시비

빛의 타워가 들어선 광주 사직공원에는 10여 기가 넘는 시비가 세워져 있다. 광주 출신인 김덕령, 박상, 정충신, 김현승, 박봉우 등의 시비만이 아니었다. 「어화 버힐시고……」의 장성 출신의 김인후, 「풍상이 섞어

친 날에……」의 담양 출신 송순, 「오우가」의 해남 출신 윤선도, 「청초 우거진 골에……」의 나주 출신 임제, 「강강술래」의 해남 출신 이동주, 「봄비」의 함평 출신 이수복 등은 전남 출신들이다. 현충탑이 세워진 광주공원에도 시문학파의 상징 시인인 영랑과 용아의 시비가 나란히 서 있다. 「모란이 피기까지는」의 영랑 김윤식은 강진 출신이며, 「떠나가는 배」의 용아 박용철은 광주 출신이다. 사직공원이나 광주공원의 시비 중 광주와 전남을 벗어난 시인들의 시비는 하나도 없다. 심지어 같은 호남권인 전북 출신도 없다. 이는 광주와 전남 즉 남도는 하나라는 역사적 인식의 산물이 아닐 수 없다.

이처럼 광주와 전남이 하나라는 인식은 광주의 도로명에도 보인다. 광주에는 의재로, 송강로, 죽봉로, 지호로, 면앙로, 하서로 등 도로명이 있다. 이들 도로명의 주인공인 허백련, 정철, 김태원, 오지호, 송순, 김인후 등은 광주 출신이 아닌 진도, 담양, 나주, 화순, 장성 등 남도 출신이다. 남도인으로 광주에 시비가 세워지고 도로명이 된 것은 광주와의 연관성 때문일 것이다. 그런데 전북 출신은 물론이고 충청, 경상도 출신의 시비도, 거리명도 없다. 광주와의 연관성이 떨어지는 측면도 있겠지만, 하나라는 공동체 의식 바깥에 존재하기 때문일 것이다.

1986년, 광주시가 광주직할시가 되면서 광주와 전남은 행정구역상 둘로 나누어진다. 그러나 영산강 유역을 중심으로 천 년 이상을 함께 살아온 진한 공동체 정신은 임의로 분리될 수 없다. 그리고 그 하나임의 흔적은 역사 여기저기에 너무 진한 모습으로 묻어 있다.

(『대동문화』 1·2월호, 2015년)

역사는 특정 정권의 사유물이 아니다

"역사에 관한 일은 국민과 역사학자의 판단이라고 생각합니다. 역사학자의 몫이라고 생각하고 어떤 경우든지 역사에 관한 것은 정권이 재단하려고 해서는 안 된다고 생각합니다. 만약에 어떤 정권이 역사를 막 다루겠다 하게 되면 누가 보더라도 그것은 그 정권의 입맛에 맞게, 그 편의에 맞게 하지 않겠느냐는 의심을 받을 수밖에 없고, 또 그 말은 정권이 바뀔 때마다 우리 역사를 새롭게 써야 한다는 얘기도 됩니다. 그래서 역사 문제는 전문가와 역사학자에게 맡겨서 평가를 하게 하는 것이 가장 합리적이고 좋은 방법이 아닌가 생각합니다."

2005년 1월, 한나라당 대표 시절 박근혜 대통령이 한 말이다. 그렇다. 역사에 관한 일은 전문가와 역사학자에게 맡기면 되는 일이다. 그런데 박 대통령은 10년 만에 아무런 설명 없이 군사작전하듯 현재 99.9%의 학생들이 좌편향된 교과서로 수업을 받고 있다면서 올바른 역사 교과서를 만들기 위해 국정제로 만들겠다고 11월 2일 국정화 고시를 했다.

그리고 국정화에 반대하는 사람은 대한민국 국민이 아니며 종북 세력이라는 무시무시한 언어적 폭력마저 일삼고 있다. 이는 오천 년 역사를 5년의 정권이 마음대로 재단하겠다는 역사 쿠데타가 아닐 수 없다.

왜 박정권은 다수 국민들의 반대에도 불구하고 국정화를 밀어붙일까? 479개에 달하는 수정 요구를 받을 정도로 오류투성이였던 교학사 교과서가 합격 판정을 받았지만, 채택률 0%대에 그치는 외면을 당했다. 학교현장에서의 교학사 교과서 외면은 검인정 체제로는 자신들의 역사

인식을 담아내는 교과서 편찬이 어렵다고 판단하고 국제적 창피 사건임에도 불구하고 국정이라는 카드를 내민 것이다.

왜 국정화를 반대하는가

이명박 정권 때 교육과정이 만들어지고 박근혜 정권이 검정 허가한 현 교과서가 완벽한 교과서라고 말할 수는 없다. 역사에는 정설(正說)은 존재할 수 없고 정설(定說)과 다수설만이 존재하기 때문이다. 이게 역사의 상식이고 다양성이다. 역사 교과서가 문제가 있다면 소수설을 지지하는 학자들이 문제제기를 하고, 그리고 전문가들이 집단 토론을 하여 정설(定說)로 만들어 교과서에 등재하면 된다.

세계 선진국의 교과서 발행은 국정제가 아닌 검인정제와 자유발행제이다. 국정제는 나치 치하의 독일, 군국주의 치하의 일본에서 시행했던 제도이며, OECD 국가에서는 그리스, 터키, 아이슬란드에서만, 그리고 북한, 베트남 등 후진국에서만 추진되는 발행제도이다. 우리 스스로 대한민국의 품격을 낮추는 국정제는 그래서 반대한다.

국정제에 대해 14개 시도 교육감도 '민주주의 가치와 부합하지 않으며, 자율성과 다원성의 가치에도 맞지 않다'고 지적했고, 서울대학교 역사학과 교수들도 반헌법적, 비민주적, 비교육적, 퇴행적, 반사회적이라는 다섯 가지 이유를 들어 반대하고 있다.

헌법재판소도 "국정교과서는 첫째, 학생들의 창의력 개발이 활성화되지 않고 둘째, 상황 변화에 능동적·탄력적으로 대처하기 어려우며 셋째, 자유민주주의의 기본 이념과 모순되거나 역행하며 넷째, 교사와 학생의 교재 선택권이 보장되지 못하고 그 결과 교과용 도서의 개발이 지연되거나 침체될 우려가 있으며 다섯째, 교과서 중심의 주입식 교육 내지 암기식 교육이 행하여지기 쉽다'고 지적하고 있다.

국정교과서에 대해서는 UN에서조차 "역사에 있어서 단 한 개의 객관적인 사실만이 존재한다는 것은 잘못된 생각이다"고 지적하며 다양한 시각의 역사교육이 필요함을 강조하고 있다.

국정교과서를 만들겠다는 정부 고시에 대해 역사학자 등 전문가는 물론 전 국민의 다수가 반대하고 있다. 전국 14개 시도 교육감, 전국 29개 역사학회 회원, 170여 개 대학의 2,000여 명의 교수, 90%의 교사, 97%의 역사교사, 심지어 한국천주교주교회의에서조차도 반대 선언을 발표했다. 일반 국민들의 반대 여론은 시간이 갈수록 더 커지고 있다.

국정제가 되면 어떤 교과서가 쓰일까?

정권은 아직 쓰이지도 않은 교과서가 친일 및 독재를 미화한다고 단정 짓는 것은 문제가 있다고 주장한다. 그러나 이는 말장난으로 보인다. 국정화를 추진하려던 사람들의 주장은 기존의 국정교과서 서술이나 그들이 만들었던 교학사 교과서를 보면 금방 알 수 있기 때문이다.

최근 국정으로 만들어진 초등 역사 교과서를 보면 소현세자가 세자의 신분으로 곤룡포를 입고 있는 사실 오류에서부터 한말 의병을 '학살'이 아닌 '소탕(94쪽)'으로, 일제 치하의 쌀 '수탈'을 '수출(96쪽)'로, '을사조약을 성공적으로 마무리한 이토(96쪽)'로 서술하고 있다. '을사조약을 성공적으로 마무리한 이토'의 서술은 을사조약이 대포를 설치하고 총칼로 위협한 후 강제로 체결된 늑약이 아닌, 마치 정상적인 방법으로 체결된 조약이라는 인상마저 주고 있다.

기존의 국정교과서를 살펴보면 왜 국정이 문제인지를 더욱 분명하게 알 수 있다. 1974년판 교과서를 보면 5·16을 혁명으로 서술하고 있을 뿐 아니라, 혁명공약 6조는 아예 조작까지 하고 있다. 원래는 "6. 이와 같은 우리의 과업이 성취되면 참신하고도 양심적인 정치인들에게 언제 든지 정권을 이양하고 우리들 본연의 임무에 복귀할 준비를 한다"였다. 그런데 약속을 헌신짝처럼 내팽개친 박정희 정권은 이 표현을 "6. 이와 같은 우리의 과업을 조속히 성취하고 새로운 민주공화국의 굳건한 토대 를 이룩하기 위하여, 우리는 몸과 마음을 바쳐 최선의 노력을 경주한다" 로 바꾸어 기술하고 있다. 이처럼 국정은 역사적 사실마저도 조작할 수 있는 교과서 발행체제인 것이다.

1982년 국정교과서에서는 제5공화국(전두환 정부)을 "제5공화국은, 성 실과 신뢰를 바탕으로 하는 정의 사회 구현과 민주 복지 사회 건설을 목표로 하여 새로운 역사의 창조에 나서게 되었다"라고 서술하고 있다.

따라서 국정제가 되면 어떤 교과서가 쓰일지는 불을 보듯 훤하다. 이 승만·박정희 시대를 더 긍정적으로 서술할 것이다. 즉 이승만은 건국 의 아버지로, 박정희는 산업화의 아버지로 미화될 것이다. 그러면서 대 한민국 임시정부와 일제 강점기 치열한 독립운동사 및 자랑스러운 민주 주의 역사는 축소 서술되어 대한민국 국민이 추구해야 할 시대정신은 희석될 것이다. 대한민국 수립일을 1919년 4월 11일이 아닌 1948년 8월 15일로 만들면서 해방 직후 친일파는 반공의 수호자 및 대한민국을 건 국한 애국자로 탈바꿈할 것이다. 국정화 추진 세력이 '건국절'에 목멘 이 유이기도 하다. 또한 일제 강점기에 일본에 의해 근대화의 초석이 마련 되었다는 일제의 주장이 서술될지도 모른다.

뿐만 아니라 오류투성이의 책이 될 가능성도 높다. 2~3년이 걸려도 부족한데 1년 안에 집필하겠다는 것도, 집필자들이 누구인지도 모른 채 진행되는 깜깜이 국정 한국사 교과서는 오류투성이의 부실 교과서

가 될 가능성이 커 보인다. 2년여에 걸쳐 만들었음에도 479개의 수정 권고를 받은 교학사 교과서의 부실을 훨씬 웃돌지도 모른다.

역사는 특정 정권의 사유물일 수 없다. 전 국민적 반대에도 불구하고 군사작전하듯 밀어붙이는 현 정권의 한국사 국정화에 정말 억장이 무너진다. 그리고 그들은 반대하는 사람들의 입에 '종북 좌파'의 딱지를 붙여 재갈을 물린다. 심지어는 '국정화를 반대하는 사람은 대한민국 국민이 아니다'라고 왕조 시절의 '반역'에 가까운 언어폭력을 가한다. 정권의 언어폭력에 무너져서도 굴복해서도 안 된다. 고귀한 목숨을 바쳐 이룩해 온 민주주의를 지켜 내기 위해서도 그렇다. 한국사 국정화를 반대하는 이유이다.

(『전남일보』 2015년 11월 27일)

1948년 8월 15일은 대한민국 수립일인가?

　1948년 8월 15일에 대한 한국사 교과서 서술은 해방 이후 지금까지 '대한민국 정부 수립일'이었다. 1996년판 및 2002년판 국정 고등학교 국사 교과서에도 '대한민국 정부 수립'으로 서술되어 있다. 그런데 2015년 한국사 교과서 국정화 고시 이후 첫선을 보인 초등학교 6학년 1학기 사회과 교과서에는 '대한민국 정부 수립'이라는 용어 대신 '대한민국 수립'이라는 용어를 사용하고 있다. 즉 1948년 8월 15일이 '대한민국 건국일'이라는 것이다. 따라서 8월 15일은 건국절로 기려야 하고, 1945년 이후의 반탁 운동을 통해 건국 과정에 참여했던 우파 인물들과 후손들을 건국 유공자로 예우해야 한다는 것이다. 1948년 8월 15일이 대한민국 수립일인지 따져 볼 필요가 있다.

건국절 논란이 일다

　건국절 논란은 지난 2008년 집권한 이명박 정권 때부터 불거졌다. 이명박 정권은 그해를 '건국 60년'이라 이름하고 기념식을 대대적으로 하겠다고 발표하였다. 이에 우익 계열의 일부 학자들은 8월 15일을 광복절이 아닌 건국절로 해야 한다고 주장했고, 이에 발맞추어 2008년 7월, 정갑윤 의원은 '광복절'을 '건국절'로 개칭하자는 내용의 「국경일에 관한 법률 개정안」을 발의하였다. 같은 해 12월에는 황우여 의원에 의해 「건국유공자 예우에 관한 법률안」도 제출된다. 이 법률안은 "1945년 8월 15일부터 1948년 8월 14일까지 신탁통치를 반대하거나 자유 민주국가인 대한민국을 건국하기 위하여 활동한 건국유공자와 그 유족에 대하여 국가가 적정한 서훈과 응분의 예우를 하자"는 것이었다. 그러나 「국경일에 관한 법률 개정안」은 광복회를 비롯한 다수 국민의 질타를 받고 철회하였고, 「건국유공자 예우에 관한 법률안」은 "반탁 또는 건국 활동의 성격은 무엇이며, 이들이 대한민국 건국에 어떤 기여를 했는지에 대한 역사적 평가가 먼저 이루어져야 하고, 이들을 '건국유공자'로 지정하는 것에 대한 국민적 공감대가 형성된 후 검토되어야 할 것"이라는 국회 전문위원들의 검토 의견에 따라 자동 폐기된다.

「국경일에 관한 법률 개정안」은 철회되고 「건국유공자 예우에 관한 법률안」은 자동 폐기되었지만, 두 법안은 대한민국 건국이 일제 강점하의 독립운동가들의 독립운동에 의해서가 아닌, 1945년 8월 15일 이후의 반탁 운동을 주도했던 우익 인사들의 건국 활동에 의해서 이루어진 것이라는 인식을 갖게 했다. 박근혜 정부도 2015년 광복절 경축사에서 '건국 68년'이라고 언급하여, 이명박 정부의 역사의식을 계승하고 있음을 보여 주었다.

두 정권의 건국절 언급은 1948년 8월 15일을 어떻게 보아야 할 것인지, 제헌 헌법에 따라 당연시해 온 건국 시점이 언제인지를 다시 생각해 보게 하는 계기가 되기도 했다.

대한민국 정부, 임정의 법통성을 계승하다

대한민국이 언제 건국되었는지를 확인할 수 있는 가장 확실한 자료는 '제헌 헌법'과 '현행 헌법'의 전문이다.

1948년 5월 10일 총선거 후 개원된 국회에서 의장으로 선출된 이승만은 개회사에서 "기미년 3월 1일에 우리 13도 대표들이 서울에 모여서 국민대회를 열고 대한 독립 민주국임으로 세계에 공포하고 임시정부를 건설하여 민주주의에 기초를 세운 것이다"라고 언급한 후, "이 국회에서 되는 정부는 기미년에 서울에서 수립된 민국 임시정부의 계승"이라고 했다. 그러면서 이승만은 헌법기초의원으로 하여금 대한민국이 어떻게 이뤄지게 되었는가에 대한 설명을 헌법 전문에 넣어 줄 것을 요청한다.

1948년 7월 17일 공포된 제헌 헌법 전문의 "유구한 역사와 전통에 빛나는 우리들 대한국민은 기미 3·1운동으로 대한민국을 건립하여 세계에 선포한 위대한 독립정신을 계승하여 이제 민주 독립 국가를 재건함에 있어서……"나 현행 헌법의 "유구한 역사와 전통에 빛나는 우리 대한국민은 3·1운동으로 건립된 대한민국 임시정부의 법통과 불의에 항거한 4·19 민주이념을 계승하고……" 등은 대한민국 정부가 기미 3·1운동으로 건립된 대한민국의 임시정부를 계승하고 있음을 분명히 밝히고 있다.

1919년 3·1운동의 결과 성립된 '대한민국'이라는 국호는 대한제국의 '제국'이 '민국'으로 바뀐 것이다. 제국이 민국으로 바뀔 수 있었던 것은 독립운동가들의 노력 때문에 가능했다. 조선 왕조가 멸망한 후 초기의 독립운동은 대한제국을 회복하려는 복벽(復辟)의 성격이 강했다. 그러나 1917년 임시정부 수립을 위해 민족회의 소집을 제의한 '대동단결 선언'에서는 '황제권 소멸의 시기가 곧 민권 발생의 시기'라고 하여, 민권에 의한 국가 건립 주장이 강하게 나타나게 되고, 이후 복벽적 사상은 점차 공화정 사상으로 바뀐다. 3·1운동에서 독립을 선언한 민족대표들은 '백성이 주인이 되는 나라'를 세우겠다는 사상과 의지를 드러냈고, 그 독립정신에 따라 독립을 선언하고 세운 나라가 대한민국이었다.

1919년 4월 11일 대한민국 임시정부 의정원은 '대한민국'을 국호로 정하는 대한민국 임시헌장을 정하였는데 제1조가 '대한민국은 민주공화제로 함'이었다. 이 헌법 제1조는 임시정부하의 4번에 걸친 개헌 때에도 변함이 없었고, 1948년 제헌 헌법에서도 그대로 계승되었다.

대한민국이 기미 3·1운동으로 건립되었다는 것은 이승만과 정부의 연호 계승을 통해서도 알 수 있다. 이승만 정부는 출발하면서 '대한민국 30년'이라는 연호를 정부의 공식 문서에서 밝혔고, 1948년 9월 1일 발행된 관보 제1호에서도 '대한민국 30년'을 사용하고 있다. 즉 대한민국 임시정부가 수립된 1919년을 '대한민국 1년'으로 간주, 1948년을 '대한민국 30년'으로 표기한 것이다. 이처럼 연호를 일치시킨 것은 1948년 수립된 대한민국 정부가 대한민국 임시정부를 계승하였음을 밝히기 위함이었다. 1948년 8월 15일, 정부 수립 축하식이 열리던 날, 옛 중앙청 식단 뒤에 '대한민국 정부 수립 축하식'이라고 쓴 펼침막을 걸었던 것은 이 때문이었다.

(『전남일보』 2016년 8월 24일)

임진왜란과 피로인

무안 공항에서 규슈(九州)의 후쿠오카현 기타큐슈까지는 채 한 시간이 걸리지 않았다. 규슈는 그만큼 가까이 있었다. 가까이 있으니 한반도와 규슈, 아니 남도와 규슈 사이에 애증의 역사가 없을 수 없다. 평화와 풍요를 나누어 갖는 원원의 역사도 있었지만, 일방적인 약탈이 행해진 불행한 역사도 있었다.

'도자기 전쟁'으로 불린 임진왜란 당시 광주·남원을 함락한 부대가 사쓰마번(지금 규슈의 가고시마 지역)의 번주였던 시마즈 요시히로가 이끈 부대였다. 이들에 의해 광주향교와 증심사, 풍영정 등 광주의 주요 건물이 불에 탄다. 그리고 이때 남원 출신의 심당길과 박평의 등 수많은 도공과, 일본에 성리학을 전해 준 영광 출신 강항도 끌려간다.

임진왜란은 '도자기 전쟁'

일본에서는 임진왜란과 정유재란을 '야키모노센소(燒物戰爭),' 즉 '도자기 전쟁'이라고 부른다. 당시 끌려간 대표적인 도공이 아리타에서 일본 도자기의 도조(陶祖)가 된 이삼평과 가고시마에서 사쓰마 도자기를 생산한 심당길과 박평의였다.

사가현 아리타는 도공 이삼평을 도조로 받드는 도자기 마을이다. 이삼평은 1616년, 고령토(백토) 광산을 처음 발견, 일본 최초로 백자를 생산한다. 이삼평에 의해 만들어진 일본 백자는 1650년대 인근의 이마리(伊万里)항을 통해 중국을 제치고 유럽 전역으로 퍼져 나가면서, 일본 자기는 세계적인 명성을 얻는다. 이삼평이 도자기의 신으로 받들어진 이유다. 이삼평을 도조로 받드는 도산신사(陶山神社) 뒤편 언덕에는 백자 생산 300주년을 맞아 1917년 세워진 '도조 이삼평비(陶祖李參平碑)'가 서 있었다.

남원성에서 사쓰마(지금의 가고시마) 번주인 시마즈 요시히로에게 끌려온 80여 명의 도공 중 대표 인물은 박평의와 심당길이다. 그 조선 도공들이 처음 사쓰마에서 만들어 낸 백자가 '히바카리'였다. 일본어에서 '히(火)'는 '불'이고, '바카리'는 '뿐'이라는 뜻이니, 사쓰마에서 만들어 낸 백자 '히바카리'는 조선의 흙과 유약으로 조선 도공이 만들었는데, 일본 것은 불만 빌렸다는 뜻이다. 이후 조선 도공의 노력으로 시로몬(白物)이라 불리는 흰 빛깔의 백자를 만들었는데, 이 백자가 바로 '사쓰마 야키'라 불린 사쓰마 백자로 나가사키항을 통해 러시아·미국 등 해외로 수출된다. 사쓰마의 도자기 산업은 번의 재정 위기를 타개하고 후일 막부를 무너뜨리는 중요한 물적 기반이 된다. 그리고 그 재력을 바탕으로 등장한 것이 가고시마 출신의 사이고 다카모리에 의한 '정한론'이었으니, 역사는 참으로 아이러니가 아닐 수 없다.

심당길과 박평의의 후손들이 살고 있고 흔적이 남아 있는 미산(美山) 마을을 찾았다. 15대를 이어 온 심당길 후손들은 도자기를 가업으로 계승하고 있었다. 계승 정도가 아니라 일본 최고의 도자가문으로 명성을 떨치고 있었다. 25명의 도공이 일하고 있는 공방 한쪽에는 그 옛날 초창기 자기를 굽던 조선식 오름 가마가 남아 있었고, 전시관에는 사쓰마 야키의 역사와 역대 심수관의 작품들이 전시되어 있었다. 그중 가장 필자의 눈을 사로잡았던 작품은 이미 소개한 '히바카리'였다. 그리고 오늘 심수관가의 창의성이 덧붙여져 세계적인 도자로 발돋움한 12대 심수관의 작품들이었다.

15대 심수관과 함께 사진을 찍었다. 그는 광주에서 온 역사교사들을 반갑게 반겨 주었다. 이국땅에서 대를 이어 도공으로 살아가는 심수관의 모습이 정말 당당했다.

반면에 박평의의 후손들은 다른 길을 걸었다. 12대인 박수승은 도자기로 번 돈으로 도고(東鄕)라는 일본 성씨를 싸서 일본인으로 귀화한다. 그리고 다섯 살 난 아들 박무덕(1882~1950)이 태평양 전쟁 당시 두 번이나 외무장관을 지낸 도고 시게노리다. 도고 시게노리를 기리는 기념관도 미산 마을에 있었다.

조선 도공의 자취가 서려 있는 미산 마을을 떠나오는 발길이 쉬 떨어지지 않았다. 심수관 집 앞뜰에 피어 필자 일행을 맞아 주었던 홍매가 오랫동안 그리울 것 같다.

일본으로 끌려간 피로인

임진·정유재란 당시 일본에 끌려간 피로인은 5만여 명으로 추산된다. 끌려간 피로인들 중 일부는 조총 가격의 1/40도 안 되는 헐값에 유럽으로 팔려 가기도 했다. 조선의 피로인들이 유럽에 노예로 팔려 나갔음은 일본을 왕래했던 이탈리아의 중계 무역 상인 프렌체스코 카를레티가 쓴 『나의 세계 일주기』라는 기행기를 통해서도 확인된다. 유럽으로 팔려 나갔던 조선인 노예 중 한 명은 화가 루벤스(1577~1640)가 그린 '한복 입은 남자'의 모델이 되기도 했다.

피로인 중 일부는 세례를 받고 가톨릭 신자가 되어 고향 잃은 슬픔과 이국에서의 고단함을 달래기도 했다. 당시 피로인 중 가톨릭에 귀의한 구체적인 숫자는 확인할 수 없지만 수천 명으로 추정된다. 우리나라에 가톨릭이 전해지기 200년 전이다.

1587년 도요토미 히데요시가 금교령을 선포한 이후 기리시탄에 대한 혹독한 박해가 이어진다. 도요토미 히데요시와 지역의 다이묘들은 신자 색출을 위해 '후미에'(예수상과 마리아상을 밟고 지나가게 하는 일)를 행하고, 기리시탄을 붙잡아 화형, 참수형 등 참혹한 형벌을 가했다. 이 기간 동안 약 5만 명이 순교하게 되는데, 이 중 이름이 밝혀진 3,500여 명의 순교자 속에는 피로인으로 끌려가 기리시탄이 된 조선인 50여 명도 확인되고 있다. 일본 교회에서는 순교 성인 42위와 순교 복자 393위를 모시고 있는데, 이들 중 조선인 복자가 10인이다.

필자가 찾은 나가사키의 오우라 성당과 일본 26인 성인 기념관은 일본 기리시탄 박해의 역사를 잘 보여 주는 곳이다. 그런데 그 속에도 임진왜란 당시 피로인으로 끌려온 조선인 기리시탄의 아픔이 배어 있었다.

(『전남일보』 2017년 2월 25일)

호남평야를 지켜 온 김제 벽골제

벼의 고을 '볏골'에서 유래

광주·전남·전북을 포함한 호남은 흔히 호수(湖)의 남쪽이란 뜻으로 금강 이남을 가리킨다. 금강의 옛 이름이 호강(湖江)이기 때문이다. 그러나 김제 벽골제를 호수로 보고 그 이남을 말하기도 한다. 삼국 시대 '호수'로 불렸던 3대 저수지로는 김제 벽골제, 밀양 수산제, 제천 의림지를 들지만, 단연 으뜸은 김제 벽골제였다.

『삼국사기』를 보면 신라 흘해이사금 21년에 "처음 벽골제를 열었는데, 그 둘레가 1,800보(步)이다"라고 하여, AD 330년 신라에서 만든 것으로 기록하고 있다. 4세기 무렵 김제가 백제의 영역이었음을 고려하면, 신라가 아닌 백제 11대 비류왕 27년(330)으로 보아야 옳다. 백제 구수왕 9년(222) 2월조에 "유사에게 명하여 제방을 쌓게 했다"라는 기사로 미루어, 백제 지역에서는 이미 이른 시기부터 제방이 널리 축조되고 있었음도 그 증거다.

'푸른 뼈의 제방'이라는 한자 이름을 지닌 '벽골제'의 이름은 어디서 유래했을까? 백제가 이 지역을 통합하기 전 김제는 마한 54개 소국 가운데 가장 넓은 벽비리국이었고, 마한이 백제에 병합된 뒤로는 벽골군(碧骨郡)이 된다. 이때의 지명 '벽골'을 저수지 이름으로 사용했다는 것이다. 다른 재미난 유래도 있다. 김제는 벼가 많이 생산되는 고을이라고 해서 '벼의 고을' 즉 '볏골'이라 불렸는데, 한자로 옮겨지면서 '벽골'이 되었다고 한다. '벼 고을의 둑'인 셈이다. 그런데 벽골제 이름과 관련해서 재미있는 전설도 전한다. 벽골제를 쌓을 때 매번 조수가 밀려와 그동안 쌓은 제방을 망쳐 놓곤 했다. 어느 날 공사 감독의 꿈에 신령님이 나타나 벽골, 즉 푸른 뼈를 흙과 함께 섞어 제방을 쌓으면 공사가 무난히 이루어질 것이라는 암시를 줬다. 그래서 뼈가 푸르다는 말뼈를 갈아 흙과 함께 섞어 쌓아 공사를 무사히 마칠 수 있었다. 실제로 말뼈에는 인 성분이 많아 푸른색을 띠며 아교처럼 물질을 응축시키는 기능을 한다고 한다.

호남평야를 적시다

벽골제는 최초뿐 아닌 규모 면에서도 감탄을 금치 못한다. 『삼국사기』에는 둑의 길이가 '1,800보'라 하고 있고, 『태종실록』에는 '7,196척', 『동국여지승람』에는 '60,843척'이라고 기록하고 있다. 이 수치들을 오늘날의 미터법으로 환산하면 『삼국사기』는 약 3,245미터, 『태종실록』은 3,362미터. 1975년 유적 발굴 당시 실측 결과 제방 길이는 3,300여 미터였다. 제방 길이만 3,000미터가 넘고 저수지 둘레는 40킬로미터에 이른다고 하니, 정말 엄청난 규모가 아닐 수 없다. 그럼, 벽골제에 가득 담긴 물이 적셔 준 호남평야는 어디까지였을까?

『신증동국여지승람』의 벽골제 중수비에는 이렇게 나와 있다.

"다섯 개의 도랑을 파서 논에 물을 대는데, 논은 무릇 9,840결(結) 95복(卜)이다. 물을 대는 도랑은 5개가 있다. 그 첫째 도랑을 수여거(水餘渠)라고 하는데, 한 줄기 물이 만경현의 남쪽에 이른다. 둘째 도랑을 장생거(長生渠)라고 하는데, 두 줄기 물이 만경현의 서쪽에 이른다. 셋째 도랑을 중심거(中心渠)라고 하는데, 한 줄기의 물이 고부의 북쪽 부령의 동쪽에 이른다. 넷째 도랑을 경장거(經藏渠)라 하고, 다섯째 도랑을 유통거(流通渠)라고 하는데, 둘 다 한 줄기 물이 인의현의 서쪽으로 흘러 들어간다."

중수비의 다섯 수로가 미치는 방향과 범위를 통해 유추된 벽골제의 혜택을 받는 지역은 제방 서쪽의 김제, 만경 남서부, 부안 동부, 고부 그리고 태인 서부 일대로 추정된다. 이는 오늘날 호남평야의 대부분을 포함한다. 너무 규모가 커 문제였을까? 한때 학계에서는 저수지인지, 방조제인지를 놓고 열띤 논쟁이 일기도 했다.

벽골제 축조 이후 몇 번에 거쳐 중수가 이루어진다. 통일신라 원성왕 6년(790), 고려 현종, 고려 인종 21년(1143) 때에 고쳐 쌓았고, 조선 태종 15년(1415)에 대대적인 중수가 있었다. 태종 대의 벽골제 중수는 중수비에 의하면 옥구진 병마사 김훈과 경양방죽을 축조한 것으로 알려진 김제군수 김방의 감독하에 군 장정 1만 명과 전문가 백 명이 동원되어 한 달 만에 완료했다고 한다. 그러나 벽골제는 막대한 비용을 들여 중수한 지 불과 5년 만인 세종 2년(1420)에 대풍우를 만나 무너졌고, 제방 아래의 수전 2천여 결이 유실되는 대손실을 입기에 이른다. 이후 벽골제의 복구 여부를 둘러싸고 뜨거운 찬반양론이 제기되었지만, 세종 10년(1428)에 벽골제 폐지를 공식 선언한다. 벽골제의 존폐를 둘러싼 이러한 논란은 국가적 차원에서조차 감당하기 어려울 정도로 그 규모가 지나치게 방대했기 때문이었다. 이런 규모의 벽골제가 4세기경에 만들어졌다는 것 자체가 놀라운 일이 아닐 수 없다.

일제 강점기인 1925년 동진토지개량조합에 의해 농업용 간선수로로 개조되면서, 오늘 벽골제는 그 원형마저 잃어버렸다.

농경 DNA, 호남의 큰 자산

세월은, 인간은 무서운 파괴자였지만 모든 흔적을 다 지울 수는 없다.

3킬로미터가 넘는 제방, 다섯 수로 중 하나였던 장생거와 경장거, 그리고 1415년의 중수를 기록한 중수비가 남아 있다. 1,800년을 버티고 견뎌 낸 벽골제의 문화원형이다. 그 문화원형에는 청해진 혁파 이후 강제로 끌려간 장보고 관련 인물들의 한도 포함되어 있다.

이순신은 임진왜란이 일어나자 친구 현덕승에게 "호남은 국가의 울타리이니, 만약 호남이 없으면 국가가 없을 것이다"라는 편지를 쓴다. "호남은 국가의 물적 기반이니 반드시 지켜 내야만 한다"는 뜻으로 요약된다. 둑 위에 올라 바라다본 지평선과 지평선이 만나는, 끝없이 펼쳐진 호남평야의 위용은 정말 대단했다. 그것은 국가의 물적 기반이 되었고, 호남의 존재 이유이기도 했다.

벽골제가 품었던 호남평야의 지평선과 장생거 등의 문화원형은 벽골제 축조 시에 만들어진 단야 낭자의 설화가 전승된 쌍룡놀이 등과 함께 지평선 축제로 거듭났다. 지평선 축제는 대한민국 최대 농경 축제로 엄청난 호응을 받고 있다.

호남인들의 몸속에 꿈틀대는 농경 DNA와 국가의 물적 기반이 된 김제 벽골제가 갖는 문화원형은 호남의 큰 자산이 아닐 수 없다.

(『광주일보』 2017년 4월 11일)

서구 절골에 사림 문화타운 들어서야

광주에서 기, 고, 박씨는 지금도 명문이다. 행주 기씨는 고봉 기대승을, 장흥 고씨는 임진왜란 당시 금산에서 순절한 고경명과 두 아들을, 그리고 충주 박씨는 '형제 삼박'으로 잘 알려진 눌재 박상과 형 박정, 동생 박우와 영의정을 지낸 박우의 아들 박순 같은 큰 인물을 배출했기 때문이다.

박상(朴祥, 1474~1530)은 성종 5년, 광주 방하동 절골(서구 서창동)에서 태어난다. 그의 아버지 박지흥은 원래 충청도 회덕에서 살았는데, 세조가 왕위를 찬탈하자 출사를 포기하고 하동 정씨였던 처가 마을인 광주 방하동으로 이사한다. 그러나 박상의 어머니는 하동 정씨가 아닌 계성 서씨다. 아버지 박지흥이 방하동으로 이사 온 지 2년 만에 부인 하동 정씨가 죽자, 계성 서씨와 재혼했기 때문이다.

박상은 28세인 연산군 7년(1501)에 과거에 급제하고, 30세에 병조좌랑이 된다. 그는 불의를 보면 참지 못하는 의로운 인물이었다. 그가 의로운 인물이었음을 보여 주는 단적인 예가 '우부리 격살 사건'이다.

희대의 폭군이었던 연산군은 팔도에 채홍사를 파견하여 미색을 구하라 명한다. 이때 나주에 사는 천민 우부리의 딸이 뽑히게 된다. 얼마 후 우부리의 딸은 연산군의 총애를 받아 후궁(숙용, 종3품)이 된다. 이에 우부리는 딸의 권세를 믿고 남의 전답을 빼앗고 부녀자를 겁탈하는 등 온갖 못된 짓을 자행한다. 민심은 흉흉했지만 우부리의 비위를 거스르면 목이 달아났으므로 나주 목사도, 전라도 관찰사도 그의 못된 짓을 멈추게 하지 못하였다.

이때 박상은 전라도 도사를 자원하여 부임한다. 박상이 부임하자 동료와 아전들은 우부리에게 부임 인사를 권한다. 그 권유를 듣지 않자, 많은 사람들은 그의 앞길을 걱정하기도 했다. 도리어 박상은 부하들에게 엄명을 내려 우부리를 잡아 나주 금성관에서 매질하여 죽인다.

왕의 애첩의 아비를 죽인 박상은 우부리의 죄상을 조정에 알리고 당당하게 죄를 청하기 위해 서울로 올라간다. 그런데 그를 체포하기 위해 내려오던 금부도사와 길이 엇갈렸고, 그사이 중종반정이 일어나 목숨을 구할 수 있었다. 야사에는, 박상이 장성 갈재를 넘어 입암산 밑 갈림길에 이르렀는데, 난데없이 고양이 한 마리가 나타나 "야옹야옹" 소리를 내며 따라오라는 흉내를 냈다고 한다. 박상이 이상히 여겨 고양이를 따라 큰길을 피해 샛길로 들어가는 사이에 사약을 든 금부도사와 길이 엇갈리게 되었고, 곧바로 중정반정이 일어나 목숨을 구했다는 이야기도 전해 온다.

신비복위소의 주인공인 중종 비 신씨는 비운의 여인이었다. 남편이 왕(중종)이 되었지만, 왕이 되었기에 쫓겨나야 했던 인물이다. 신씨가 쫓겨나게 된 것은 아버지 신수근과 관련이 있다. 신씨는 연산군 때 좌의정을 지낸 신수근의 딸인데, 공교롭게도 연산군의 비 역시 신수근의 누이였다. 반정 공신인 박원종, 성희안 등은 신수근이 반정에 참여하지 않았다 하여 격살한다. 그리고 신수근의 딸이 왕비가 되면 자신들이 위태로워질지 모른다고 생각하여 7일 만에 신씨를 폐위시킨다. 중종의 두 번째 부인은 후일 장경왕후가 된 숙의 윤씨의 차지가 된다.

중종 10년(1515) 장경왕후 윤씨는 인종이 되는 원자를 낳고 6일 만에 죽고 만다. 이때 담양부사였던 박상은 순창군수 김정, 무안현감 유옥 등과 함께 순창의 강천사 계곡에 모여 각각 관인(官印)을 나뭇가지에 걸고 억울하게 폐위된 신씨를 복위시키는 것이 옳다는 상소를 올리기로 결의한다. 이때 이들이 관인을 걸어 놓고 맹세한 곳이 삼인대(三印臺)이다.

그들이 목숨 걸고 올린 신비복위소는 폐위된 신씨의 원통함을 풀어 줌과 동시에 복위시키고, 신씨의 폐위를 주장한 반정의 3대 공신 박원종, 유순정, 성희안의 관직을 박탈하고 죄주라는 청천벽력과도 같은 요구였다. 조강지처를 내친 죄가 반정의 공보다 더 크다는 것이, 박원종 등의 죄를 묻는 근거였다. 반정 공신들이 권력을 잡고 있던 당시 신비복위소는 목숨을 담보한 의로운 행동이 아닐 수 없다.

조정은 신비복위소로 인해 격렬한 논쟁에 휩싸인다. 박상은 중벌에 처해질 분위기였으나 조광조 등의 간언으로 전라도 남평으로 유배된다. 그러나 이 상소는 사림들이 다시 결집하게 되는 계기가 되었고, 이어 일어난 기묘사화의 불씨가 된다. 중종 대 사림의 거두였던 조광조는 신비복위소에 대해 '강상의 법도를 세웠다'며 칭찬하였고, 퇴계 이황도 '하늘이 내린 완인(完人)', 즉 '행동과 인품에 흠이 없는 사람'이라고 평하였다.

박상이 요구했던 신씨의 복위는 이루어지지 못했지만, 영조는 박상 등의 상소를 "늠름한 행위였다"고 평가하였고, 영조 15년(1739) 5월 신씨는 단경왕후로 복위된다. 5년 뒤 신비복위소를 올렸던 장소에 삼인대비가 세워지고, 후일 정조는 박상의 제문을 직접 지으면서 "삼인이 걸었던 그 석대는 만고에 닳지 않으리라"고 칭찬한다.

우부리 격살 사건과 신비복위소는 목숨을 건 의로움의 실천이었고, 광주가 의로움의 고장으로 다시 태어나는 출발점이 된다.

오늘 박상의 불의를 용납하지 않는 늠름한 시대정신의 실천은 광주·전남인들의 정체성이 되어 독재를 타도하고 민주를 쟁취하는 원동력이 되었다. 광주 4·19혁명, 5·18민주항쟁, 6월 항쟁, 촛불집회 당시 광주 금남로를 가득 메운 것은 그 유전인자의 발로였다. 박상이 몸소 실천한 의로움의 시대정신은 동생 박우와 조카인 영의정 박순에게로 이어졌다.

서구 절골 출신의 박상과 그 형제들이 꽃피운 불의를 용납하지 않는 의로움의 실천 정신인 사림 정신은 오늘 광주·전남인들의 DNA가 되어 도도히 이어지고 있다. 그들이 몸소 실천했던 의로움의 정신은 우리 남도인의 소중한 문화 자산이 아닐 수 없다. 그들의 정신을 기리고, 새로운 남도정신으로 재정립하기 위한 계승 및 체험의 장이 필요하다.

사림의 올곧은 탯자리 절골에 사림문화타운의 건립을 제안한다.

(2017년 12월 10일)

문화원형의 보고, 광주 사직동

사직동의 연원

사직동의 '사직'은 1998년 사구동과 서동이 통합될 때 만들어진 이름으로 사직산에 있었던 사직단과 관련이 깊다. 조선 후기 이 지역은 부동방면과 공수방면의 일부에 속했으며 사직촌(社稷村)과 교촌(校村)이 있었다.

구한말 광주군 부동 방면의 사직리와 공수 방면의 교촌리에 속했다가, 1914년 조선총독부의 행정구역 통폐합에 따라 광주군 부동방의 신기리·사직리와 공수 방면의 성저리·교촌리 일부가 합해져 광주면 향사리가 된다.

1931년 통·리의 명칭이 정(町)으로 통일될 때 광주읍 구강정과 사정이 됐고, 1935년 광주읍이 광주부로 승격되어 광주부 향사정·구강정이 된다.

1947년 일제 흔적을 없애기 위해 정을 가(街)와 동(洞)으로 통일할 때 구동과 사동으로 다시 개칭된다. 1948년 600호를 기준으로 통폐합하면서 사동과 구동을 합해 사구동회가 됐다가, 1952년 다시 사구동이 된다.

사구동은 1973년 구제 실시에 따라 서구 관할이 됐으며, 1986년 광주시가 광주직할시로 승격되자 광주직할시 서구 사구동이 된다. 1995년 3월 1일 서구에서 분리돼 남구 사구동이 된 후 1998년 서 1·2동과 합쳐 사직동이 돼 오늘에 이른다.

광주공원의 역사

인구 150만을 자랑하는 광주에는 시민들의 쉼터인 공원들이 많다. 최근에는 동 단위의 조그마한 공간만 있어도 공원을 만들어 시민들에게 돌려준다.

광주 최초의 공원은 1913년 일제에 의해 조성된 남구 구동에 위치한 광주공원이다. 오늘날 광주공원이라 부르지만 본디 거북 형국의 산으로 거북이 이곳을 떠나지 못하도록 거북의 등에 5층탑(보물 제109호)을 세웠다고 전해 온다. 이 때문에 이 산을 거북 '구' 자가 들어간 성구강(聖龜岡) 또는 성거산이라 불렀다.

일제는 성거산을 공원으로 만들면서 일본의 개국신인 천조대신의 위패를 봉안한 광주신사를 세운다. 지금 광주공원 정상부에 있는 현충탑 자리다. 당시 광주신사는 전라남도의 지원을 받는 지방 신사였다. 일본 천황가의 신을 모신 광주신사는 전국 읍면에 의무적으로 강요한 1938년 전후보다 25년 앞서 세워진 것으로 국내 13대 신사 중의 하나였다.

이후 광주공원은 일본인들의 차지였다. 광주학생독립운동이 발발한 1929년 11월 3일, 일본 학생들이 참배한 곳도 이곳 신사였다. 신사의 제사일이거나 벚꽃 축제날이 되면 광주공원은 기모노를 입은 일본인들로 북적거렸다.

해방 직후 분노한 시민들에 의해 가장 먼저 신사가 헐린다. 그리고 1963년 그 자리에 들어선 것이 22미터 높이의 현충탑(우리 위한 영의 탑)이다. 현충탑은 한국전쟁 당시 나라를 위해 목숨을 바친 광주·전남의 전몰 호국용사 1만 5,867명(군인 1만 745명, 경찰 5,122명)을 기리기 위한 탑이다. 일본 신사 터에 세워진 현충탑, 그래서인지 더 의미 있어 보인다.

일제의 잔재를 헐어 낸 후 많은 시설물들이 공원 곳곳을 채웠다. 시립도서관, 전남도립박물관, 구동체육관, 시민회관, 무진회관, 신광교회, 4·19문화원 등의 건물이 들어서고 현충탑을 비롯 4·19혁명추모비, 심남일의병장순절비, 5·18사적비, 영랑과 용아 시비 등도 이곳 공원 자락에 세워진다.

사직공원의 역사

1970~1980년대 광주인들의 사랑을 듬뿍 받던 공원이 있었다. 남구 사동 사직산의 사직공원이 그곳이다. 당시 사직공원이 광주시민들의 뜨거운 사랑을 받았던 것은 벚꽃과 동물원, 야외 사직수영장 그리고 팔각정 때문이었다. 양림파출소 옆 가파르게 난 돌계단을 올라야 만나는 정자 양파정도, 입구의 7080 통기타 카페도 사직공원이 사랑받았던 이유 가운데 하나였다.

사직공원의 이름이 처음부터 사직공원은 아니었다. 1924년에 일본 왕태자(뒤에 소화 천황)의 결혼식을 기념해 조성됐기 때문에 처음 이름은 '기념공원'이라 불렀고, 이미 광주공원이 있었으므로 '신공원'이라고도 불렀다. 해방 후 일제가 만든 이름을 그대로 쓸 수 없었다. 그래서 사직단에서 이름을 따 사직공원으로 부르게 됐고, 1993년에는 폐쇄된 사직단이 복원된다.

오늘 사직공원의 랜드마크는 누가 뭐래도 전망대다. 사직공원이 만들어지고 처음 세운 전망대는 전망타워 자리의 나무전망대였다.

오늘, 나무전망대를 배경으로 찍은 관광객의 사진이 남아 그 모습을 확인할 수 있지만, 운치 있는 예쁜 전망대였다. 낮은 전망대였지만 전망대에 오르면 인구 6만이 채 되지 않던 1930년대 당시 광주가 한눈에 들어왔다.

그러나 나무전망대는 1973년 시멘트로 만든 팔각정으로 대체된다. 1970~1980년대 북적대던 시민들은 너 나 할 것 없이 팔각정에 올랐다. 팔각정에 올랐지만 이미 커져 버린 광주를 두 눈에 다 담을 수는 없었다.

명물이 된 전망 타워는 3층으로 만들어진 높이 13.7미터의 타워다. 사직단의 모양을 형상화한, 광주를 상징하는 빛의 이미지를 살린 모습부터가 명품이다. 3층 역사관에서는 광주의 역사도 만날 수 있다. 최종 목적지인 전망대에서는 산으로 가려진 곳 말고는 육안으로 광주가 한눈에 다 보인다. 설치된 망원경을 통해 각자 살고 있는 집도 찾아볼 수 있다. 전망 타워에서 본 무등산의 모습도, 무등산이 품은 광주도 정말 아름답다.

사직공원의 또 다른 명물은 곳곳에서 만나는 시비들이다. 광주가 예향으로 불리는 이유 중 하나는 활발한 문학 활동과 관련이 있다.

광주·전남의 기라성 같은 인물들인 백호 임제, 면앙정 송순, 눌재 박상, 하서 김인후, 충장공 김덕령, 금남군 정충신, 충무공 이순신, 고산 윤선도뿐 아니라 현대 시인 박봉우의 「조선의 창호지」, 이수복의 「봄비」, 이동주의 「강강술래」 등도 만날 수 있다.

사직공원 언저리에도 각종 시설물이 채워진다. 1941년 만들어진 광주·전남 지역 최초의 라디오 방송국인 KBS 광주 방송국도 그중 하나다.

지금은 상무 신도심으로 이전하고, 2003년도부터는 광주 영상예술센터와 영어 방송국으로 활용되고 있다.

정상부 서쪽 자락에는 관덕정이 설치돼 활시위를 날리는 궁터가 만들어졌으며, 산자락에는 사직도서관과 양림미술관이 자리를 잡았다.

시간은 멈추지 않고 지나가면서 새 역사를 만들어 낸다. 100년도 채

되지 않은 광주·사직공원은 많은 역사를 품고 있다. 그 속에는 일제의 잔재도, 민족의 자긍도 함께였다. 지금 남아 있든, 사라져 버렸든 광주·사직 공원이 품었던 사직동의 역사와 문화는 소중한 광주인들의 문화원형이 아닐 수 없다.

(『광주매일』 2017년 5월 11일)

사직공원이 품은 추억

사직공원의 원래 이름은 일반인에게 다소 생소한 '기념공원'이었다. 1924년 일본 왕태자 히로히토(뒤에 소화 천황)의 결혼을 기념하기 위해 공원을 조성하고 붙인 이름이기 때문이다. 1913년 먼저 조성된 광주공원과 비교해 광주공원을 구공원, 그리고 기념공원을 신공원이라고도 불렀다. 기념공원은 해방 후 사직공원으로 이름이 바뀐다. 태조 3년(1394)에 건립된 사직단 때문이었다.

원래 사직단은 토지를 관장하는 국토 신(社)과 백성을 먹여 살리는 곡식 신(稷)에게 제사 지내는 제단을 말한다. 서울 사직단(국사단은 동쪽, 국직단은 서쪽)과 달리, 광주 사직단은 관청 서쪽에 사·직의 단을 함께하고 석주와 배위 없이 세웠다.

토지와 오곡은 국가와 민생의 근본이므로 삼국 시대부터 사직단을 설치해 왕이 친히 나아가 풍년과 국태민안을 기원하는 제사를 지냈으며, 광주에서는 목사가 왕을 대신하는 제주가 됐다. 이 때문에 역대 임금의 위패를 모시고 제사 지내는 종묘와 함께 '종묘사직'은 왕조 그 자체를 의미했다.

1908년 일제가 사직제 중지령을 내리면서 사직제는 폐지됐지만, 사직단은 1960년까지 남아 있었다. 그러다가 사직동물원이 들어선 1960년대 말 헐리고 만다. 1991년 동물원이 우치공원으로 옮겨지자, 동물원 입구 매표소 자리에 1993년 사직단이 복원되고, 이듬해인 1994년 사직제가 행해진다. 100년 만의 부활이었다.

사직동물원·야외수영장 인기몰이

1970~1980년대 광주에서 학창 시절을 보낸 사람들은 자의든 타의든 한 번 정도는 찾았던 곳이 사직공원이다.

오늘처럼 마땅한 오락시설이 없던 당시에 초등학생들은 물론 중·고등학생들의 단골 소풍 장소였고, 심지어는 수학여행 코스이기도 했다. 젊은이들에게는 산책하면서 연애도 하는 일석이조 데이트 코스였다.

광주와 전라도 집집마다 어린이들이 아빠 엄마를 붙잡고 사직동물원에 놀러 가자며 노래를 불렀다. 특히 어린이날이면 몰려든 인파로 동물원 안은 발 디딜 틈이 없었다. 1970~1980년대 사직공원에 사람들로 북적일 수 있었던 것은 1971년 사직단을 헐고 만든 동물원과 야외수영장 때문이었다.

현재 복원된 사직단은 예전 동물원 입구 매표소였다. 동물원은 개장 당시 22종 51마리의 동물과 함께 출발했다. 그러나 해가 가면서 식구가 늘어났고, 1980년대에는 80여 종 300여 마리로 늘어난다.

야외수영장은 어린이뿐만 아니라 어른을 위한 수영장도 있었고 다이빙대, 미끄럼틀 등의 시설도 갖춰져 있었다. 당시 사진으로 보는 수영장과 수영복이 참 재미있다. 개장 당시 수영장 입장료는 어른 200원, 어린이 150원이었다. 지금 돈으로 어느 정도인지 얼른 계산이 안 된다.

사직공원에 동물원과 야외수영장만 있었던 것은 아니었다. 관람차와 회전목마 같은 몇 개의 조촐한 놀이기구도 꽤 인기가 있었다. 관람차를 타면 광주의 전경을 한눈에 볼 수 있었고, 연인들은 회전목마를 타면서 사랑을 키웠다. 이처럼 1970~1980년대 당시 사직공원은 '공원'보다는 동물원과 수영장, 놀이시설이 갖춰진 유원지였다. 그리고 광주 시내와 가까운 거리여서 찾기도 쉬웠다.

당시 사직동물원과 관련된 재미나는 기사가 많다. 몇 가지 기사만을 간추려 본다. 당시 사직동물원의 마스코트는 호랑이였다. 특히 호랑이 부부의 다산은 사직동물원의 자랑거리였다. 1980년 2월 8일 동아일보는 사직공원에서 세 마리의 새끼 호랑이가 태어난 기사를 실으면서 부부 호랑이 이야기를 덧붙였다. 개장과 함께 들어온 1970년, 1971년생인 뱅골산 호랑이 부부는 2년 만인 1973년 세 마리의 새끼를 낳은 뒤 7회에 걸쳐 총 24마리의 새끼를 낳았는데, 당시 24마리 출산은 동양 신기록이었다는 것이다. 당시 호랑이 부부의 다산은 사직동물원의 자랑이었다. 광주를 연고로 탄생한 해태 타이거즈의 마스코트가 호랑이가 된 것도 이런 인연 때문은 아니었을까 싶다.

사직동물원의 애환

마냥 늘어나는 동물원 식구들이 축복을 받았던 것만은 아니었다. 80여 종 300여 마리로 불어나자 동물원의 우리를 더 이상 늘릴 공간이 없었다. 이런 상황에서 태어난 새끼들은 다른 동물원으로 분양 보내야 했고, 나중에는 사자 부부의 발정기 동안 강제로 둘을 별거시키는 '동물 가족계획'이 실시되는 일까지 벌어졌다.

1978년 12월 27일 자 경향신문은 충격스러운 사건을 보도하였다. 생후 8개월 된 호랑이 새끼 2마리를 전기 쇼크로 죽인 후 민간인에게 박제용으로 팔아넘겼다는 기사였다.

1991년 이전한 우치공원의 동물원 면적이 46만m²였던 반면 사직동물원은 1만 9,000m²에 불과했다. 당시 사직동물원이 얼마나 협소한 공간이었는지를 잘 보여 준다. 공간의 협소, 이는 사직동물원 개관 당시 코끼리가 없었던 이유이기도 했다. 광주시민들을 위해 코끼리를 사 주겠다는 후원자가 있었지만, 동물원 측에서 거절한다. 아무튼 특별한 볼거리가 없던 1970~1980년대 사직동물원은 호남 지역 최고의 위락시설이었다.

1991년, 동물원이 우치로 이전하면서 사직공원 시대를 마감한다. 옮기게 된 가장 직접적인 이유가 늘어나는 식구들을 감당할 수 없었던 장소의 협소성이었지만, 동물들의 울음소리로 인한 소음, 냄새로 인한 모기나 파리 떼의 습격 등 주민들의 피해 또한 만만치 않았기 때문이었다. 동물원을 이유로 헐려진 사직단은 두고두고 시민들의 입방아에 오르내렸다. 조상들이 신성시하던 장소에 불경스럽게도 맹수들이 어슬렁거리는 모습을 참을 수 없었다. 일제가 창경궁을 훼손하고 동물원을 설치해 민족혼을 말살시킨 것과 다를 것이 없다며 마뜩잖게 보는 시선도 점점 커져 갔다. 사직동물원이 우치로 옮겨지자마자 1993년 곧바로 사직단이 복원된 이유이기도 했다.

사직동물원이 우치로 옮겨지기 전인 1986년 야외수영장도 폐쇄되고, 회전목마 등 놀이시설을 갖춘 놀이공원도 노후화돼 철거된다. 이후 사직공원을 찾는 사람들이 줄어들면서 사람들에게 잊혀 버린 공원이 됐고, 1970~1980년대 북적대던 사직공원의 전설은 추억으로만 남게 된다.

(『광주매일』 2017년 7월 10일)

광주공원에 묻은 일제의 흔적

광주인들이 성황신으로 섬겼던 광주 지킴이 성거산은 대한제국의 운명과 함께 고난을 겪는다. 을사늑약이 체결되고 난 직후인 1906년, 일제는 사동 177번지 사직산과 구동 21번지 일대의 성거산을 점령하고 포대를 설치한다. 광주 시내를 한눈에 굽어보는 곳인 사직산과 성거산에 포대를 설치했음은 일종의 위협이었고 협박이었다. 1년 전인 1905년, 서울 남산에 대포를 설치하고 외교권을 내놓으라고 협박했던 일을, 일제는 또 광주에서 재현하고 있었다.

성거산에 포대를 설치한 2년 뒤인 1908년, 일제는 한말 호남 의병과의 전투 중에 죽은 일본 병사를 애도하기 위해 충혼비를 세운다. 그런데 그 장소가 성거사지 오층석탑 부근의 돌산이었다. 광주인들의 지킴이였던 거북, 그 머리에 일제에 저항했던 호남 의병들 대신 일본군을 위한 충혼비의 건립은 민족혼을 말살한 만행이 아닐 수 없다. 해방 후 우리 손으로 충혼비를 없애고 해방기념비를 세우지만 짓밟힌 자존심마저 일으켜 세울 수는 없었다. 석축을 쌓고 뾰족한 돌기둥 하나를 세운 비였지만, 일제의 충혼비는 그 후 한 세대 넘게 광주공원이 겪어야 할 운명의 예고편이 된다.

광주공원 주차장에서 왼쪽으로 난 도로를 따라 올라가다 광주공원 광장으로 들어가기 직전 왼편에 어린이헌장탑이 세워진 체육공원이 있다. 오래전 이곳은 생원과와 진사과에 합격한 생원과 진사들이 기숙하며 공부하던 향교의 사마재가 있던 터다. 뿐만 아니라 이곳은 광주·전남 최초의 근대 학교인 전라남도관찰부 공립소학교가 개교한 근대 교육의 출발지이기도 했다. 그런데 이 자리마저 일본인의 차지가 된다. 농협의 출발점이 된 한국 최초의 지방금융조합이 이곳에 들어섰고, 1931년에는 이를 기념하는 조선금융조합창립기념탑이 세워진다. 일제 제국주의의 힘을 상징한 로켓 모양을 닮은 이 탑은 해방 이후 1970년대까지 존재하며 위용을 과시했다. 지금 그 자리에는 어린이헌장탑이 서 있다.

강제로 한국을 병합한 일제가 광주에서 가장 먼저 한 짓은 광주·남평 간 신작로를 낸다며 성거산을 두 동강 내는 일이었다. 그리고 1913년, 성거산 일대 1만여 평을 공원으로 만들기 위해 여기저기를 자르고 파헤친다. 그렇게 자르고 파헤쳐 만든 공원이 구강공원이라 불린 광주공원이다.

일제가 성거산에 구강공원을 만들었던 목적은 자신들의 개국 시조인 천조대신을 받드는 신사를 짓기 위해서였다. 1912년부터 광주공원 정상, 지금의 현충탑 자리에 조성된 신사는 1916년에 완성된다. 광주신사란 현판 글씨는 조선주둔군 초대 사령관이자 제2대 총독을 지낸 하세가와 요시미치(長谷川好道)가 쓴다. 그리고 1924년, 신사 입구에 5.5미터 높이의 거대한 조형물인 일본신사 앞에 세우는 'ㅠ'자형의 도리이를 세운다. 신사가 세워지자 당시 광주에 살던 일본인들은 4월과 10월, 춘추 대제를 지낸다고 야단이 난다. 원활한 식민 지배를 기원하는 종이쪽지인 오미구지가 주렁주렁 내걸렸고, 공원 주변에서는 스모나 검도시합을 여는 등 연일 부산을 떨었다. 이렇게 일제에게 빼앗긴 광주공원은 이후 30여 년 동안 생경한 일본 문화가 판치는 이역의 땅이 된다.

1942년, 신사의 관리권이 전남도에서 총독부로 넘어가면서 광주신사는 총독부에서 신사 운영비용을 부담하고 관할하는 이른바 국폐신사로 승격된다. 국폐신사로 격상되기 전 광주신사는 올라가는 계단이 정비되고 광장이 확장되는 등 재정비된다. 오늘 광주공원 정상으로 올라가는 계단이 당시 정비된 계단이다.

신사로 인해 조선인이 겪었던 가장 큰 고역은 참배였다. 특히 기독교인들은 용납할 수 없는 의례였다. 많은 기독교인들이 종교적 이유로 참배를 거부했고, 숭일·수피아 학교는 문을 닫는 수난도 겪는다. 1929년 11월 3일 광주학생독립운동이 일어났던 날도 일제는 메이지 왕의 생일이라고 해서 조선 학생들의 신사 참배를 강요했다. 이는 해방이 되면서 가장 먼저 신사가 파괴되는 이유가 되기도 했다. 신사가 광주 사람들에게 얼마나 눈엣가시였는지를 단적으로 보여 준다.

광주공원 광장, 지금 4·19의거 영령 추모비가 서 있는 자리에는 오쿠무라 이호코라는 일본 여인의 동상도 세워진다. 오쿠무라 집안은 대대로 한국을 정탐하던 세작 집안이었다. 그녀의 7대조는 임진왜란 때 부산에 와서 일본 불교를 포교하며 조선을 정탐했던 오쿠무라 죠싱이었다. 300년이 지난 1897년, 본원사 승려였던 그녀의 오빠 오쿠무라 엔싱이 포교 활동을 명분으로 정보 수집을 위해 광주에 들어오자 그녀도 뒤따른다. 포교를 가장한 둘은 1898년, 불로동 1번지(옛 동명호텔 자리)에 오쿠무라 실업학교와 본원사라는 일본 절을 짓는다. 오쿠무라 이호코는 친일 세력을 키우고 일본인의 광주 정착을 돕기 위해 금융조합을 세우고, 애국부인회를 조직하는 등 광주 침략의 선봉에 나선다. 광주 침략의 선봉이 된 오쿠무라 남매의 활동을 도와준 이가 전라남도 1대와 4대 관찰사를 지낸 윤웅렬이다.

1926년, 일본 애국부인회 전남지부는 재광 일본인들과 함께 오쿠무라 이호코를 기리는 동상을 광주공원 광장에 세운다. 식민지 조선이 영원하리라 생각했던 모양이다. 일본 제국주의가 영원할 수 없듯, 오쿠무라 이호코의 동상도 시련을 겪는다. 1942년, 국폐신사로 승격된 광주신사 개수작업 때 구동 실내체육관(현 빛고을문화커뮤니티) 자리로 옮겨진 후 태평양전쟁 말기 군수물자난이 가중되던 1944년 일제에 의해 강제 징발된다. 동상이 서 있던 자리에는 1962년 조지훈의 시를 새긴 광주 4·19혁명 당시 숨진 7인을 기리는 4·19의거 영령 추모비가 들어선다.

성거산에 설치된 일제의 포대, 일본 병사를 위한 충혼비, 공원 정상부에 건립된 신사와 도리이, 오쿠무라 이호코 동상, 조선금융조합창립기념탑 등은 일제가 30여 년간 광주공원에 남긴 지배와 복종을 강요한 유형의 흔적들이었다. 지금 이 흔적들은 광주시민들에 의해 제거되고 없다. 그러나 그들이 남긴 식민지 흔적이 완전히 사라졌는지는 자성해 볼 필요가 있다.

(『광주매일』 2017년 8월 24일)

광주공원에 깃든 의로움

오늘날 광주공원은 광주정신인 의로움이 함축된 장소다. 잃어버린 주권을 되찾기 위한 의병의 본부가 있었고, 광주학생항일운동의 근원지였으며, 독재 정권을 타도하기 위한 학생들의 함성이 잠들어 있는 곳이고, 민주주의를 쟁취하기 위한 광주정신의 발현지이기 때문이다.

1895년 명성황후 시해 사건으로 전국에서 의병이 일어나자, 남도에서는 노사 기정진의 손자이자 제자였던 송사 기우만(1846~1916)이 1896년 2월 장성에서 거병한다. 거병 직후 나주를 들른 기우만은 의진을 광주 광산관으로 옮긴다. 그가 광산관으로 의진을 옮겼던 것은 광주가 갖는 지리적 이점과 충의의 고장이라는 이유 때문이었다.

기우만 의진이 광산관에 주둔하자 광주향교 재임을 맡았던 박원영 등 다수가 이에 참여한다. 이때 고종이 남로선유사 신기선을 파견해 해산을 종용하자, 기우만은 "고종의 해산 조칙을 거절할 수 없다"고 하면서 해산하고 만다. 광산관에 의진을 둔 남도 최초의 기우만 의병은 고종의 해산 조칙에 의해 해산됐지만, 일제를 몰아내겠다는 의지는 의로움의 실천이었다.

광주공원 현충탑에서 5층 석탑 쪽으로 가는 오른쪽에 호남 제일의 의병장이었던 함평 출신 심남일 의병장을 기리는 순절비(義兵將南一沈公殉節碑)가 서 있다.

의병장 심남일(1871~1910)의 본명은 수택이며, 호남 제일의 의병장이라는 뜻을 담아 지은 '남일'은 호다. 남일은 어려서부터 담력이 크고 사서

삼경에 능통했다.

성장해 서당 훈장과 향교의 전교를 지낸 전형적인 유생이었다. 기삼연의 호남창의회맹소가 해체되자 1908년 잔여 병력을 모아 대장이 된 후 함평을 근거지로 나주, 영암, 무안, 강진 등 전남 서남부 지역을 장악하며 일제 및 일제의 앞잡이를 응징했다. 1909년 9월부터 실시된 일제의 전라도 의병 격살 작전이었던 이른바 '남한폭도대토벌작전' 때 체포된 후 이듬해 대구감옥에서 순국한다.

함평 출신인 그의 순절비가 광주공원에 세워진 연유가 감동이다. 1962년 건국훈장 독립장에 추서돼 국가 유공자가 되자, 그 며느리 되신 분이 꼬박꼬박 받은 연금을 한 푼도 쓰지 않고 모은 후 광주향교로 가져온다. 이에 감동받은 유림들이 돈을 보탠다. 고향 함평을 바라보며 심남일 의병장 순절비가 광주공원에 세워진 이유다.

1907년, 의병에 처음 나서면서 지은 선생의 다음 시는 또 우리들의 가슴을 때린다.

"초야의 서생이 갑옷을 떨쳐입고/ 말을 타고 남도를 바람처럼 달리리/ 만약 왜놈을 소탕하지 못한다면/ 맹세코 모래밭에 죽어 돌아오지 않으리."

광주는 서울·마산과 더불어 4·19혁명 전국 3대 발상지 중 하나다. 또한 광주는 4·19혁명의 단초가 된 3·15부정선거에 대한 전국 최초의 항쟁지이기도 했다.

공원 운동장에서 계단을 올라 현충탑으로 오르기 직전 왼쪽에는 광주 4·19혁명을 기리는 추모비가 서 있고 그 건너편에는 4·19문화원이 있다. 이 추모비는 의거 2주년이 되던 1962년 4월 19일, 당시 목숨을 바친 이들을 추모하고 4·19혁명의 뜻을 잊지 않기 위해 세워진다. 한가운데 4·19를 양각하고 우측에는 4·19혁명 당시의 시위 모습을, 좌측에는 조지훈의 다음 시를 새겼다.

"자유여 영원한 소망이여/ 피 흘리지 않곤 거둘 수 없는 고귀한 열매여/ 그 이름 부르기에 목마른 젊음이었기에/ 맨가슴 총탄 앞에 헤치고 달려왔더이다/ 불의를 무찌르고 자유의 나무의 피거름 되어/ 우리는 여기 누워 있다/ 잊지 말자, 사람들아/ 뜨거운 손을 잡고 맹세하던/ 아 그날 4월 19일을."

대한민국 민주주의 토대를 마련한 4·19혁명은 1960년 3·15부정선거가 원인이었다. 선거가 부정으로 얼룩지자, 금남로에서는 '곡(哭) 민주주의'라는 플래카드를 들고 전국 최초의 3·15부정선거 규탄 시위가 전개된다. 동아일보는 당시 시간을 12시 45분으로, 옛 전남일보는 12시 50분으로 쓰고 있다. 그리고 마산에서는 15시 30분 선거 무효를 선언한 후 시위가 시작된다.

이날 광주 시위는 당시의 동아일보와 전남일보, 조선일보에 보도됐지만, 7시께 일어난 마산의 2차 시위 당시 경찰의 발포로 시위 학생들의 피해가 속출한 마산항쟁에 묻히고 만다.

1천여 군중이 합세한 광주의 3·15 민주주의 장송 시위는 자유당 정권의 부정선거에 항거해 선거 무효를 선언한 전국 최초의 시위였고, 장총의 개머리판으로 후두부를 맞아 금남로에 흘린 조계현의 피는 4·19혁명의 첫 피였다. 민주주의를 회복하기 위해 흘린 피는 5·18민주화운동을 거치면서 이후 민주, 인권의 광주정신이 된다.

또한 광주공원은 5·18민주화운동 당시 시민군의 훈련장이자 시민군 편성지였다. 5월 21일 전남 도청 앞에서 자행된 계엄군의 집단 발포로 많은 사상자가 나오자 오후 4시께 자위수단으로 인근 시군 지역에서 총과 탄약을 가져와 시민군을 편성하고 사격 훈련을 실시한다. 그리고 지도부가 결성돼 24일 도청으로 통합될 때까지 시민회관을 본부로 삼고, 시내를 순찰하고 시민군 차량에 번호를 써서 등록하는 등 치안 업무를 맡는다. 공원 입구 계단을 오르다 해태상을 지나면 당시의 모습을 기리는 5·18사적지 표지석이 서 있다.

5·18민주화운동 당시 수많은 열사들이 민주주의의 제단에 몸을 바친다. 지금 어린이헌장탑이 서 있는 곳 아래에 있던 신광교회 목사의 아들 류동운(당시 20세)도 그중 한 분이다. 마지막 도청을 향하면서 "나는 이 병든 역사를 위해 갑니다"란 일기를 남기고 5월 27일 도청에서 숨을 거둔다. 지금 그곳에는 그를 기억하는 작은 비 하나만 남아 있을 뿐이다.

일제가 만든 광주공원은 일제의 흔적만이 있는 곳은 아니다. 이제 일제가 만든 흔적은 사라지고, 대신 광주정신을 잉태한 조형물들로 가득 차 있다. 현충탑, 4·19혁명 추모비, 의병장 심남일 순절비, 5·18사적지비 등이 그들이다.

(『광주매일』 2017년 9월 7일)

광주에 역사박물관을 짓자

　민주·인권·평화를 정체성으로 표방하고 있는 광주에 정말 부끄러운 것이 있다. 대부분의 도시에 다 있는 역사박물관이 아직 광주에는 없다는 것이다. 대한민국에는 대한민국역사박물관이 있고, 서울에는 서울역사박물관이, 부산에는 부산근대역사관이 있다. 대구, 대전, 전주뿐 아니라 군산, 고양, 원주, 충남, 강화도조차도 역사박물관이 있어 도시와 지역의 정체성을 정리하여 보존, 계승하고 있다.

　광주에 언제부터 사람이 살았는지는 딱 부러지게 말할 수 없지만, 상무지구의 치평동 구석기 유적은 12만 5천 년 전부터 살고 있었음을 알려 준다. 이들의 후손과 후손들이 무등산을 등지고, 광주천을 가슴에 안고 살아오면서 남긴 삶의 흔적의 누적이 오늘 광주인들의 몸속에 DNA로 남아 있는 자랑스러운 광주의 역사요, 문화원형이며 정체성이다.

　청동기 시대 용두동 송학산 자락의 광주인들은 탁자식 고인돌을 남긴다. 2천여 년 전 신창동 사람들은 수레를 탔으며 비단옷을 짜 입고, 악기 '슬'을 탄 멋쟁이 조상이었다. 삼한 시대 마한인들이 축조한 명화동·월계동 장고분은 일본과의 교류를 보여 주는 문화원형이다. 고려 시대 광주인들은 광주공원에 성거사지 5층 석탑과 운천사 마애여래좌상, 신룡동 5층 석탑 등을 남긴다. 조선 시대에는 전국 최초로 칠석동의 부용정에서 향약을 시행하였고 고싸움놀이를 즐겼으며, 무등산 자락에서 최고급 분청사기를 구워 냈다.

　뿐만 아니라 광주는 수많은 영웅들을 낳았다. 후백제를 건국한 견훤,

수군을 창설하여 왜를 격퇴한 정지, '신비복위소'를 올려 시대정신을 실천한 박상, 무진군으로 강등된 광주를 광주목으로 승격시킨 이선제, 임진왜란 당시 의병을 일으켰던 고경명과 김덕령, 정묘호란 당시 안주성을 지키다 순절한 전상의, 이황과 사단칠정논쟁을 벌인 기대승, 이괄의 난을 진압하고 일등 공신이 된 정충신, 한말 부자 의병장 양진여와 양상기, 광주학생 항일운동을 주도한 장재성과 장매성, 의열단 단원이자 조선의용군의 일원으로 치열하게 독립운동을 전개한 정율성, 해방 이후 최초의 시민장으로 장례를 치른 최흥종, 청년 운동의 대부 박준, 5·18민주화운동의 주역인 박관현과 윤상원, 6월 항쟁의 불씨가 된 이한열 등 무등산이 낳은 영웅은 그 숫자를 셀 수 없이 많다. 양림산에 묻힌 배유지, 오웬, 엘리자베스 쉐핑 등 광주에 사랑을 남긴 외국인 선교사들도, 서창 면민들을 구제한 뱃사공 박호련도 무등산이 낳은 영웅들이었다. 임진왜란과 대한제국 말기 나라를 구하기 위해 목숨 걸고 싸운 광주 의병도, 광주학생독립운동과 4·19혁명, 5·18민주화운동, 6월 민주항쟁, 촛불집회 당시 금남로로 몰려든 학생과 시민들도 다 무등산이 품은 광주의 영웅들이 아닐 수 없다. 광주는 이들 영웅들에 의해 민주, 인권, 평화의 보편적 가치를 실천하는 시대정신의 근원지가 되었고, 이들이 지켜 낸 보편적 가치가 광주인들의 정체성이 되었다. 그래서 '행동하는 양심'의 현장 금남로는 한국 민주주의의 성지로 불린다.

광주의 역사와 문화원형, 광주정신은 가정으로 말하면 가보(家寶)요, 국가로 말하면 국보(國寶)에 해당된다. 가보와 국보를 어떻게 보존할 것이며, 어떻게 교육시켜 보다 보편적인 미래 가치를 창조할 것인지의 고민은 그래서 유효하다. 기록으로 정리하는 방법도 있다. 군사(郡史), 시사(市史), 도사(道史) 등이 그것이다. 그런데 일목요연하게 분류하여 역사도

문화원형도, 정신도, 인물도 다 같이 한눈에 만날 수 있도록 정리하는 방법도 매우 중요하다. 광주의 역사와 문화원형, 인물, 정체성을 보여 주는 광주역사박물관은 그래서 특정 유물만을 전시 보관하는 국립광주박물관과 광주시립민속박물관과는 성격이 다를 수밖에 없다. 각 도에 역사박물관이 세워지고, 광주에 세워져야 하는 이유다. 광주에 역사박물관을 세워야 하는 이유는 또 있다. 지역의 역사를 연구하는 연구자의 육성을 위해서도 그렇다. 전남대학교 등 지역의 대학에 역사를 가르치는 학과가 있지만 애정을 가지고 지역사를 연구하는 교수는 손가락으로 꼽을 정도다. 지역의 역사를 지키고 연구하는 지역사 전문가를 키워내는 일은 정말 시급한 일이 아닐 수 없다.

광주의 역사박물관은 어디에 세워져야 할까? 다양한 장소가 논의될 수 있겠지만, 5·18표지석과 4·19추모비, 의병장 심남일 순절비, 류동운 열사기념비 등 광주정신을 함축하여 간직하고 있는 광주공원이 적격일 것 같다. 또한 광주공원 정상, 지금의 현충탑 옆은 1963년부터 광주시립민속박물관이 지어지기 전인 1984년까지 전남도립 광주박물관이 위치한 곳으로 국립광주박물관의 옛터이기도 하다. 뿐만 아니라 광주공원은 아시아문화중심도시 조성 5대 문화권 중 하나로 설정되어 광주역사박물관의 적격지로 광주공원의 무진회관과 방공호를 활용하는 방안을 제시하고 있기도 하다. 덤으로 한 가지 덧붙이고 싶다. 광주공원에 광주역사박물관이 들어서고, 주변 공원에는 중국의 비림(碑林)처럼 의로움의 삶을 살다 간 무등산 영웅들의 어록비를 새긴 의림(義林)공원을 만든다면 금상첨화겠다.

(『창』 2018년 3월호)

금남로에서 꽃피운 민주주의

1960년 3·15 정·부통령 선거가 부정으로 얼룩지자 전국 최초의 부정선거 규탄 시위가 광주 금남로에서 일어났다. 12시 45분에 시작된 규탄 시위는 '곡(哭) 민주주의'라는 플래카드를 들었기 때문에 '장송(葬送) 시위'라고도 불렸는데, 이는 마산에서 일어난 15시 30분의 1차 시위 및 경찰의 발포가 이루어진 19시의 2차 시위보다 빨랐다. 1천여 시민이 합세한 광주의 3·15 민주주의 장송 시위는 자유당 정권의 부정선거에 항거하여 선거 무효를 선언한 전국 최초의 시위였고, 당시 개머리판에 맞아 흘린 민주당원 조계현의 피는 4·19혁명의 시작을 알리는 신호탄이 되었다.

4월 19일, 광주고 학생들이 교문을 박차고 나와 집결한 장소도 금남로였다. 광주여고생들은 판자 울타리를 넘어뜨리고 시위대에 합류하였고, 광주공고생들은 뒷담을 넘어 합류했다. 그런데 '부정선거 다시 하라' 등을 외치는 학생 시위대에 경찰은 집단 발포하였고, 금남로까지 쫓아와 총을 쏘아 6명이 생명을 잃었다.

대한민국 민주주의의 초석이 된 5·18민주화운동의 최대 격전지는 금남로와 옛 전남 도청이었다. 27일 새벽 전남 도청이 계엄군에 의해 무력 진압되면서 5·18민주화운동은 끝이 났지만, 광주시민들이 보여 준 높은 시민의식은 1992년의 LA폭동과 대비되면서 전 세계인을 감동시켰다. 양동시장과 대인시장의 상인들은 시민군과 학생들에게 주먹밥을 나누어 주었고, 헌혈을 위한 시민들의 행렬은 끝이 보이지 않을 정도였다.

5·18민주화운동은 이후 국민의 힘으로 민주주의를 쟁취한 6월 민주항쟁의 원동력이 되었고, 민주·인권·평화라는 대한민국이 나아갈 방향성을 정립하였다. 한편, 5·18민주화운동은 중국의 천안문 민주화운동과 필리핀에서의 마르코스 독재 정권 타도 등 각국의 민주화를 앞당기는 촉매제가 되기도 했다.

1987년 6월 민주항쟁 당시 '독재 타도', '직선제 개헌' 등의 함성으로 가득 찬 곳 또한 금남로였다. 전두환의 4·13호헌조치로 인해 얼어붙은 정적을 깨뜨린 사람들도 금남로의 신부들이었다. 4월 21일, 천주교 광주대교구 소속 남재희 신부 등 사제 12명이 '직선제 개헌을 위한 단식 기도를 드리면서'라는 성명서를 발표하고, 금남로 가톨릭센터 6층 성당에서 무기한 단식농성에 돌입하였다. 이에 지지 성명과 동조 단식이 봇물 터지듯 이어지면서 호헌 철폐 운동이 전국화되었고, 이후 6월 항쟁의 불씨로 타올랐다. 6월 26일 민주평화대행진 당시 금남로 시위에 참가한 시민은 20만을 훌쩍 넘었다. 이는 5·18민주화운동 이후 최대 규모였다.

금남로는 민주열사들의 노제가 치러지는 현장이기도 했다. 6월 항쟁의 불씨가 된 광주 진흥고 출신인 이한열의 노제에는 30여만이 운집했다. 이철규(조선대) 열사, 강경대(명지대) 열사, 박승희(전남대) 열사와 최근 경찰이 쏜 물대포에 의해 사망한 백남기 어르신의 노제도 이곳 금남로에서 치러졌다.

금남로가 한국 민주주의를 꽃피운 현장, 즉 한국 민주주의의 성지로 불리는 이유다.

(『전남일보』 2018년 4월 6일)

전라도의 역사유산

　순천 죽내리, 광주 치평동의 구석기인들부터 최근 촛불집회에 참여했던 이 공간에 살았던 남도인이 남긴 모든 흔적은 다 소중한 남도의 역사유산이다.

　남도 역사는 구석기인들이 살았던 역사부터 계산하면 10만 년이 넘는다. 세계 최대의 고인돌을 남긴 청동기 시대부터 시작하면 3,000~4,000년이, 최초 정치체인 마한이 들어선 이후로 계산해도 2,000년이 넘는다.

　역사의 격동기마다 남도 땅에서는 굵직굵직한 사건들이 일어났다. 그때마다 남도인들이 실천했던 시대정신은 축적되어 오늘 우리들의 문화가 되었고, 정체성이 되었으며, DNA가 되었다. 각 시기마다 남도인들이 실천했던 시대정신, 즉 정체성은 분수를 지켜 낸 '청렴', 불의를 용납하지 않는 '의로움', 민족을 외세로부터 구해 낸 '충절', 그리고 독재를 타도한 '민주'였다.

　남도는 분수를 지킬 줄 아는 청렴 정신의 실천지였다. 장성 출신의 지지당 송흠과 아곡 박수량은 그 본보기이다. 송흠이 살았던 시절, 한 고을의 수령이 부임지에 나갈 때 전임 고을에서 감사의 표시로 말 일곱 마리를 바치는 것이 관례였다. 그런데 송흠은 새 임지로 부임해 갈 때 본인과 어머니, 아내가 탈 말 3필만 받아 '삼마태수(三馬太守)'라 불렸다. 최순실의 딸 정유라가 탄 말은 박근혜를 몰락시킨 탐학이었지면, 삼마태수 송흠이 탔던 말은 분수를 실천한 청렴이었다.

조선 명종 대 장성 출신 아곡 박수량은 30년 넘게 관직에 있었고, 지위도 재상에 올랐지만 죽은 후 장성까지 상여를 멜 여력이 없었다. 명종은 서해 바다 암석을 골라 하사하면서 "박수량이 어떤 사람이고, 얼마만큼 청빈한 사람이었다고 비문을 쓰는 것 자체가 그의 청빈했던 삶을 욕되게 하는 것이니 아무런 글도 쓰지 말고 그대로 세우라"고 명한다. 장성군 황룡면에 130센티 크기의 '백비'가 세상에 존재하는 이유다. 삼마태수와 백비는 오늘 우리가 여전히 실천해야 할 시대정신이 아닐 수 없다.

남도를 부르는 애칭 중 자주 사용되는 것은 불의를 용납하지 않는 '의로움'이다. 그래서 의향이라 부른다. 이러한 의로움을 실천하는 남도정신이 언제부터 남도인의 정체성이 되었는지는 정확히 말할 수 없지만, 박상이 목숨을 걸고 실천했던 '우부리 격살'과 '신비복위소' 사건은 매우 중요한 실타래다.

나주 출신의 천민 우부리가 연산군의 후궁이 된 딸의 권세를 믿고 남의 전답을 빼앗고 부녀자를 겁탈하는 등 온갖 못된 짓을 자행한다. 나주 목사도 전라도 관찰사도 우부리의 권세 앞에서 어찌하지 못했다. 이 소식을 들은 전라도 도사 박상은 우부리를 나주 금성관에서 매질하여 죽인다. 그리고 중종의 두 번째 부인이던 윤씨가 원자를 낳고 6일 만에 죽자 새 중전을 뽑지 말고 10년 전에 폐위되어 쫓겨난 신씨를 복위시킴과 동시에, 신씨를 쫓아내는 데 앞장선 공신들에게 벌을 주라는 청천벽력과도 같은 상소를 올린다. 바로 '신비복위소'다. 당대의 폭군이었던 연산군과 살아 있는 권력이었던 반정공신에 맞선 의로움의 실천은 죽음을 담보한 것으로 이후 남도인에게 큰 울림을 준다.

뿐만 아니라 남도는 민족이 위기에 처할 때마다 분연히 일어난 충절의 고장이었다. 임진왜란 당시 국난을 극복한 가장 큰 공은 전라도민의 몫이었다. 이를 가장 잘 표현이 글이 당시 전라좌수사였던 이순신이 군량을 보내 준 친구 현덕승에게 보낸 편지 중에 나오는, 임란 극복의 가장 큰 공이 호남이라고 해석할 수 있는 '약무호남 시무국가(若無湖南 是無國家)'다. 그 이유는 다음과 같다.

첫째, 나주의 김천일을 비롯하여 광주의 고경명과 두 아들 그리고 의병총사령관이 된 김덕령, 화순 출신인 최경회 등 남도는 전국 최대 의병 거병지였다. 둘째, 임진왜란 당시 전라도가 지켜짐으로써 군량미 40%를 감당해 냈다. 셋째, 전라좌수영의 수군부대가 왜군의 식량 보급로를 차단하였다. 당시 전라좌수사 이순신이 관할하는 지역은 5관 5포, 즉 지금의 광양, 여수, 순천, 고흥, 보성 지역이었다.

1894년 반봉건과 반외세를 외치며 일어난 동학농민운동과 관련된 사적지가 전국에 4군데 있다. 봉기 후 최초로 지방군과 싸워 이긴 정읍 황토현 전적지(사적 제295호), 정부군을 격퇴시킨 장성 황룡촌 전적지(사적 제406호), 일본을 몰아내기 위해 남북접이 손을 잡고 북상 도중에 패퇴한 공주 우금치 전적지(사적 제387호), 농민군의 마지막 불꽃이 타오른 최후의 격전지 장흥 석대들 전적지(사적 제498)가 그곳이다. 사적으로 지정된 동학 전적지 4군데 중 2군데가 남도 땅에 있음은 동학농민운동 당시 불의에 맞선 반봉건과, 민족의 위기를 지키기 위한 반외세의 외침이 가장 드셌던 지역임을 알게 해 준다.

남도를 충절의 고장이라 부르는 가장 큰 이유 중 하나는 한말 최대 의병항쟁지와 관련이 깊다. 1909년의 경우 전투 횟수의 47.2%, 참여의 병의 60.0%가 호남 의병이었다. 따라서 남도는 어디도 의병항쟁지 아닌 곳이 없다. 일제는 1906년부터 1907년에는 창평의 고광순과 장성의 기삼연을, 1908년에는 나주 출신인 김태원·김율 형제를, 1909년에는 전 북 임실 출신의 전해산과 함평 출신의 심남일, 보성 출신의 안규홍을 의병장 수괴로 꼽고 있다.

일제하 최대 항일운동이었던 3·1만세시위는 광주·전남도 예외가 아 니었다. 광주천에서 울려 퍼진 3·10만세운동을 시작으로 남도 땅 어디 도 만세 소리가 그치지 않았다. 해남 출신으로 화순에서 활동한 양한 묵은 민족대표 33인의 한 분으로 이름을 올렸다. 3·10만세운동 당시 태 극기를 흔들다 출동한 왜놈 헌병에게 왼팔이 잘린 수피아여학교 학생 윤형숙(윤혈녀)은 여수 출신이다. 왼팔이 잘리면서도 태극기를 흔들었던 윤형숙은 제2의 유관순으로 불려도 손색이 없다.

광주고보(지금의 광주제일고등학교)에서 시작된 광주학생독립운동은 전남 은 물론, 서울을 비롯한 전국 각지로 번져 나갔고, 만세의 함성은 1930 년 봄까지 이어진다. 최근 미국의 『워싱턴포스트』에, 1930년 1월과 3월 '한국 시위대가 옛 깃발을 흔든다', '한국 여학생에 대한 일본 학생들의 무례한 행동이 반일감정을 자극했다'며 학생운동의 발단을 자세히 설 명하고, '항일운동이 학생 사회를 넘어 한반도 전체로 확산됐다'는 보도 가 실렸음도 확인되었다.

이 외에도 독립운동사에서 놓쳐서는 안 되는 남도인이 있다. 만주 독 립운동의 대부로 불린, 을사오적암살단을 조직하고, 대종교를 창시한 보성 출신의 홍암 나철, 대한민국 임시정부 임시의정원 의원으로 선출 된 함평 출신의 김철, 한국광복군 제5지대장으로 선출된 나주 출신의 나월환, 의열단 단원으로 활동하면서 단장 김원봉의 특수임무를 수행 했던 광주 출신의 정율성이 그들이다.

불의를 용납하지 않았던 남도인들의 의로움의 실천과 민족이 위기에 처했을 때 들고 일어난 남도인들의 충절은 해방 이후 독재를 타도하고 민주를 쟁취하기 위한 투쟁에 또 앞장선다. 금남로에서 일어난 3·15부정선거 규탄 시위, 고등학생들이 앞장선 광주 4·19혁명, 대한민국 민주주의의 초석이 된 5·18민주화운동, 민주주의를 쟁취한 6월 항쟁, 민주주의를 지켜 낸 촛불집회 등이 그것이다. 그리고 인권, 평화, 통일이라는 시대정신은 이제 남도인들의 또 다른 숙제가 된다.

(『전남일보』 2018년 4월 6일)

호북성 무한에서 조선의용대가 창립되다

　무술년 2018년은 조선의용대가 창립된 지 꼭 80주년이 되는 해다. 조선의용대는 1938년 10월 10일 우한(武漢)에서 김원봉의 조선민족혁명당이 중심이 된 조선민족전선연맹 산하 군대로, 중국 관내에서 창립된 최초의 항일 군대였다. 이후 조선의용대의 대부분은 화북지역으로 이동하여 조선의용군의 모체가 되었고, 일부는 김원봉의 지도하에 충칭으로 이동하여 한국광복군에 합류, 한국광복군의 주력이 된다. 따라서 1920년대 만주에서 독립군이 결성되고 봉오동, 청산리 등에서 수많은 대첩이 있었지만, 중국 관내에서의 조선의용대 창립과 치열한 항일 활동 또한 한국 독립운동사에서 매우 중요하다.

　1937년 7월 노구교(蘆溝橋) 사건을 계기로 시작된 중·일 전쟁은 독립운동가들에게 독립을 쟁취할 수 있는 절호의 기회로 인식된다. 이에 각각 독자적으로 활동하고 있던 독립운동 단체들의 모든 역량을 결집하여 효과적인 항일 투쟁을 하자는 주장이 대두된다. 김구를 중심으로 한 우익 진영은 한국광복운동단체총연합회를, 좌익 진영은 김원봉을 중심으로 조선민족전선연맹(민족전선)을 결성한다. 조선민족전선연맹은 1937년 11월 김원봉의 조선민족혁명당과 김성숙의 조선민족해방동맹, 유자명의 조선혁명자연맹의 3단체가 조직한 연합 단체였다. 이 연맹 산하 군대가 조선의용대다.

　조선의용대 창립은 중화민국 총통 장개석의 도움이 컸다. 조선민족혁명당 총서기였던 김원봉은 1938년 7월 7일 중국 군사위원회에 중국 관내의 무장 군대 조직을 정식 제안하였고, 장개석의 재가를 거쳐 승인된다. 조건이 붙었다. 모든 항일세력의 연합이어야 할 것, 무장부대를 '군(軍)'이 아닌 규모가 비교적 적은 '대(隊)'로 할 것, 무장부대는 중국 군사위원회 정치부의 관할하에 둘 것 등이었다. 자존심 상하는 조건이었지만 도움을 받기 위해서는 받아들일 수밖에 없었다. 이름이 조선의용군이 아닌 조선의용대가 되었고, 중국 군사위원회의 지시를 받았던 이유였다. 장개석의 승인 이후 1938년 10월 2일 한국과 중국 양측 대표들이 모여 조선의용대 지도위원회를 조직한다. 지도위원회는 중국 군사위원회 정치부 측 4명과 민족전선 산하 단체의 대표 4명(김원봉, 김성숙, 김학무, 유자명)이 선정되어 군의 명칭·조직인선·편제·활동경비 등을 결정한다. 그리고 1938년 10월 10일 대공(혹은 대동) 중학교(현재는 호북성 총공회)에서 조선의용대가 창립된다.

10월 13일 조선의용대 창립을 축하하기 위한 경축 행사가 한커우기독교청년회 강당에서 열렸고, 야외로 이동하여 조선의용대의 출발을 알리는 역사적인 사진 한 장을 남긴다. 이 경축 행사에서는 「민족해방가」, 「자유의 빛」, 「아리랑」을 비롯한 노래와 「쇠」, 「두만강변」 등의 연극이 공연된다. 1938년 10월 14일 자 『신화일보』에는 조선의용대 창립 소식 및 조선의용대 대장 김원봉의 연설 등이 자세히 보도되기도 했다. 이날 경축연에는 우리에게도 낯익은 중국 공산당의 대표 인물이 된 주은래와 곽말약도 참석하여 축하 연설을 하였다.

창설 당시의 조선의용대의 총 규모는 97명이었다. 조선민족혁명당원들로 구성된 제1구대 43명의 구대장은 박효삼이었고, 조선청년전위동맹원 및 기타 인원으로 구성된 41명의 제2구대 구대장은 이익성이었다. 나머지는 본부 인원이었다. 조선의용대는 중국항전 참가, 일제 타도, 조국

해방 임무 수행을 목표로 삼고, 전선공작(前線工作), 적후공작(敵後工作), 동북진출(東北進出) 등을 노선으로 설정한다. 초창기 조선의용대는 중국 국민당의 정규군과 합세하여 양쯔강 중류 일대에서 일본군의 진격을 막았으며, 중국 각 지역에서 정치 선전공작 활동 등 다양한 항일 투쟁을 전개하였다.

1938년 10월 10일 조선의용대가 창립식을 거행한 후베이성 우한시 우창구 자양로 234호를 찾았다. 당시 이곳은 시립 대공중학교(혹은 대동중학교)가 있었던 장소였다. 그러나 지금 학교는 이전되고 호북성 총공회가 들어서 있다.

조선의용대가 창립된 도시 우창은 우창봉기(武昌蜂起)로 필자에게 낯익은 곳이다. 우창봉기란 1911년 10월 10일 중국 후베이성 우창에서 청조를 무너뜨리고 중화민국을 세운 신해혁명의 시발점이 된 봉기를 말한다. 신해혁명을 잉태한 그곳에는 우창봉기 기념비만 서 있었다.

왜 조선의용대는 이곳 신해혁명의 발상지에서 창립식을 거행했고, 신해혁명을 잉태한 10월 10일을 창립일로 잡았을까? 조선의용대도 신해혁명의 혁명군처럼 한 알의 밀알이 되어 일제를 타도하고 독립을 쟁취하는 꿈의 실현을 다짐하기 위해서는 아니었을까?

아무리 둘러보아도 조선의용대를 기리는 흔적은 찾아볼 수 없었다. 한국광복군과 조선의용군의 근간이 되었던 조선의용대는 이처럼 창립의 현장에서도 철저하게 소외되고 있었다.

(『전남일보』 2018년 2월 26일)

역사교사의 새해 소망

2019년은 역사의 해다. 3·1운동과 대한민국 건국 및 임시정부 수립 100주년, 안중근 의사 의거 110주년, 광주학생독립운동 90주년이니 역사의 해라 부를 만도 하다. 한말 전라도 의병 말살 작전이었던 '남한폭도대토벌작전' 110주년이 되는 해라는 것도 놓쳐서는 안 된다.

역사의 해 2019년, 30년 넘게 지역의 역사와 문화원형을 들여다보며 살아온 필자에게, 꼭 이루어졌으면 하는 몇 가지 소망이 있다.

첫째, 광주 3·1운동에 대한 재정리가 필요하다.

광주에서는 3월 10일 작은 장날을 맞아 현 부동교 밑 작은 장터를 중심으로 천여 명이 '조선독립만세'를 불렀다. 그리고 서문통(부동교에서 충장우체국 가는 길), 광주우편국(충장우체국), 본정통(충장로)을 지나 북문 밖(충장로 5가)까지 진출한 후 농업학교(자연과학고) 학생들과 시민들의 무리와 합세, 광주우편국 앞으로 다시 행진한다. 그리고 출동한 일제 경찰에 의해 무자비한 진압이 이루어졌고, 일제 헌병이 내리친 칼에 수피아여학교 윤형숙(윤혈녀)은 왼팔이 잘린다. 그러나 오늘 광주 3·1운동은 아직 풀어야 할 과제가 너무 많다. 첫 만세시위지와 행진 루트, 독서모임인 신문잡지종람소 회원 및 독립선언서를 군중에게 배포한 숭일학교 학생, 독립유공자 공훈을 받지 못한 분들도 제대로 정리되어 있지 않다.

둘째, 한말 남도 의병을 기억하고 기리는 사업이 필요하다.

남도는 의로움의 고장으로 흔히 불린다. 이는 광주·전남이 최대 의병항쟁지였음과 관련이 깊다. 1909년의 경우 전체 의병 전투 횟수의

47.2%, 참여 의병 수의 60.0%가 호남에서 일어난다. 고등학교 한국사 교과서에도 "특히 전라도 의병이 가장 활발했다"라고 서술되어 있고, '의병 부대의 활동'이라는 지도에 전라도는 온통 노랗게 색칠되어 있다. 어디도 의병 활동지라는 것이다. 1909년 9월부터 두 달에 걸쳐 일제가 펼친 전라도 의병 섬멸 작전인 '남한폭도대토벌작전'이 전개되었다. 당시 체포된 호남 의병장 사진이 한국사 교과서에도 실려 있다. 이 역사적 사실을 아는 남도인은 많지 않다. 사실을 알지 못하니 정신을 기리고 계승하는 사업은 늘 뒷전으로 밀리고 말았다.

광주의 도로명 중 임진왜란 의병장을 기리는 도로가 4개(충장로, 제봉로, 회재로, 건재로) 있고, 한말 의병을 기리는 도로는 5개 있다. 김태원 의병장을 기리는 죽봉로, 양진여 의병장을 기리는 서암로, 양상기 의병장을 기리는 설죽로, 이기손 의병장을 기리는 금재로, 조경환 의병장을 기리는 대천로가 그것이다. 도로명의 주인공이 된 김덕령, 고경명, 박광옥, 김천일 등 임란 의병장을 기리는 사당은 다 있다. 그러나 한말 의병장을 기리는 공원은 물론, 사당 하나 없다. 이게 의로움의 고장을 표방하는 광주의 민낯이다.

셋째는, 광주학생독립운동 90주년 행사를 남북이 함께 치렀으면 한다.

광주학생독립운동은 3·1운동 이후 최대 항일독립운동이었음에도 불구하고 지금껏 과소평가되어 왔다. 지난해 정부 차원의 기념행사가 치러지면서 국민적 관심을 받는 계기가 되었음은 다행이다. 전국 320여 학교가 참여하였는데 북한지역의 학교만도 133개나 된다. 남북이 함께 행사에 참여하고 학술회의 및 학생독립운동 계승 사업을 공동으로 실시한다면, 새로운 시대정신인 통일의 기반 조성에도 큰 힘이 될 듯싶다.

광주교육청이 '광주학생항일운동 남북공동행사' 추진을 북측에 제안

했다고 하니 꼭 성사되도록 정부도, 시민들도 도왔으면 싶다. 교과서의 194개 참여 학교 수도 320여 개교로 바로잡는 한 해가 되기를 바란다.

넷째, 광주에 광주·전남 항일독립운동 기념관이 건립되는 계기가 되었으면 한다.

광주·전남은 우리나라 최대 항일독립운동의 현장이다. 임진왜란·한말 의병·광주학생항일운동이 그 증거다.

임진왜란에서는 어김없이 전라도인들이 주역으로 활동하였다. 이순신의 한산대첩은 고흥·여수 등 전라도 수군이, 권율의 행주대첩은 전라도 관군이, 제2차 진주성 전투는 3장수로 불린 김천일·최경회·고경명 등 남도 의병장과 의병이 중심이었다. 그래서 이순신은 이를 '약무호남 시무국가'라고 했다. 한말 최대 의병항쟁지가 광주·전남이었고, 3·1운동 이후 최대 항일독립운동이 광주학생항일운동이었음은 이미 서술한 바다. 이처럼 광주·전남은 전국 최대의 항일독립운동지다. 그것은 남도인의 자랑이자 정체성이다. 남도인의 가슴속에 DNA로 남아 전해지는 남도인의 정체성을 계승·발전시키는 것은 오늘을 살아가는 우리들의 의무일 수밖에 없다.

우리의 정체성을 형성하고 있는 역사·문화원형을 기리고 기억하는 방법은 여러 가지가 있다. 기록으로 남기는 것도, 기념비를 세우는 것도, 역사관이나 기념관을 건립하는 것도 그 한 방법이다.

우선은 항일독립운동지임을 알리는 표지석을 현장에 세우자. 2018년부터 시에서 표지석을 세우는 작업을 하고 있는데, 백번 잘한 일이다. 그리고 광주의 정체성이 된 항일독립운동 기념관을 멋들어지게 건립하는 10년 프로젝트를 세우고 힘찬 시동을 걸자. 안동에 있는 경상북도 독립운동관보다도 더 멋지게 짓자. 광주·전남은 그렇게 대접받아야 할 역사원형도, 자격도 차고 넘친다. 자격은 차고 넘치는데 단지 우리들이 미처 챙기지 못했을 뿐이다.

2019년 황금돼지해 기해년(己亥年), 역사교사가 꿈꿔 본 새해 소망이다.

(『전남일보』 2019년 1월 8일)

광주공원에 세워졌던 안중근 의사 숭모비를 찾자

1909년 10월 26일 오전 9시 30분, 하얼빈 역에서 '탕, 탕, 탕' 3발의 총성이 울린다. 안중근이 한국 침략의 원흉 이토를 격살하는 총성이었다. 올 2019년은 안중근 의사 의거 110주년이 되는 매우 뜻깊은 해다.

며칠 전 2·8독립운동의 현장을 찾아 일본 도쿄를 다녀왔다. 덤으로 안중근 의사의 흔적을 찾아보고 싶어 이토 무덤과 야스쿠니신사(靖國神社) 옆에 위치한 전쟁기념관인 유슈칸(游就館, 유취관)에 들렀다. 그런데 두 곳 모두에 "이토가 한국의 독립운동가 안중근에게 암살되었다"라고 서술되어 있어 기존의 테러리스트였다는 서술과 사뭇 달랐다.

독립운동가 중 빅데이터 검색 부동의 1위가 안중근 의사다. 그럼에도 그가 독립유공자로 인정된 것은 1962년 이승만 정권이 무너진 이후였다. 그런데 우리나라 최초의 안중근 사당은 1955년 안홍천에 의해 장흥에 세워진 한 칸짜리 해동사였다. 죽산 안씨였던 안홍천은 안향 등을 모시는 죽산 안씨들의 사당인 만수사(萬壽祠)를 건립하면서 바로 옆에 순흥 안씨였던 안중근의 사당을 건립한 것이다. 최초의 안 의사 동상이 1959년에 남산 자락에 세워지고, 안중근의사기념관이 1970년에 건립된 것에 비하면, 해동사의 건립 시점은 놀랍다. 1961년 12월 3일 광주공원에 전국 최초의 안중근 의사를 기리는 숭모비가 또 건립된다. 안 의사 숭모비 건립은 1960년 독립운동가이자 성균관대학교를 설립하고 초대 총장을 지낸, 한국의 마지막 선비로 칭송받았던 심산 김창숙을 회장으로 하는 '안중근기념사업회'가 만들어지고서였다.

왜 장소가 광주공원인지 그 이유는 단언할 수 없지만, 1955년 장흥에 안의사 사당인 해동사가 건립되고, 그 건립자인 안홍천 및 전남 유림들이 적극 후원했기 때문이라고 후원회장인 심산 김창숙이 말하고 있는 것처럼, 죽산안씨 문중을 포함한 광주·전남의 유림과 도민들이 중심이 된 것은 사실인 것 같다. 해동사가 있는 장흥이 아닌 광주, 그것도 광주공원이 선택된 것은 앞에서도 서술했지만, 일본 신사와 충혼비가 있었던 장소로 친일 잔재 극복의 상징성 때문으로 보인다. 당시 광주가 남도의 웅도이자 도청소재지로 남도를 상징하는 도시였던 것과 관련이 깊어 보인다. 광주향교의 도움도 있었을 것이다.

지금 광주공원에는 안 의사 숭모비가 남아 있지 않다. 2007년 12월 28일에 작성된, 광주광역시 시청각자료실에 1968년 광주공원을 찍은 항공사진이 남아 있다. 이 사진에는 이미 철거된 구동체육관을 비롯해 거북 목 부분에 서오층석탑(성거사지 5층 석탑)이, 탑 바로 아래에 안 의사 숭모비가 보인다. 그런데 사진을 설명하는 글에 "안중근 의사 숭모비는 1987년 어린이대공원으로 옮겨졌다"는 내용이 적혀 있다.

1987년 어린이대공원으로 옮겨졌다는 안 의사 숭모비, 지금 어린이대공원 어디에도 없다. 단지 1995년 세워진 안중근 의사 동상만이 서 있을 뿐이었다. 그런데 아뿔사, 최근 확인해 보니 안 의사 동상 받침돌이 바로 안중근 숭모비의 받침돌이었다. 그러니까 광주공원에서 어린이대공원(중외공원)으로 옮겨 가면서 안 의사의 비는 사라지고, 받침돌만이 남아 그 위에 안 의사 동상을 세웠던 것이다. 그럼 안 의사 숭모비는 어디로 사라져 버렸을까? 이걸 아는 분을 아직 필자는 만나 보지 못했다. 땅에 묻었을 거라고 말하는 분도 있다.

1961년 3월 26일 안중근기념사업회 회장인 심산 김창숙이 쓴 '안중근의사숭모비명'이 '만수사지'에 실려 남아 있다. 꽤 긴 비문인데, 대부분은 안중근의 가계와 일생을 기록하고 있다. 이 중 『심산 김창숙 평전』 (2017)에 번역되어 수록된 비문의 일부분만 보자.

"'천하의 의사로는 안중근보다 더 높은 이가 없고 남방의 명승지로서는 무등산보다 더 나은 곳이 없다'는 말을 나는 들었다. 이제 온 나라의 인사들이 모여 의논한 끝에 무등산 밑 광주공원 위에 비석을 세우고 의사의 열렬한 공적을 표하는데, 그 전면에 쓰기를 '대한의사안공중근숭모비'라 하여 길이 만세에 알려 두나니, 아! 거룩하기도 하다. …… 이제 이 비석을 세우는 일은 전남 유림으로부터 시작되어 전국이 호응해서 이루어진 것이요, 그 비석에 기록하는 자는 앉은뱅이 늙은이 김창숙이다. ……"

온 나라의 인사들이 모여 의논해서 광주공원에 세우기로 결정했고, 전남 유림으로부터 시작되어 전국이 호응해서 건립되었음을 밝히고 있다.

의거 110주년, 혹은 순국 110주년을 기념하여 다시 안중근 의사 숭모비를 광주공원에 복원하면 어떨까 싶다. 항일독립의 정체성을 민주화운동으로 승화시킨 지역민의 정체성과 안중근 의사의 이토 격살은 잘 어울리는 조합이기 때문이다. 그러려면 1987년 어린이대공원으로 이전 당시 비문을 찾아내야 한다. 전말을 아시는 분을 애타게 기다린다.

(『전남일보』 2019년 2월 17일)

광주 3·1운동의 주역 김복현을 아십니까?

광주 3·1만세운동에 연루되어 체포된 후 재판을 받은 자는 103명이다. 이들 103명은 주모자, 적극 가담자, 『조선독립광주신문』 발간 및 배포자, 그리고 광주보통학교 학생 등 네 그룹으로 나뉘어 재판을 받았다. 김복현 외 21인, 박애순 외 76인, 황상호 외 2인, 광주보통학교 학생 최영섭의 재판이 그것이다. 모의하고 독립선언서를 인쇄한 후 주도한 주모자로 분류된 '김복현 외 21인'은 징역 3년에서 1.6년을 선고받았으며, 독립선언서 배포 및 적극 가담자로 분류된 '박애순 외 76인'은 1.6년에서 0.4년을, 『조선독립광주신문』을 간행했던 '황상호 외 2인'은 3년과 2.6년을 각각 선고받았다. 그리고 보통학교 학생이던 최영섭에게도 1년이 선고되었다.

주모자 그룹으로 분류된 김복현 외 21인 중에서도 김복현·김강·최병준·한길상·김종삼·최한영·김용규·김범수·박일구·최정두·김태열·정광호·범윤두·박경주 등 14명은 징역 3년형을 선고받는다. 그 주모자 중에서도 핵심 인물은 나주 출신의 김복현(뒤에 김철로 개명함)이었다.

"국헌을 교란시킨 죄는 사형에 처해 마땅하나 관대히 다스리겠다"고 일본 재판관이 훈계하자, 김복현은 "이번 운동의 책임자는 나다. 내 지시에 따른 학생들은 그냥 내보내라. 그리고 내 이름은 김철이다. 나는 불에 달구고 두들길수록 더욱 단단해진다. 얼마든지 해 보라"면서, 이번 광주만세운동은 전적으로 자기 한 사람에게 죄가 있을 뿐이라고 항변하였다. 이는 김복현이 광주 3·1운동의 대표였음을 잘 보여 준다.

그러나 오늘 광주 3·1운동사에 김복현은 없다. 오방 최흥종이 주도 인물처럼 쓰인 글도 많다. 광주 3·1운동을 논의하기 위해 서울에 함께 올라가 광주지역 총책으로 임명된 최흥종(1880~1966)과 김복현(1890~1969)은 최흥종이 10년 연배였지만, 평생 동지였다. 둘은 양림교회 교인이었고, 둘 다 경찰 출신이었다. 1927년 최흥종이 신간회 전남회장이었을 때 김복현은 간사였고, 1945년 최흥종이 건국준비위원회 전남 위원장이었을 때 김복현은 간사와 부위원장을 지낸다. 둘의 관계를 볼 때 1919년 3월 2일의 서울행은 김복현이 최흥종을 모시고 올라간 것으로 보인다.

3월 5일 최흥종은 유인물을 나눠 주고 깃발을 흔들며 시위를 선동하다 서울에서 체포된다. 김복현은 3월 6일 손병희 등 33인이 서명한 3·1 독립선언서 등 5종류의 문건을 지참하고 광주로 내려왔고, 이후 절친이던 김강과 만나 3월 6일 저녁 남궁혁의 집에서 광주 3·1운동을 모의하고, 역할을 분담한다. 최흥종이 아닌 김복현이 광주 3·1운동의 총책임자가 된 연유다.

김복현은 김강의 도움을 받았지만, 광주 3·1운동의 대표였다. 3월 10일 오후 3시 30분, 광주교 밑 하원(모래사장)에 수백 명의 군중이 모여들자, 시위 군중과 함께 '조선독립만세'를 외치고, 독립운동의 개시를 선언한 것도 그가 대표였기 때문이었다. 작은 장에서 대규모 만세를 부른 후 김복현 등이 지휘한 시위 군중은 작은 장을 출발, 서문통을 거쳐 우편국(충장우체국) 쪽을 향해 행진한다. 송흥진의 대형 태극기를 선두로 시위 군중은 우편국에서 좌회전하여 본정통(충장로)으로 돌아 북문 밖에서, 누문리 방면에서 만세를 외치며 당도한 농업학교 생도 및 시민 수백 명과 다시 합쳐지면서 시위 군중은 천수백 명으로 커지게 되는데, 그 행진을 앞장서 주도한 이도 김복현이었다.

광주 3·1운동의 주역 김복현을 살피고자 했던 또 하나의 이유가 있다. 가문의 항일독립운동 때문이었다. 부친과 형은 나주에서 일어난 을미의병장과 의병으로 활동하다 피체되어 순국한 김창곤과 김석현이다. 아들 김재호는 의열단 단원, 광복군, 대한민국 임시정부 임시의정원 의원이 되어 중국 본토에서 독립을 위해 활동했으며, 귀국 후에는 삼선개헌반대범국민투쟁위원회 지도위원(1969)과 박정희가 종신 대통령을 꿈꾸었던 유신헌법을 반대하는 민주회복국민선언(1974)에 독립유공자를 대표하여 참여하는 등 이 땅의 민주주의를 구현하는 데도 앞장섰다. 그리고 며느리인 신정완(김재호의 부인)은 중국에서 조선민족혁명당, 광복군, 임시정부 임시의정원으로 활동한 여성 독립운동가였다.

부친 김창곤과 형 석현, 아들 재호와 며느리 신정완 그리고 광주 3·1운동을 주도한 김복현은 모두 국가로부터 건국훈장 애국장을 받는다. 김복현 가문은 항일과 독립, 민주화에 앞장선 광주·전남 최고의 항일독립운동 가문이 아닐 수 없다. 그럼에도 이들의 이름은 역사교사인 필자에게 낯선 이름이다. 3·1운동 100주년을 앞두고 함평 출신의 김철이아닌 나주 출신의 독립운동가 김철(김복현)을 떠올린 이유다.

(2019년 2일)

봉오동에는 홍범도가 없다

　내년 2020년은 한국 독립운동사상 독립군이 일본 정규군과 싸워 대승을 거둔 봉오동(1920. 6)·청산리대첩(1920. 10) 100주년이 되는 해다. 일군을 제압한 100년 전 봉오동에서의 '독립전쟁'은 최근 일본의 '한국 화이트 국가에서 제외'라는 '경제 전쟁'의 선포 시점과 맞물려 또 다른 의미로 다가온다. 내일부터 개봉되는 영화 〈봉오동 전투〉가 또 기대되는 이유다.

　봉오동 전투는 1920년 6월 만주 봉오동에서 홍범도, 최진동 등이 이끈 독립군 연합부대가 일본 정규군과 싸워 대승을 거둔 전투다. 1919년 3·1운동 이후 만주에는 수많은 독립군 부대가 압록강과 두만강을 건너 국내 진공 작전을 전개하고 있었다. 봉오동 전투의 출발도 독립군의 국내 진공 작전에서 시작되었다. 6월 4일, 30여 명의 독립군이 두만강을 건너 일본 강양동 초소를 공격하여 격파하고 귀환하자, 이에 일제는 니이미(新美) 중위가 인솔하는 남양수비대 1개 중대와 헌병경찰중대가 두만강을 건너 공격해 왔다. 이들 부대는 삼둔자에 이르러 독립군을 발견하지 못하자 무고한 양민을 살육했는데, 독립군은 삼둔자 서남방 요지에 잠복했다가 일본군 추격대를 다시 격파했다. 이에 함경남도 나남에 사령부를 두고 두만강을 수비하던 일본군 제19사단은 6월 7일 독립군 토벌을 위해 야스카와(安川二郎) 소좌의 인솔하에 월강(越江) 추격대를 편성, 두만강을 건너 독립군을 공격하게 했다. 이 월강추격대를 봉오골로 유인, 매복하고 있던 독립군들이 홍범도의 '발사' 명령을 시작으로 3면에서 집중사격을 퍼부어 대승을 거둔다. 대한민국 임시정부는 일본군 전사 157명, 중상 200여 명인 반면 독립군 측의 피해는 전사 4명, 중상 2명으로 발표한다. 압도적인 대승이었다.

오늘 대승을 거둔 봉오동 전투지는 댐으로 변해 있어 전투 현장을 확인하기는 쉽지 않다. 댐이 건설된 일대가 하촌이고, 우뚝 솟은 초모정자산과 그 반대쪽 고개인 고려령 아래에 중촌 마을이 있었다. 그리고 치열한 전투가 벌어졌던 상촌은 댐 상류 산 밑이었다.

댐 아래, 봉오저수지라 붙은 대문을 통과하면 1993년 6월 7일 건립된 '봉오골 반일 전적지'라 새긴 기념비가 댐 아래 서 있다. 2013년 도문시 인민정부는 이전 기념비보다 훨씬 큰 기념비를 다시 세웠다. 기념비를 보기 위해서는 봉오저수지 관리인의 허락을 받아야 들어가 볼 수 있다. 몇 년 전까지만 해도 들어가는 데 별 어려움이 없었다. 그런데 2018년부터 들어가 보는 것 자체가 쉽지 않더니, 오늘 광주교육청 연수팀들은 아예 입구부터 출입이 금지되었다. 봉오동 전투 현장을 보기 위해 광주에서 달려왔는데, 몸에 힘이 빠지고 정신이 멍해지는 느낌이다.

중국은 왜 한국인들의 봉오동 전투 현장을 봉쇄할까? 2018년, '봉오동 전적지비'의 비문을 붉은 천으로 가리더니, 최근에는 아예 "홍범도를 사령으로…… 이 맹격전에서 일군 150여 명을 사살하고……"라고 새긴 비문마저 지워 버렸다. 오늘 봉오동에는 봉오동 전투의 영웅 홍범도가 없었다. 만주독립운동사에서 홍범도와 김좌진을 지우고 동북항일연군을 중심으로 삼기 위한 중국의 동북공정이 아닐까 의심된다. 중국의 독립운동사 왜곡 및 한국인 현장 접근 불허라는 현실을 국가보훈처는 알고 있는지 궁금하다.

내년 2020년은 한국 독립전쟁사상 최초, 최대인 봉오동·청산리대첩

100주년이 되는 해다. 봉오동·청산리 현장을 찾아 독립군들의 독립혼을 기리는 한국인들의 발길이 잦아질 텐데, 그때마다 문 앞에서 발걸음을 돌려야 할까? 안타깝다.

(『전남일보』 2019년 6월 7일)

왜 남도인들은 안중근 의사를 가슴에 품고 살까

2019년, 올해는 안중근 의사가 이토 히로부미를 격살한 지 꼭 110주년이 되는 해다. 100주년에 이어 올해도 안 의사를 기리는 행사가 여기저기서 열리고 있다. 광주시교육청도 교사·학생 연수단을 꾸려 의거지인 하얼빈과 순국지인 뤼순을 탐방하는 프로그램을 운영했다.

1909년 10월 26일 안 의사의 하얼빈 역 의거는 일제의 침략에 맞선 한국인의 기개와 당당함을 전 세계에 알린 일대 사건이었고, 봉오동·청산리의 독립군 대첩과 이봉창·윤봉길 의사 등이 일제의 심장을 총칼로 겨눈 출발이 되었다. 오늘 안중근 의사가 한국인의 가슴속에 가장 뜨거운 인물로 남아 있는 이유다. 때문에 국내외를 막론하고 그의 정신을 기리는 기념물이 많다.

안 의사의 흔적이 남아 있는 대표적인 장소는 그가 태어난 황해도 해주와 삼흥·돈의학교를 세워 애국계몽운동을 벌였던 진남포, 연추의병을 결성하고 손가락을 잘라 이토 격살을 다짐했던 연추하리(지금 크라스키노), 의거지인 하얼빈, 순국지인 뤼순 감옥 등이다.

삼흥·돈의학교를 운영했던 진남포에는 '애국열사 안중근선생기념비'가 서 있고, 1909년 3월 단지하여 이토 격살을 다짐했던 연추하리에는 단지동맹비가, 의거지인 하얼빈 역내에는 별 7개 문양이 새겨진 삼각형 모양의 의거지 표석이, 하얼빈 역사에는 안중근의 일생을 정리한 안중근기념관이 건립되어 있다. 그리고 내 죽으면 묻어 달라고 했던 하얼빈공원(지금 조린공원)에는 '푸른 풀이 돋아나는 언덕'이라는 독립의 희망을 쓴 '청초당(靑草塘)'이라는 글씨와, 이백의 시를 차운한 그의 시 '망여산오로봉(望廬山五老峰)'에 나오는 '연지(硯池)'를 앞뒤로 새긴 뒤 단지된 모습의 수인(手印)이 새겨진 비가 서 있다. 순국한 뤼순 감옥에는 1909년 11월 3일 밤부터 1910년 3월 25일 밤까지 144일 밤을 지낸 감방이 '조선 애국지사 안중근을 구금한 감방'이라는 이름으로 보존되어 있다. 뤼순 감옥 가까이에는 안 의사가 열한 차례의 심문과 여섯 번의 공판 끝에 사형선고를 받은 관동법원도 남아 있다. 관동법원 법정은 안 의사가 이토 격살의 죄목을 만천하에 고한 장소다.

감방 안은 침대 하나가 놓여 있고 '국가안위노심초사(國家安危勞心焦思)' 등 200여 점의 유묵과 『안응칠 역사』, 『동양평화론』의 서(序) 부분을 집필한 책상 하나가 당시의 모습 그대로 보존되어 있다. 안 의사가 1910년 3월 26일 교수형을 당했던 장소에는 어머니 조마리아 여사가 보낸 하얀 한복 수의(囚衣)을 입은 안 의사 영정이 놓여 있다. 이곳에서 안 의사는 공소(항소)를 포기한 채 일제에게 목숨을 구걸하지 않고 대한의 남아답게 순국한다.

일제가 안 의사를 교수형에 처한 시간이 10시였다. 그것은 이토가 9시 30분 안 의사의 총을 맞고 죽은 그 시간과 정확하게 일치한다. 일제의 치졸한 보복이었다.

국내에도 안중근 의사를 기리는 기념 시설이 많다. 1971년 개관한 서울 남산의 안중근의사기념관을 비롯하여 전국 각지에 안 의사 동상과 기념비, 유묵비 등이 서 있다.

그런데 안 의사 기념 시설이 광주·전남, 즉 남도에 유독 많다. 1957년 우리나라 유일의 안중근 사당인 해동사(海東祠)가 장흥군 장동면에, 심산 김창숙 선생이 주도한 우리나라 최초의 안 의사 숭모비(崇慕碑)가 전남인이 앞장서고 전 국민이 호응해서 1961년 광주공원에 세워진다. 전국 15개 안중근 동상 중 5개가 광주·전남에 있다. 5개 중 최초의 안중근 동상은 처음 남산에 건립되었다가 광주상무대로 옮겨진 후, 상무대가 장성으로 이전할 때 또 옮겨진다. 안중근 동상은 광주 중외공원과 상무시민공원, 함평 김철 기념관과 정동진에도 서 있다.

안중근 의사는 살아생전 한 번도 남도 땅을 밟아 본 적이 없다. 그런데 왜 무장독립운동의 출발을 알린 안중근을 기리는 기념물이 남도에 집중되어 있을까? 이는 안 의사의 시대정신과 남도인들의 정체성이 맞닿아 있기 때문은 아닐까 싶다.

남도는 박상이 목숨을 걸고 '신비복위소(愼妃復位疏)'를 올려 정의로움의 깃발을 든 이후, 항일과 독립, 민주화를 쟁취해 낸 실천지였다. 임진왜란 3대첩은 호남인들에 의해 이룩되었고, 호남은 반외세를 부르짖은 동학의 최대 거병지였을 뿐 아니라, 한말 최대 의병항쟁지였다. 또한 광주는 3·1운동 이후 최대 항일독립운동인 광주학생항일운동이 불붙은 발원지였다. 그리고 해방 이후에는 독재를 타도하고 민주주의를 쟁취해 낸 '당당함'과 '정의로움'이라는 정체성을 실천한 지역이었다.

왜 남도인은 안중근 의사를 늘 가슴에 품고 살아가고 있을까? 안 의사가 추구한 '정의로움'과 '당당함'이 우리 지역민의 정체성과 딱 맞아떨어진 때문은 아닐까 싶다.

24년 동안 자취를 감췄다가 다시 세상에 모습을 드러낸 전국 최초로 광주공원에 건립된 '대한의사안공중근숭모비(大韓義士安公重根崇慕碑)'가 다시 중외공원 안중근 의사 동상 곁에 재건립된다고 하니 기대가 크다.

(『창』 2019년 봄호)

옛 적십자 병원,
광주항일독립운동 기념관으로 활용하자

역사 속에서 축적된 광주인들만의 정체성, 문화적 기질을 '광주정신'이라 한다면 그것은 '정의로움'과 '당당함'이 아닐까 싶다. 광주인들의 DNA가 된 정의로움과 당당함은 가슴속에만 머물지 않고 발로 뛰어 실천으로 옮겨졌는데, 뜨거운 실천성도 '광주정신'이 아닐 수 없다.

우리는 정의로움을 실천한 광주정신의 상징으로 5·18 민주항쟁을 든다. 그래서 광주를 민주·인권·평화의 도시라고도 부른다. 그러나 광주를 반독재민주화운동의 실천지로만 한정해서는 안 된다. 한말·일제하 최대 항일독립운동의 실천지 또한 광주를 포함한 남도였기 때문이다.

광주를 포함한 남도가 항일독립운동의 주 실천지였음은 구체적인 다음의 몇몇 사례를 통해 확인할 수 있다.

광주·전남은 한말 최대 의병항쟁지였다. 1909년의 경우 의병 전투 횟수의 47.2%가, 참여 의병 수의 60.0%가 남도에서 일어났고, 남도인이 참여했다. 3·1운동 당시 광주천변의 장터에서는 천여 명이 '대한독립만세'를 불렀다. 1929년 11월 3일 광주에서 발발한 광주학생항일운동은 전국으로 확대되었고, 3·1운동 이후 최대 항일운동이 된다. 1919년, 국가보훈처는 일제하 독립운동과 관련되어 형무소에 수감된 독립운동가 5,323명 중 광주·전남인이 1,985명이라고 발표했다. 37.3%로 전국 최다 인원이다.

옛 적십자병원이 시민의 손으로 돌아온다는 소식이 들린다. 그리고

5월 항쟁 당시 계엄군의 총칼에 부상당한 시민들을 치료했던 이곳을 향후 5·18 선양사업에 활용한다는 보도도 접했다. 반가운 소식이다.

그러나 필자는 옛 적십자병원을 '광주항일독립운동 기념관'으로 만들어 활용하자는 제안을 하고 싶다. 왜 항일독립운동 기념관이어야 하는지는 적십자병원과 병원이 들어선 터가 품은 역사적 원형을 확인하면 금방 이해할 수 있다.

1909년 2월 3일, 이곳 광주천 서천교 밑 백사장은 한말 남도 의병의 물꼬를 튼 호남창의회맹소 대장 기삼연 의병장의 처형 장소다. 그리고 옛 적십자병원은 이전 측량학교 건물터로, 1917년 정상호, 최한영, 강석봉, 김태열 등 젊은 지식인들이 신문잡지종람소라는 간판을 달고 조국의 독립을 꿈꾸었던 현장이었다. 이들 신문잡지종람소 회원들은 광주 3·1운동의 한 축이 되었고, 이후 광주 독립운동의 리더가 된다.

또한 이곳은 1929년 광주학생독립운동 당시 광주고보생들을 비롯한 농업학교·광주여고보생들이 충장로, 옛 도청, 전남대병원, 광주천 부동교로 이어지는 행진 루트였다. 그뿐만 아니다. 일제하 농민·노동·사회운동과 야학을 통해 광주 독립운동의 산실이 된 흥학관은 5분 이내의 거리에 위치한다. 이러한 항일독립운동의 흔적 위에 1980년 5월, 피를 나눈 광주의 공동체 정신이 옛 적십자병원에 더해진다. 이처럼 옛 적십자병원은 많은 다의적 가치를 간직하고 있는 광주정신의 중요한 상징 터다.

옛 적십자병원이 품은 5·18의 공동체 정신도, 광주 3·1운동을 잉태하고 실천했던 항일독립운동의 현장이었음도 다 중요한 광주인들의 자산이다. 다만, 광주의 역사를 공부하고 있는 필자는, 광주가 항일독립운동의 중심지였음을 기리고, 연구하고 간직하는 장소가 하나도 없다는 사실을 부끄럽게 생각한다. 광주 3·1운동을 포함, 항일독립운동의 혼이 서린 옛 적십자병원(터)을 광주항일독립운동 기념관으로 활용하자고 주장하는 이유다.

광주항일독립운동 기념관이 들어서면 광주의 또 다른 정체성인 항일독립운동사를 공부하고 정리하고 기릴 수 있도록 도서관, 독립운동단체, 관련 연구소도 입주시키자. 한말 의병, 광주 3·1운동, 광주학생독립운동, 5·18민주항쟁으로 면면히 이어진 광주정신을 기리는 기념장소로 만들자. 그래서 광주가 민주화의 성지만이 아닌 항일독립운동의 성지였음도 후손들에게 자랑스럽게 물려주자.

(『전남일보』 2020년 3월 18일)

3.

막 쪄 낸 찐빵

교단 일기

어떤 수업 시간

가사 시간의 실습은 학생들뿐 아니라 교사들도 은근히 기다려지곤 한다. 실습 중 학생들이 정성스레 만든 음식들을 시식할 수 있기 때문이다.

얼마 전에도 돈가스를 맛있게 시식한 적이 있었다. 그런데 엊그제는 우리 고유 음식인 약식(藥食)에 대한 실습이 있었다. 밤, 대추 등이 박혀 있고 울긋불긋한 색깔에 향기마저 띠고 있는 약식은 그 모양만으로도 입가에 군침이 흘렀다.

아뿔싸, 한 그릇도 채 비우기 전에 엄습해 오는 느끼함. 다음 국사 시간이었다. "애들아, 너희들 약식 많이 먹었니?"라고 물었더니, 그들도 "아니요"라고 대답하는 것이었다. "아니, 선생님 때문에 너희들 먹을 것이 없었는가 보구나." 했더니, 여기저기서 "금방 질렸어요"라고 호들갑을 떠는 것이었다.

나는 순간 보리밥 같은 남자가 생각났다. "애들아, 너희들은 약식 같은 남자는 안 돼. 보리밥 같은 남자여야지." 아이들은 어리둥절이다. "애들아, 먹어도 먹어도 뉘가 나지 않는 밥, 그게 보리밥 아니겠니. 조금은 못 생겼지만 마음씨 착하고 이해심 넓은 그런 묵직한 보리밥 같은 남자여야지, 속은 텅 비어 있으면서 외모만 그럴싸한 약식 같은 남자는 곤란하지 않겠어? 외모만 보고 반한 여자는 약식처럼 금방 느끼하고 싫증 날 수 있는 법이거든."

아이들은 깔깔거리고 웃으며 고개를 끄덕거린다. "선생님 같은 남자가 보리밥 같은 남자거든." "말도 안 돼." 여기저기서 귀여운 입들을 삐죽거렸지만, 난 그 애들의 모습이 너무도 예뻐 보였다.

　오늘 어디 할 참이지. 너희들 다 읽어 왔지. 오늘은 여기서부터 시작할 거야. 며칠 전 수업 시간의 한 모습이었다.

(1991년 10월 31일)

어떤 선물

스승의 날만 되면 생각나는 제자가 있다. 3년 전 졸업한 H라는 여학생이다. 졸업 당시 내 반 학생이었던 H는 공부에 별 흥미가 없었다. 거친 생활 태도 때문에 자주 벌을 받곤 했던 기억도 새롭다. 벌을 받은 후 나에게 자주 꾸지람을 듣기도 했는데, 그러다 H의 속마음도 들을 수 있었다.

졸업하던 그해 5월 스승의 날에 찾아왔던 H의 모습은 나에겐 뜻밖이었다. 그리고 H가 내민 조그마한 선물은 감동이었다.

H는 내가 했던 모든 말을 기억하고 있었다. 아마 H에게 해 주었던 이야기는 H의 장단점, 학생의 본분, 삶의 태도, 사회생활의 기본, 부모에 대한 사랑 등등의 이야기였던 것 같다. 나는 벌써 다 잊었는데, H는 다 기억하고 있었다. 아니 나의 훈계에 무척 감동을 받았던 것 같다.

공부하기를 싫어했던 H의 성적으로 대학에 진학하는 것은 무리였다. 그는 대학 대신 조그마한 회사에 취직했다고 한다. 그리고 쥐꼬리만 한 월급이었지만 생애 첫 월급을 타고 보니 가장 속을 썩인 부모님과 내가 생각나더란다. 그래서 부모님과 나의 내의를 샀다는 것이다. 무척이나 가슴 조이며 찾아와서 이런 얘기를 꺼내 놓는 H의 모습은 무척 대견스럽고 자랑스러웠다.

H의 선물은 나에게 많은 깨달음을 가져다주었다. 모든 학생들에게 진심 어린 교사의 한마디 격려는 그들에게 큰 힘이 되고 양식이 되어 그들 인생의 삶에 커다란 변화를 가져올 수도 있다는 사실 말이다. 그

래서 교사는 공부 못하고 생활 태도가 조금 거칠다고 해서 포기해서는 안 된다. 그들에게 따뜻한 사랑의 거름을 뿌리면, 진실되고 사랑스러운 열매가 맺힌다는 사실을 H가 선물로 준 내의를 입을 때마다 되새김하고 있다.

그 후 H와는 몇 번의 전화 안부 이후 소식은 끊겼지만, 분명 오늘도 진실된 삶을 살아가고 있으리란 확신을 가지고 있다. 스승의 날인 오늘 3년 전 H의 모습이 다시 떠오른다.

(1992년 5월 15일)

수학능력시험 한 번만 실시하자

새로운 대학입시제도는 교육현장에 코페르니쿠스적 변화를 가져왔다. 독서 열풍이 그것이요, 각종 독서 행사에 학생들이 몰려들고 있음이 그것이다.

그중에서도 가장 커다란 변화는 교육현장에서의 수업 방식 변화가 아닐까 싶다. 교사 위주의 주입식, 단순 암기식 수업 방식이 학생 스스로 실험하고 토의하고 발표하는 탐구 수업으로 바뀌고 있다.

지난 8월에 실시된 1차 수학능력시험의 유형은 몇 가지 문제점에도 불구하고 바람직한 고교 교육의 정상화를 가져다주고 정착시키는 데 기여하였다. 그런데 새 입시제도가 고등학교 교육을 더욱 바람직한 방향으로 이끌려면 시행상 다음 몇 가지의 보완이 필요하다.

대학수학능력시험은 1회만 실시되어야 한다. 두 차례 실시의 경우 시험 난이도 조절의 어려움은 차치하고서라도 수험생의 시험 준비 부담이 너무 크기 때문이다. 수학능력시험의 점수를 현행 200점에서 300·500점으로 올려 변별력을 더 높여야 한다. 고육지책으로 0.8점, 1.2점의 문제를 내었지만 근본적인 문제 해결책은 아니라고 본다. 점수가 300·500점으로 높아지면 5점 정도이던 국, 영, 수 이외의 과목에도 더 많은 관심이 모아질 것이고, 그래야 교육 정상화가 가능하리라고 본다. 시험 기간이 문제라면 이틀 걸려서라도 보면 된다.

본고사를 폐지해야 한다. 수학능력시험의 배점이 좀 더 높아진다면 본고사를 치르는 대학이 요구하는 깊이 있는 본고사 유형의 문제를 많이 수용하여 시험을 일원화할 수 있을 것으로 생각한다. 실제로 올해의 경우 1차 수능시험 이후 한 반에 10여 명 미만의 학생들은 국, 영, 수 이외의 경우 따로 시간을 편성하는 절름발이 수업이 행해졌음을 지적해 두고 싶다. 1차 수능시험 이후 내신까지 준비해야 하는 재학생보다는 재수생이 훨씬 유리하다는 분석도 있다.

대학의 시험 날짜가 더 다양했으면 한다. 올해의 경우 어느 정도 폭은 넓어졌지만 대부분 대학의 담합으로 실력 있는 다수 학생들의 재수생 양산은 올해도 피할 수 없어 보인다.

(『한겨레신문』 1993년 11월 16일)

잊을 수 없는 한 통의 편지

"선생님, 선생님만큼은 저희들을 편애하지 않겠지요. 초등학교 시절 우리 선생님은 공부 잘하고, 예쁘고, 어머님이 자주 찾아오는 학생들만 예뻐했거든요. 제 어머님은 장사하시기 때문에 학교에 거의 나오시질 못해요. 그리고 가정 형편도 좋지 않고요. 그래서인지 저희 선생님은 절 예뻐해 주시지 않았답니다. 저희들은 선생님이 편애하는 것이 제일 싫어요. 선생님, 선생님만큼은 제발 똑같이 사랑해 주세요. 네, 선생님."

1983년 가을, 군대를 갓 제대하고 요즘 소설(『태백산맥』)로 유명해진 벌교의 B여중에 첫 부임한 후 담임에게 하고 싶은 이야기를 써내게 했더니 놀랍게도 위 편지와 비슷한 내용이 60명 중 40여 명이나 되었다.

교직 첫출발이라 학생들이 무엇을 원하고 있고 애로사항이 무엇인가 확인해 보고 싶었는데, 놀랍게도 그들의 대답은 단지 편애하지 말아 달라는 그 부탁 하나뿐이었다.

한창 순수하고 해맑게 자라야 할 초등학교 시절 편애가 얼마나 큰 부담과 아픔으로 다가왔으면 모두가 소리 내어 "편애하지 말아 주세요"였을까? 퍼렇게 멍들어 버린 우리 교육의 한 단면을 보는 것 같아 무척 당황스럽고 부끄러웠다.

교사로부터 소외당한 학생들이 얼마나 심한 우울감과 패배감에 휩싸이는지, 그러한 우울감과 패배감이 그들의 올바른 성격 형성에 또 얼마나 큰 장애요인이 되어 버리는지, 그래서 교사의 편애야말로 학생들에게 저지를 수 있는 가장 큰 죄악이라는 사실도 그때 깨닫게 되었다. 첫 교직 출발점에서의 이 사건은 이후 교직에 몸담는 한 절대 편애만은 않겠다는 나 자신과의 다짐의 계기가 되기도 했다.

10여 년의 세월이 지났다. 모든 학생에게 똑같은 관심과 사랑을 쏟아보겠다던 나 자신의 각오는 묽어져만 갔고, 10여 년 전의 그 일이 자못 충격이 컸기에 각오도 그만큼 다졌었지만 나 또한 학생들에게 너무도 많은 죄를 저지르고 말았다.

요즈음은 "학생 교사 편애 안 하기"라는 우스꽝스러운 역설의 농담을 주고받곤 한다. 변해 가는 요즘 세태의 반영이 아닐까 싶다. 그러나 교사의 학생 편애는 여전히 죄악임에 틀림없다.

나에게 깊은 충격과 깨달음을 가져다준 편지 한 통을 오늘 새삼 다시 떠올림은 대학 입시만을 위해 매달리는 교육현장의 엄청난 파행성을 보아 오면서 어떻게 학생들을 대할 것인가에 대한 새로운 각오를 다시 한 번 해야 될 시점은 아닐까 생각하기 때문이다. 나의 각오이면서 교직에 종사하는 우리 모두의 새로운 각오였으면 한다

(『평화신문』 1993년 12월 10일)

참 멋진 격려, 아이스크림 50개

3학년에 올라온 지도 두 달이 다 되어 간다. 두 달도 안 돼 벌써 아이들의 결의는 묽어져만 가고, 힘에 겨워하는 학생들을 볼 때마다 조금은 안쓰럽다. 오늘 아침 자율학습 시간에도 몇 명의 학생들이 엎드려 자고 있다. 늘 그렇지만 오늘도 차마 깨울 엄두가 나질 않는다. 12시가 훨씬 넘어서야 잠을 청하고 6시가 채 되지 않은 시간에 등교 버스를 타야 하는 이유에서만은 아니다. 장관이 바뀔 때마다 춤추는 교육제도의 희생양인 것 같아 더욱 측은해 보이기 때문이다. 그럼에도 힘들어하는 애들을 다독거리고, 격려하고, 용기를 북돋아 주는 한편 때로는 호통으로 입시전쟁의 싸움터로 내몰곤 한다.

53명을 책임진 난 오늘도 무척 고민스럽다. 어떻게 하면 지친 저 아이들에게 힘과 용기를 주지? 노래를 부르게 할까? 시원한 아이스크림을 사 줄까? 그래서 스트레스를 풀고 잠을 쫓아 주면 좋으련만. 날마다 나의 고민은 늘 이런 것들이다. 가끔씩 반가도 부르게 하고 개인이 나와서 독창도 부르게 하고, 아이스크림도 사 먹고, 그리고 우스운 이야기도 하고, 이제 실컷 웃었으니깐 다시 시작해야지, 그렇게 나의 매서운 회초리가 그들을 또다시 싸움터로 내몬다. 나의 격려 방법에 익숙한 요즈음은 종례시간이면 으레 먼저 웃기려 든다. 그래서 모두는 또 한바탕 크게 웃는다.

며칠 전에는 작년에 졸업한 제자 14명이 무더기로 진학실을 찾아왔다. "이놈들 너희들 찾아온 속셈이 다른 데 있구나!" 호통을 쳤지만, 그들의 방문은 무척 반가웠다. "선생님 후배들에게 전해 주십시오. 저희들의 정성입니다." 하고는 아이스크림 50개를 내밀었다. "고맙다. 너희들 작년 고생하고 졸던 생각이 났던 모양이구나." 아이스크림 50개에 난 감동이 되고, 우리 반 아이들은 와! 함성을 터뜨린다. "내년에 후배들에게 이자 붙여 갚아야 할 역사적 빚이야." 역사 선생님다운 한마디에 "내년엔 남학생 담임하세요"라는 한 녀석의 너스레에 모두는 또 웃고, 그래서 오늘은 참 멋진 격려가 되었다.

14명의 커진 입 때문에 막걸리 값이 내 호주머니를 몽땅 털어 갔지만 오늘 따라 막걸리 맛이 유별났다. 며칠 전 제자들의 아이스크림은 무척이나 힘들어하던 우리 반 아이들의 스트레스를 시원하게 날려 버린 여름날의 한줄기 소나기였다.

(『평화신문』1994년 1월 8일)

가정방문의 추억

새 학기가 시작되고 새로운 반 학생들을 만나 새 인연을 맺게 되면 제일 먼저 그 아이들에 대한 신상 파악이 이루어지고 가정방문을 가게 된다. 가정방문을 통해 그 학생의 성장 과정이나 가정 분위기를 파악할 수 있고 학생의 지도에 많은 도움을 주기 때문이다. 그럼에도 불구하고 이맘때쯤이면 가정방문의 실시 여부로 매번 홍역을 치르곤 한다.

올해의 경우도 예외는 아니었다. 교장 선생님께서 먼저 우려의 말씀을 하셨고, 꼭 필요한 학생만 하라는 당부가 덧붙여졌다. 학부모들이 너무 큰 부담을 갖는다는 것이 그 이유였다. 부담 없이 만나 진지하게 아이들의 장래를 논할 수 없게 된 오늘의 사회 현실이 교직에 종사하는 나의 마음을 무겁게 만들었다. 그래서 올해에는 자취하는 학생, 그리고 꼭 필요한 몇 학생만 다녀왔다. 우리 반 모두의 환경을 보고 싶었는데 많은 아쉬움이 남았다. 그러나 나에게 잊히지 않는 소중한 가정방문의 경험이 있다.

10여 년 전 두 번째 발령지에서의 가정방문이 그것이다. 나의 두 번째 발령지는 서해 바닷가에 위치한 조그마한 어촌 학교였다. 자전거를 빌려 타고 이 마을 저 마을을 찾아다녔다. 그리고 너무도 깜짝 놀랐다. 학교에 다녀오자마자 책가방을 팽개치고 갯벌에 나가는 학생, 조그마한 배를 저어 그물을 걷어 올려야 하는 학생, 부모님은 돈 벌러 도시에 나가고 할머니와 단둘이 살고 있는 학생, 2시간 넘게 걸어서 학교에 등교하는 학생, 너무도 열악한 환경 속에 놓여 있는 그들의 모습은 나에게 커다란 충격이었다.

그런 열악한 환경 속에서도 자식만은 자신들의 모습을 닮게 할 수 없다고 그 두툼한 두 손으로 내 손을 꼭 붙잡고는 "선생님, 저는 아무것도 모릅니다. 선생님만 믿습니다. 잘 지도해 주십시오"라고 부탁하는 것이었다. "소주 한잔하십시다. 계란 하나 드십시오. 이건 제가 뜯어 말린 김입니다." 하시면서 손수 자전거 뒤에 실어 주시던 그 눈물겹도록 정겹고 코 찡하도록 무언가 와닿았던 그때의 모습을 지금도 난 잊지 못하고 있다. 그리고 그들의 지도에 얼마나 큰 도움이 되었는지 모른다. 그 열악한 환경 속에서 자라나는 그들에게 조금이라도 희망과 도움을 주자고 다짐하고 또 다짐했던 것도 그 가정방문의 결과였다.

그때도 행정 당국은 가정방문 금지 공문을 내려보냈다. 촌지 때문이었다. 일부 대도시에 한해야 하는 공문이 바닷가 어촌 학교까지 내려온 것이다. 그때 또 얼마나 흥분했는지 모른다. 농어촌은 오히려 꼭 실시하라는 공문을 내려보내야 한다면서 일률적인 교육행정을 비판했던 기억도 새롭다.

그리고 광주로 전근, 매년 이맘때쯤이면 가정방문 문제로 해마다 고민에 빠지곤 한다. 언제쯤 이런 고민이 없어질까? 언제쯤 학부모와 교사가 부담 없이 만나 학생의 장래에 대해 보다 진솔한 이야기를 나눌 수 있을까?

(『평화신문』 1994년 2월 10일)

막 쪄 낸 찐빵

지난 5월 15일은 '스승의 날'이었다. 해마다 이날만 되면 왠지 부끄럽고 쑥스러워 안절부절이다. 애들 인생의 진로에 별 도움을 주지 못한, 스승이라기보다는 지식의 전달자로 안주하는 선생은 아닌지 자괴감이 밀려오기도 한다. 아무튼 스승의 날만 오면 난 그냥 부끄럽고 왠지 죄송스럽기까지 한다.

그런 부끄러움 중에도 염치없이 교사가 된 행복함을 맛보곤 한다. 예쁘게 포장된 정성 가득한 선물 꾸러미 속에 쓰인 선생님 사랑이 듬뿍 담긴 글 등⋯⋯. 난 그들의 사랑 가득한 메모를 볼 때마다 그들에 대한 애정이 깊어지고 마음이 합해짐을 느낀다. 그리고 침울함도 순간 사라지고 만다.

감동이란 어마어마한 사건 뒤에라야 맛보는 그 어떤 것인 줄로만 알았다. 그러나 그게 아니었다. 진심이 실린 내용이라면 한 줄의 글로도 상대방을 감동시킬 수 있다는 사실을 알았기 때문이다. "말 한마디로 천 냥 빚을 갚는다"는 말은 그래서 맞는 말임에 틀림없다. 그렇다. 이젠 나도 애들을 감동시킬 수 있을 것 같다. 수업 시간 거창한 외침보다 평소 따스함으로 다가서서 해 주는 애정 어린 격려 한마디, 메모 한 장으로 말이다.

지난 스승의 날 평소 속마음을 터놓고 지내던 C라는 학생으로부터 막 쪄 낸 찐빵처럼 구수하고 따끈따끈한 선생님이 되어 달라는 예쁜 메모 한 장이 들어 있는 책 한 권을 선물로 받았다. C는 독실한 크리스천이었는데 나에게 내색은 안 했지만 은근히 내가 크리스천이 되었으면 하고 바라는 눈치였다. 이번의 선물은 술꾼 광고업자인 이만재(李萬才)라 는 분이 하나님을 믿는 과정을 매우 재미있는 필치로 써 낸 『막 쪄 낸 찐빵』이라는 책이었다.

비크리스천인 나였지만 진실이 담긴 C의 메모를 보는 순간 감동 비 슷한 어떤 느낌을 받았고, 그래서 그 책을 읽지 않을 수 없었다. 그리고 책을 읽은 소감을 써서 보내 주었다. "한마디로 경이로웠다. 이만재 그 사람 정말 그렇게 변할 수 있을까? 반신반의다. 사실이라면 아무튼 놀 라운 변화다. 그 좋아하던 소주를 콜라가 대신할 수 있을 정도였다니. 교인들에게서 받은 가장 아름다운 인상, 그것은 그들의 삶이 정성스럽 다는 점, 가식이 없다는 점, 그리고 순진하고 그리고 무엇보다도 남을 이해하고 배려한다는 점이다. 윤형주 집사의 삶은 그 노래만큼이나 감 동적이었다. 선생님도 마음의 문을 열면 막 쪄 낸 찐빵처럼 각별할 수 있다고. 글쎄다. 아직은 두렵다. 그리고 잘 모르겠어. 어휴 진땀 난다. 이 럴 땐 하나님이 대신 진땀은 안 흘려 주시나."

그러고선 다음의 글을 덧붙여 C에게 보내 주었다. "선물 고맙다. 책 속의 등장인물은 정말로 아름다운 삶을 살아가는 천사들이었다. 언젠 가 그분의 뜻이라면 때가 오겠지. 가끔씩 우연히 마주친 너의 통통하지 만 어여쁜 얼굴은 나에게도 힘이 된단다. 시험 힘들었지. 건강이 허락하 는 한도 안에서 최선을 다하렴."

그로부터 며칠 후 만난 C는 내 소감을 받아 보고 무척이나 기뻤단다. 그리고 선생님의 감동 비슷한 진한 사랑도 느낄 수 있었단다. 그렇다. 지 난 스승의 날, 난 서로를 감동시키는 건 값비싼 선물이 아닌 진실이 담 긴 서로의 관심과 사랑이라는 걸 몸소 체험할 수 있었다. 스승과 제자

사이의 이러한 교감은 서로를 따뜻하게 살찌우는 "막 쪄 낸 찐빵" 같은 것이 아닐까?

내년 스승의 날엔 부끄러움이 좀 더 줄었으면 좋겠다. "막 쪄 낸 찐빵" 같은 훈훈함을 좀 더 많은 학생과 나눠 보는 일 년이 되었으면 좋겠다.

(『평화신문』 1994년 3월 6일)

이맘때쯤이면 언제나

　수없이 나부끼던 대학가 합격 현수막, 재학생들의 힘찬 격려의 함성도 끝이 나고 신문에 수석 합격자들의 명단이 실리고 합격자들이 환호하는 사진이 실리는 이맘때쯤이면 언제나처럼, 난 심한 허탈감과 깊은 죄의식에 빠져들곤 한다. 올해로 진학지도를 담당한 지 10여 년. 해마다 느꼈던 아픔이지만 올해는 유독 심한 홍역을 앓는 것 같다.

　"여보세요, 누구 학생 집이죠? 어떻게 되었나요?"라는 나의 전화에 풀 죽은 상대방의 낙방 소식이 전해질 때마다 얼마나 곤혹스러웠는지 모른다. 그리고 어떤 위로와 격려를 해 주어야 할지 지금도 당혹스럽다. 가장 고통스럽고 힘들어할 학생과 그 학부모에게 그 어떤 위로도 그들의 마음을 어루만져 줄 수 없을 것이기에 더욱 그렇다.

　텅 빈 고3 교실. "부모님의 기대를 결코 저버릴 수 없다"는 지극히 한국적인 표어를 내걸고 치열한 경쟁을 벌였던 교실에 들어와 보니, 지난 일 년이 주마등처럼 지나간다. "올 일 년은 대학 합격을 위해 모든 것을 유보해야 합니다"라던 나의 첫 폭언(?)으로부터 시작된 우리의 대입 싸움은 하루의 휴식도 용납하지 않는 처절함 바로 그것이었다. 6시 등교 11시 하교. 보충 수업, 심화 수업, 교육방송 시청, 10여 차례가 넘는 각종 고사, 일요일도 없는 강행군, 자신의 생일파티마저도 유보해야 했던 지난 1년을 고3 아이들은 용케도 잘 참아 주고 따라와 주었다. 오직 하나의 목표였던 대학 합격을 위해서였다. 그러나 그들 전화 속에서 들려온 음성은 풀 죽은 낙방 소식이었다. 합격의 순간만을 위해 모든 것을 포기한 채 참아 왔는데, 합격의 일념으로 그 힘든 일 년을 버티었는데, 난 그 아이들을 볼 면목이 없다.

진학실 밖 베란다에서 내려다본 삼각산의 나무들은 앙상한 가지만을 드러내 놓고 있다. 며칠 전 내렸던 잔설이 녹고 나면 더욱 쓸쓸해 보일 것 같다. 대입에 실패한 우리 아이들 모습 같아 더욱 안쓰러워 보였다. 그러나 앙상한 가지 속에 숨겨진 희망의 싹을 간직하도록 진심 어린 위로를 보내고 싶다. 지금은 힘이 들지만 희망을 버리지 않는 한 그 희망은 싹을 틔어 합격의 기쁨을 꼭 가져다줄 것이라는 희망 말이다.

언제까지 우리의 입시는 이런 모습이어야 할지, 따뜻한 인간성을 공유하는 진실된 교육은 언제쯤 가능할지……. 내년이 지나면 또 입시제도가 바뀐다고 하고, 인간성 교육을 강조하면서 고교 입시 부활을 통한 경쟁을 부채질하는 우리네 교육은 언제쯤 제 모습을 찾을 것인지, 해마다 이맘때쯤이면 찾아오는 진학 교사들의 가슴앓이는 언제쯤 끝날 것인지, 교육은 백년지대계라는데……. 답답하기 그지없다.

다시 한 번 실패한 모든 수험생에게 희망의 싹을 키워 갈 것을 진심으로 부탁드리고 싶다.

(『광주일보』 1995년 1월 25일)

졸업식장의 장미 51송이

요즘 졸업식장 풍경은 예전과는 사뭇 다르다. 경제력의 향상, 교육 기회의 확대 등으로 대부분 상급 학교로 진학할 수 있기 때문에 서럽게 공부했던 그리고도 대부분 상급 학교로 진학할 수 없어서 마지막 졸업식장이 될 수밖에 없었던, 눈물겹던 졸업식장은 더 이상 찾아보기 어렵다.

송사를 읽고 답사를 읽어 내려가도 누구 하나 눈물을 흘리지 않는 게 요즘 졸업식장의 모습이다. 팽팽한 아픔의 긴장감보다는 후련하고 홀가분한 즐거운 축제의 장이라고나 할까. 그래도 졸업식 날이 가까워지면 담임은 다소 설레고 긴장이 된다. 졸업장을 나누어 주면서 '어떤 이야기를 해 주어야 하나.' 하는 문제는 나만의 고민은 아닐 성싶다.

올해는 졸업하는 제자들과 하나의 추억을 만들어 보고 싶었다. 모두가 가슴속에 진하게 안고 살아갈 수 있는 추억, 결국 언젠가는 숨어 버리고 말겠지만 그러나 가슴속에 깊이 남아 고3 졸업식을 생각하면서 빙그레 웃을 수 있는 그런 추억이기를 바라면서 난 51송이의 장미를 안고 교실에 들어섰다.

"와! 선생님 누구에게 선물 받으셨어요?" "아니야, 너희들에게 한 송이씩 나눠 줄 행운의 꽃이야. 이 꽃을 받으면 항상 행운이 찾아오거든." 학생들은 또 '와!' 환호성을 질렀다. "그래, 오늘 이 모습을 우리들의 영원한 추억으로 만들자. 어찌 보면 인생이란 추억 만들기의 연속이거든. 실장, 선생님이 너희들에게 졸업장과 꽃을 나눠 주는 장면을 전부 한

명 한 명 사진을 찍어라. 그리고 20년 후 우리 다시 만나자. 그때 선생님
이 너희에게 오늘 찍은 사진들을 나눠 줄게." 학생들은 다시 '와!' 하고
소리를 질렀다.

23일 졸업식장에서 함께 찍었던 사진 51장을 찾아왔다. 헤어진 지 며
칠이 지나지 않았는데 벌써 그놈들이 보고 싶어진다. 선생과 제자 사이
의 정이 그런가 보다. 텅 빈 우리 반의 교실을 지날 때마다 허전함이 밀
려오곤 한다.

그러나 그 허전함의 자리엔 20년 후에 멋진 놈들이 되어 만나자는
약속과 졸업식장의 아름다운 추억이 그 허전함의 빈자리를 채워 줄 것
이다.

새 학년 새 학생들과의 만남으로 지난 졸업생들과의 추억은 내 마음
깊은 곳으로 묻히겠지만, 아무튼 20년 후에 사진을 나눠 가질 수 있는
멋진 놈들을 생각하니 교직을 선택하고 걸어왔던 지난날들이 마냥 행
복하기만 했다.

(『전남일보』 1997년 3월 1일)

김주희를 위한 변명

추천자인 저는 피추천인의 고등학교 3학년 때 담임입니다. 1997년 때 3학년이었으므로 벌써 9년 가까이 됩니다. 9년 전 피추천인은 가정적으로 매우 어려운 고3을 보냈습니다. 술주정뱅이였던 아버지의 외도와 구타는 아버지를 증오하게 만들었고, 그리고 피추천인이 집을 뛰쳐나가 30여 일의 장기 결석을 한 동기가 되었습니다. 추천자인 저와 많은 이야기를 나누었고, 고3 졸업 이후에도 일 년에 한두 번 만남을 지속했던 것도 이러한 환경과 관련이 있었습니다.

피추천인은 담양군 무정면에서 1시간이 넘는 거리를 두 번의 버스를 타고 통학하는 성실한 학생이었습니다. 늘 통학하느라 힘들었지만 주번 활동이 있는 날이면 무척이나 빨리 등교했던 기억도 새롭습니다. 그러나 아버지와의 갈등이 깊어지고, 30여 일의 장기 결석 이후 사회의 반항아가 되어 있었습니다. 보건전문대에 진학했지만, 적응하지 못하고 휴학했다는 소식을 접하기도 했습니다. 그러나 피추천인에게 변화를 가져온 사건은 2000년 부친의 사망이었습니다. 부친의 사망 이후 피추천인은 삶에 진실해져 갔고, 스포츠센터 등에서 닥치는 대로 일을 하면서, 자신처럼 방황하는 청소년을 위한 경찰이 되겠다는 결심을 하게 됩니다. 고졸 학력, 더군다나 고등학교 성적이 형편없었던 피추천인에게 3년여의 준비 기간은 너무도 힘들었고, 몇 번이나 포기의 유혹에 시달리기도 했습니다. 수십 대 일의 경쟁을 뚫고 합격한 1차 시험은 피추천인이 지금까지 살아오면서 맛본 최초의 인생 승리였습니다.

그리고 감격이었습니다.

추천자는 고등학교에서 20년 넘게 교편을 잡고 있는 교사입니다. 참으로 많은 제자들을 보지만, 어려운 가정환경, 부친과의 갈등 속에서도 꿈을 잃지 않고 어려움을 극복한 피추천인과 같은 경우는 많지 않습니다. 피추천인이 가진 자산은 아무것도 없습니다. 과거의 반항적 기질은 결코 그의 아름다운 자산은 될 수 없습니다. 그러나 피추천인의 변화의 모습은 여러 사람을 감동시키고 자라나는 청소년들의 반면교사가 될 것이라고 확신합니다.

피추천인에게 그 꿈을 펼칠 기회를 준다면, 참으로 힘들게 버티었던 한 인간의, 인간 승리가 될 것입니다. 30여 일 장기 결석자도 아름다운 경찰이 될 수 있다는, 그래서 모두에게 꿈을 주는 사회가 되었으면 합니다. 피추천인은 경찰이 되어야 합니다. 간절한 그의 소망이 인간 승리가 꿈이 아닌 현실로 이루어지길 간절히 기원해 봅니다.

(2005년 4월 20일)

꿈은 이루어진다

　작년 여름, 나는 유럽에 다녀온 적이 있다. 이탈리아의 수도 로마에서 이천 년 전에 세운 콜로세움을 보고 깜짝 놀랐었다. 우리나라에서는 고인돌이 만들어지고 있던 그 무렵, 로마에서는 5만이 넘는 사람들이 들어갈 수 있는 대형 경기장이 만들어졌던 것이다. 그뿐인가? 1860년대 런던에 지하철이 만들어지던 그 시절, 서울에는 사람들이 들고 다니던 '가마'가 있을 뿐이었다.

　그런데 지금 한국산 자동차들이 런던, 파리, 프랑크푸르트를 질주하고 있다. 백여 년 남짓한 문명의 차이를 극복하고 세계 문명의 중심지 유럽에 한국에서 만든 자동차가 당당하게 달리고 있는 것이다. 또 런던에서 가장 유명한 전자제품 전시장에 삼성 제품이 일본의 소니 회사 제품을 밀어내고 그 자리를 차지하였고, 한국산 휴대폰은 인기 상품이 되어 있었다. 이천 년 전 유럽에서 콜로세움을 만들고 있던 그 시절 고인돌을 만들던 한민족의 힘이 지금 유럽으로 뻗어 가고 있었다. 그것은 내게 말로 표현할 수 없는 진한 감동과 감격으로 다가왔다.

　작년 가을에는 문부성 초청으로 일본을 다녀왔다. 내가 가 본 몇 군데의 학교는 어느 곳에도 교실에 컴퓨터 시설이 되어 있질 않았다. 학교의 시설은 우리보다 훨씬 뛰어났지만, 21세기 최첨단 시설만은 우리보다 뒤져 있었다. 내가 민박했던 삿포로시의 한 고등학교 선생님 집에서도 인터넷은 전화선이었다. 일본 문부성의 관리는 향후 5년간 수백억을 투자하여 전 교실에 컴퓨터를 보급할 계획이라고 설명했다. 한국을 따라잡는 것이 목표라는 말도 덧붙였다. 최근 한 연구 기관은 2010년 한국의 1인당 GNP가 일본과 같아진다는 보고서를 발표하기도 했다.

문명은 한곳에 머무르기를 거부하고, 늘 거대한 흐름이 되어 이동하면서 새로운 진보를 창조해 낸다. 기원전, 한때는 이집트가 세계를 지배한 적이 있었다. 그 후 아테네, 스파르타에 이어 로마의 영광, 그리고 네덜란드, 포르투갈, 에스파냐, 영국 등이 세계 문명을 지배했었다. 지금 세계 문명의 중심은 미국이다. 그러나 세계의 미래학자들은 21세기 중반 세계 문명의 축이 동북아로 이동할 거라고 예측하고 있다.

올 여름, 나는 역사교사들과 함께 고구려의 옛 수도 집안을 다녀왔다. 이번 고구려문화유산 답사는 내 일생 가장 감동적인 답사였다. 단순히 고구려를 만났다는 사실 때문만은 아니었다. 잊고 살아왔던 고구려의 힘을 다시 찾아낼 수 있었기 때문이었고, 21세기 세계 문명의 중심지가 될 광활한 만주 벌판에서 한국의 뻗어 가는 힘, 그 힘을 느낄 수 있었기 때문이었다. 만주의 중심지 심양, 그 심양의 최대 번화가인 서탑 거리를 한국인이 장악하고 있었다. 그것은 한민족의 희망이었다.

1988년 올림픽이 한국이 지구상에 존재하고 있음을 보여 주는 사건이었다면, 2002 월드컵은 한국의 무한한 가능성을 전 세계인에게 선포한 선전포고였다. 세계는 무섭게 변해 가고 있다. 그 격동의 회오리를 두려워하지 말자. 격동의 회오리는 곧 여러분에게 희망이요 기회다. 유럽에서, 일본에서, 백두산 천지에서 나는 한민족의 희망을 보았다. 세계로 뻗어 가는 힘을 보았다. 용기 있는 자만이 21세기 세계 문명의 중심축에 설 수 있다. 광개토태왕의 부활을 꿈꿔 보자. 21세기 동북아가 세계의 중심이 될 때 당당하게 그 리더가 되는 꿈을, 희망을 심어 보자.

『오성독서마당』 제8호, 2002년)

일곡지구 지켜 내는 파수꾼 되길

산업혁명으로 인한 대중 소비 사회의 출현은 인간의 존엄성을 떨어뜨리고 물질 만능을 더욱 조장하는 공황 상태를 불러왔습니다. 그 결과 인간은 무엇을 위해, 어떻게 살아가는 것이 의미 있는 삶인지에 대한 질문도 잊어버린 채 살아가고 있습니다. 더불어 살아가는 따뜻한 인간들의 관계가 아닌, 다른 사람을 이기지 못하면 내 몫을 빼앗길지 모른다는 진흙탕 싸움 같은 사고방식이 슬프지만, 오늘 우리들의 현실입니다. 가장 순수하게 커 가야 할 학교현장도 이런 사회 모습을 닮아 가는 것 같아 안타깝습니다.

그러나 여전히 희망은 교육이어야 합니다. 그 희망이어야 할 교육은 더 이상 학교의 전유물은 아닙니다. 가정도, 교회도 사회단체도 함께해야 합니다. 특히 지난 100여 년 동안 한국 사회에서 가장 큰 조직으로 성장한 교회가 그 일정 부분 역할을 해야 한다고 생각합니다. 학교교육의 부족함을 교회가 보완해 준다면 잃어버렸던 의미 있는 삶의 모습도 되찾을 수 있을 것입니다.

일곡지구는 유해 업소 하나 없는 교육 청정 구역입니다. 일곡지구에 우뚝 솟은 일곡중앙교회, 앞으로도 교육 청정 구역 일곡지구를 지켜 내고 보호해 주는, 청소년들이 아름다운 세상을 만들어 갈 수 있도록 더 많은 청소년 프로그램을 운영하는 교회가 되길 바랍니다. 일곡중앙교회의 무궁한 발전을 기원합니다.

(2003년 5월 3일)

저는 조하영 학생의 담임입니다

저는 조하영 학생의 담임입니다. 3월, 입학식이 있은 후 가장 눈에 띈 학생이 하영이었습니다. 반에서 가장 키가 작았는데, 눈이 똘망똘망했기 때문이었지요. 한마디로 똑똑한 학생이었습니다. 한 학기를 지켜본 하영이의 가장 큰 장점은 명랑함과 예의 바름 그리고 아름다운 심성이었습니다. 언제나 하영이를 보면 예뻐서 미소가 절로 지어지는 그런 학생입니다. 그런 하영이가 꿈을 이루기 위한 열정을 품고 있다는 사실을 알아내는 데는 시간이 많이 걸리지 않았습니다.

그 열정이 어느 정도인지는 교내에서 치러진 9월 월중고사(국, 영, 수) 시험에서도 확인이 됩니다. 하영이가 본교에 입학할 때의 성적은 전체 37/382등이었는데, 이번 시험에서는 전체 11/382등을 차지하였습니다. 작지만 집념이 강한 학생임을 알 수 있었습니다.

하영이는 입학하자마자 진로를 결정한 것 같습니다. 그래서 선택한 동아리가 교내에서 가장 명성이 높은 'SF MAN'이라는 과학 동아리였습니다. 'SF MAN'은 교내 상설 동아리 중 가장 인기 높은, 많은 학생들이 들어가고 싶어 하는 동아리이지요. 금년에도 '2012년 전국 청소년 과학탐구대회(제30회)'에 참가하여 탐구 토론 부분 동상을 차지할 정도로 유명하지요.

하영이는 꿈이 있습니다. 성적이 하영이 정도 되는 학생들은 무턱대고 의사가 되겠다고 하는 경우가 많은데, 하영이는 화학공학과에 진학하여 연구원이 되는 것입니다. 꿈을 이루기 위해 여름방학을 이용하여 한국분자세포생물학회가 주관하는 '경암 바이오 유스 캠프'에 참가하기도 하였습니다. 그리고 교내 과학탐구발표대회에서는 '눈을 보호하기 위한 렌즈 관리법'을 주제로 한 탐구토론대회에서 2학년 선배들을 물리치고 은상을 차지하였습니다. 누구의 도움 없이 스스로 찾아서 참여하고, 스스로 공부해서 이뤄 낸 성과여서 담임으로서도 정말 흐뭇합니다.

하영이가 꼭 캠프에 참여해야 하는 이유는 하영이의 영어 능력 때문이기도 합니다. 저는 하영이의 영어 능력을 잘 알지 못하고 있었는데, 이번 8월 20일 개최된 교내 축제에서 학교 대표로 영어 연설문을 낭독하는 것을 보고 깜짝 놀랐습니다. 하영이가 읽은 연설문은 헬렌 켈러가 쓴 '내가 3일만 눈을 뜰 수 있다면'이었습니다. 영어로 진행되는 귀 캠프를 충분히 소화할 능력이 있는 학생이라고 확신합니다.

우리 반에서 가장 작은 하영이의 꿈이 꼭 이뤄지도록 도와주시기 바랍니다. 이번 캠프에 참가할 수 있다면, 하영이는 자신의 꿈을 이뤄 내는 데 큰 힘이 될 것입니다. 작지만 예의 바른 하영이에게 캠프에 참여할 수 있는 기회가 꼭 주어졌으면 합니다.

(2012년 9월 12일)

4.
젊은 교사를
슬프게 하는 것들

잡글

젊은 교사를 슬프게 하는 것들

누구든지 사람으로 태어난 우리들에게 지금 당장 죽을 수 있겠느냐는 우문(愚問)을 던진다면 아마 모두는 아무리 오늘의 삶 자체가 고통스럽고 힘들다 할지라도 주저할 것임에 틀림없다.

철학자들은 인간이란 아무리 고통스러운 삶이라 할지라도 죽을 때까지 살아야 하는 당위성의 존재라고 했다. 그렇다면 주어진 삶을 어떻게 살아야 할 것인가라는 명제에 대해 대답해야만 한다.

인간의 삶이란 각자 스스로의 취향에 따라서 여러 갈래의 삶의 태도가 있을 수 있다. 그 취향과 가치관에 따라 스스로에 맞는 직업을 선택하면서 살아간다. 그런데 그 직업의 선택이 결코 만만치 않다. 우리 교사의 대부분은 사범대학에 들어가면서 학생들과 함께 살아가야 하는 삶의 방향이 정해지고, 인생관도 가치관도 직업도 정해진다고 볼 수 있다. 사범대학에 들어가는 순간, 사범대학 출신인 교사들은 사회 통념에 의해 현실적인 가치의 기준이 되어 있는 정치 권력이나 경제력을 가질 수 없다는 걸 알게 된다. 따라서 오늘날 사회적 통념에서 본다면 교사들은 상대적인 열등감을 가질 수밖에 없다.

교사들을 슬프게 만드는 것은 사회 통념에 의해 형성된 가치가 비인간적이라는 것 때문이다. 더욱 심각한 문제는 물질 만능의 비인간적 가치가 다수 사람들을 지배하는 통념으로 굳어졌다는 사실이 아닐까 싶다. 이런 통념의 산물이 불과 수십 년 전 모든 젊은이의 동경의 대상이 되었던 교사를 보다 하위 직종으로 전락시켜 버렸다.

언젠가 신문에 직업 선호도 조사가 있었다. 여기서 교사의 선호도는 25직종 중 20위였다. 현 사회가 보는 통속적 의미에 의한 상대적 가치의 순위라고 생각된다. 이는 오늘의 교사에 대한 사회인의 의식 기저에 쌓인 현상의 반영일 것이다.

그런데 교직에 뛰어든 젊은 교사들 중 이러한 사회적 현실을 모르고 있었던 교사가 있겠는가? 그럼에도 불구하고 관료주의적 속성, 교직에 대한 사회적 관심과 경제력의 열등, 진급 기회의 협소 등이 처음 교직에 품었던 열정을 식어 버리게 하는 요인이 되고 있음 또한 부인할 수 없는 사실이다. 그러나 교사들은 냉정하게 스스로에게 질문을 던질 필요가 있다. 왜 나는 교사를 선택하였는가에 대한 질문이 그것이다.

그렇다면 교사의 삶이란 어떤 삶이어야 할까? 보다 의미 있는 삶이란 사회적 통념에 의해 형성된 삶이 아니라는 사실은 확실하다. 작게 보이지만 스스로 만족하는 삶, 초롱초롱한 눈망울에 비친 제자들의 깨끗한 눈동자를 응시하면서 불의와 거짓을 배격하는 삶, 학생과의 생활에서 항상 젊음을 공유하는 삶, 학생들에게 숨겨져 있는 무한의 가능성을 발견해 내어 사회의 동량이 되는 모습을 지켜보는 삶이라면 아름답고 의미 있는 삶이 아닐까? 교사의 삶이란 바로 이러한 인간의 절대적인 가치를 향유하는 데 가장 근접한 직업이라고 생각한다.

이제 우리 교사들은 스스로를 진하게 사랑할 줄 알아야 한다. 사회적 통념에 의해서 형성된 가치관이 분명 비인간적이라 한다면, 자라나는 다음 세대들에게는 분명 올바른 삶의 방향으로 인도해 주어야 할 뜨거운 사명감을 느끼면서 살아야 한다.

우리가 택한 직업에 확신을 갖고 스스로를 항상 채찍질하여 학생을 가르치는 자세를 뜨겁게 사랑할 때에만 진정 아름다운 삶을 살 수 있을 것이다. "교육의 질은 교사의 수준을 능가할 수 없다"라는 말은 분명 교사의 삶에 대한 태도의 중요성을 지적한 말일 것이다.

(『교육신보』 1984년 11월 12일)

한가위 유감

우리의 2대 명절이라 한다면 정월 초하루의 '설'과 8월 '한가위'가 아닐까 싶다. 정월 초하루의 설이 1년의 만사형통을 기원하는 시작의 의미가 있다면, 8월 한가위는 풍성한 수확을 하늘의 신(天神)이나 땅의 신(地神), 또는 조상님께 바치는 의식과 동시에 우리들이 하나의 공동 운명체임을 확인하는 축제라 하겠다.

8월 한가위 축제는 멀리 연맹왕국 시대에 행해진 부여의 영고, 고구려의 동맹, 동예의 무천에서 보듯 가을 수확에 대한 감사의 축제였다. 감사에서 시작된 한가위 축제는 빠뜨릴 수 없는 또 하나의 귀중한 의미를 지니고 있다. 즉 부여의 영고에서 볼 수 있는 것처럼 마을 사람들이 천신, 조상신께 제사 지낸 음식을 함께 나누면서 춤추고 노래 부르며 이웃과 더불어 살아간다는 공동체의 일원임을 확인하는 작업이 그것이다. 윷놀이, 연날리기, 그네타기, 널뛰기, 고싸움은 수천 년을 두고 함께 살아왔던 우리들을 공동체의 일원으로 확인시켜 주었던 놀이였다.

농경문화의 기반 위에 형성된 한가위 놀이는 도시화·산업화가 된 오늘 그 모습을 점차 잃어 가고 있다. 그러나 자신들이 속해 있는 공동체의 일원임을 확인하는 작업은 보다 치열하게 나타나고 있다.

고향을 등지고 삭막한 아스팔트 위에서 살아온 현대인들은 진한 소외감과 외로움을 간직한 채 살아가고 있다. 그 외로운 현대인들은 한가위라는 축제를 통해 내가 속한 구성체(가족, 친지, 친구)의 일원임을 확인받고 또 1년을 버틸 힘을 얻어 간다. 그래서 이맘때쯤이면 공동의 축제에 참여하기 위해 차 속에서 10시간, 15시간의 기다림도 견뎌 내는 것이다. 자신을 확인하기 위한 노력에 그 어떠한 대가를 치르더라도 불평 한마디 없이 말이다.

그런데 이런 축제도 오래가지 않을 것 같다. 모든 식구들이 모여 빚던 송편은 기계가 대신하고 있고, 정자나무 밑의 윷놀이나 마을 뒷산 소나무에 매달았던 그네, 마을 한복판의 널뛰기가 사라진 지 꽤 오래되었다. 그 정겹던 고향의 축제는 이제 바보상자인 TV가 대신하고 있질 않은가. 더군다나 우리 문화를 이어 갈 청소년의 모습 속에는 더 이상 한가위 축제가 존재하지 않는 것 같다.

문화란 시대에 따라 변하는 것이다. 농경문화의 기반 위에서 성립된 우리의 민속놀이는 산업화·도시화가 된 오늘 변화할 수도 있다. 그러나 수천 년 이상 존재해 오면서 우리 삶을 연결해 주었던 한가위 문화의 변화는, 변화가 아닌 붕괴로 보인다. 그래서 아쉽다.

우리의 원초적 삶의 고향은 진득한 흙내음이요, 뒷동산이요, 변질되지 않는 삶의 순박성이다. 우리들의 영원한 고향이 따뜻함과 순박성을 잃어버릴 때 우리는 더욱 진한 슬픔을 느낄 수밖에 없다. 우리들의 외로움을 달래 줄 최후의 안식처가, 우리들 고향인 흙의 따뜻함과 포근함이기 때문이다.

가장 따뜻하고 포근해야 될 우리들의 고향, 마치 아득한 어머님 젖가슴 같은 포근함으로 맞아 주어야 될 우리의 시골, 그 고향이 너무 황폐화되고 순박성을 잃어 가고 있기에, 올해도 한가위를 맞는 내 마음은 무겁기만 하다. 두둥실 떠올랐던 한가위 보름달의 모습이 오늘 따라 유달리 흐려 보인다.

(『흥사단 지부통신』 1988년 9월 30일)

나의 살던 고향, 덕림

내가 태어나서 죽을 때까지 잊을 수 없는 곳이 어디냐고 묻는다면, 나의 아버지, 할아버지가 살아왔고 내가 태어나서 어린 시절을 보낸 내 고향 '덕림(德林)'일 것이다. 내가 광주로 유학한 것이 초등학교 6학년 때 이니 지금으로부터 약 30여 년 전 고향을 떠난 셈이지만 가끔씩 찾곤 했기 때문에, 내 고향 덕림은 내겐 결코 낯설지 않다.

지금까지 난 덕림은 나의 출생지였다는 사실 정도의 막연한 생각만 가지고 있었다. 그러나 이번 재석 형의 마을지 편찬 소식을 접하고 원고 까지 부탁받고 보니 어린 시절 뛰놀았던 여러 곳이 아득한 추억과 그리 움으로 함께 존재하고 있음을 알 수 있었다.

내가 태어난 덕림, 그곳은 내 어린 시절 내 추억의 전부였다. 그 추억 의 감성이 오늘 내가 살아가는 힘의 원동력이고 그리움이다. 내 어린 시 절의 추억 중 가장 먼저 떠오르는 곳은 매살뫼다. 무덤 사이로 잘 자란 잔디하며, 늘씬한 소나무가 몇 그루 있어 어린 시절 놀이 장소로는 최적 의 공간이었다. 여름이면 나무에 올라 더위를 피하기도 했고, 친구들과 어울려 나이 따먹기 놀이도 했다. 가을이면 짚으로 꼬아 만든 새끼줄을 소나무에 설어 놓고 그네를 타기도 했다. 4계절 내내 매살뫼는 어린 코 흘리개들의 놀이터였던 셈이다.

또 매살뫼는 나에겐 또 하나의 감동적인 기다림의 장소이기도 했다. 모든 게 부족했던 그 시절, 추석은 우리 아이들에겐 엄청 행복한 날이 었다. 추석 옷, 신발 등 푸짐한 선물이 우리를 기다리고 있었기 때문이다. 추석 전날 동네 아이들은 매살뫼에 모여 송정리 장에 가신 어머니들이 지몰봉에 나타나기만을 애타게 기다리곤 했다. 멀리서 태수 아버님이 끌었던 우마차의 방울 소리가 들릴 때쯤이면, 우리 모두는 어머니를 부르며 달려가 자신들의 추석 선물을 확인하곤 했다. 휘영청 밝은 보름달 아래에서의 그 정겨운 모습은 내 영원한 추억일 수밖에 없다.

내 어릴 적 여름 최대의 놀이터는 뒷방죽이었다. 지금 보면 손바닥만 하던 그 방죽이 왜 그땐 그렇게도 큰 바다처럼 보였는지, 바지를 훌훌 벗어던진 알몸 차림으로 여기저기 풍덩 뛰어들었던 그 방죽은 지금 연꽃으로 가득 찬 채 내 추억을 보듬고 있다.

마을 앞을 흐르던 냇가도 훌륭한 놀이터였다. 그땐 보 밑까지 더듬어 올라가면 양동이에 꽤 많은 고기들이 잡히곤 했다. 족대로 붕어나 날치를 잡았지만, 잠수하여 두 손으로 더듬어 가물치나 잉어, 뱀장어를 잡았을 때의 그 환희가 지금도 눈에 선하다.

내 어릴 때의 겨울은 무척 매서웠던 것 같다. 유난히도 눈이 많이 내려 순포네 집 앞 공동 우물 옆은 연 날리는 장소였고, 기억이네 집 옆의 배추밭은 자치기 장소였다. 가끔씩 배추 끌텅을 낫으로 파 깎아 먹었던 기억이 아직도 새롭다.

매살뫼, 뒷방죽, 마을 앞 냇가, 순포네 집 앞 공동 우물가 등 30여 년이 지난 지금 그때 내 추억의 현장은 내가 뛰놀던 그대로의 모습은 아니었다. 함께 뛰놀던 친구들은 벌써 희끗희끗 40대를 훌쩍 넘겨 버렸다.

추억의 장소는 사라져 가고 모든 것이 변했지만, 30년 전 덕림에서 만들었던 나만의 추억은 내 가슴속에 영원한 따뜻함으로 남아 있을 것 같다. 그것은 아마도 고향 덕림에 대한 또 다른 그리움이 될 것이다.

(『덕림마을 유래지』 2000년 9월)

내가 만난 친구, 일본

일본에서의 15일은 꽤 긴 시간이었다. 그러나 지금 생각해 보니 너무 짧은 시간이었다.

일본의 교육 개혁과 근대화에 대한 강연, 도쿄박물관, 나라국립박물관, 도다이사, 호류사, 산쥬산겐도, 히로시마 평화공원, 홋카이도 돔구장, 홋카이도개척관, 개척마을, 교육청, 니시고등학교, 그리고 민박했던 요시미네 선생의 가족들이 주마등처럼 스치고 지나간다. 모미지만쥬, 오코노미야키, 삿포로 라면과 맥주, 아사쿠사의 모찌 맛도 벌써 그리워진다. 그중 가장 그리운 것은 내가 만난 따뜻한 마음을 지닌 일본인 친구들이었다.

도쿄에서 아침 식사 후 기내에서 점심을 먹고 저녁밥은 광주에서 먹었다. 일본은 우리 곁에 그렇게 가까이 있었다. 도쿄에서 서울까지 2시간밖에 걸리지 않았다. 광주에서 대전까지 승용차로 걸리는 시간의 거리에 일본이 있었다. 그러나 일본은 늘 우리에게서 멀리 있었다. 마음속이 아니라 늘 마음 밖에 있었다. 참으로 이상한 일이었다. 우리가 일본에서 본 교육의 문제점, 교육 개혁의 모습은 우리와 너무 닮아 있었다. 수백 년 수천 년, 서로 문화를 교류하면서 일본과 한국은 늘 가까이 살아가는 이웃이었다. 그러나 우리가 살아가는 오늘 일본은 가장 먼 나라였다.

'백문이 불여일견(百聞不如一見)'이라는 말이 있다. 일본에서의 15일간은 나에겐 참으로 귀중한, 너무도 많은 것을 깨닫게 해 준 시간들이었다. 내가 만난 일본인들은 누구도 군국주의적 역사관을 가지고 있질 않았다. 이웃 나라를 배려할 줄 아는 따뜻한 마음을 지니고 있었다. 금방 만나고 헤어지면 아쉬워서 눈물을 흘리는 따뜻한 사람, 건전한 상식을 지닌 다정다감한 친구일 뿐이었다.

이념의 시대에서 문화의 시대로 바뀌고 있는 지금 유럽은 이미 하나의 나라가 되었다. 중국은 화교 문화권으로 뭉쳐 미국에 맞서고 있다. 가장 가까운 나라 일본과 한국은 이제 가깝고도 가까운 나라여야 한다.

21세기는 문화를 중심으로 한 지식정보화 시대다. 과거 문화 전파의 우월 의식에 더 이상 사로잡혀서도, 근대사의 아픔 속에 분노만 해서도 안 된다. 과거 문화의 우월 의식도, 근대사의 아픔도 거시적 안목에서 가슴속에 묻어 두어야 한다. 서로를 용서해 주어야 한다. 물론 진솔한 사죄가 우선되어야 하지만. 그리고 친구가 되어야 한다. 정말 상대방을 배려할 줄 아는 멋진 친구가 되어야 한다. 그것만이 교육의 힘만으로, 창의성 하나만으로 살아가야 하는 한국과 일본의 미래라고 생각한다. 이번 일본 시찰은 나에게 그 가능성을 확인시켜 주었다.

우주에서 본 지구는 국경이 없다고 한다. 내가 만난 일본에는 오직 서로를 배려할 줄 아는 친구만이 있었다. 나리타 공항을 이륙하면서 난 나의 친구 일본과 정말 아쉬운 이별을 하고 있었다.

(『한국국제교류재단』 9권 4호, 2001년 11월)

지역 대학 박물관의 바람직한 역할

1.

지난해(2001년) 봄이었던 걸로 기억된다. 우연히 인터넷을 통해 조선대학교 박물관에서 남도 구석기 문화 특별전이 개최된다는 소식을 접하게 되었다. 평소 남도의 문화유산에 관심이 많은 나는 같은 학교에 근무하는 C선생님과 함께 조선대 박물관을 찾게 되었다. 조선대 박물관과의 첫 만남은 이렇게 이루어졌다. 비록 넓은 전시 공간은 아니었지만 지난 수년간 조선대 박물관에서 남도의 곳곳을 누비며 찾아낸 선사 시대 유물들이 정성스레 전시되어 있었다. 알고 보니 이 유물들은 구석기 시대를 전공하셨던 이기길 교수의 피와 땀이 거둔 결실이었다. 선사 고고학의 태두이신 손보기 교수의 특강도 덤으로 얻어들을 수 있었다. 그리고 몇 주가 지난 후 빛고을역사교사모임 10여 명이 다시 조선대 박물관을 찾게 되었다. 나 혼자만 보기에는 너무 아까웠기 때문이다. 다시 만난 이 교수는 2시간이 넘도록 남도의 선사 문화에 대한 열강을 해 주셨다. 그리고 또 몇 주가 지난 후 먼저 당신이 발굴하신 순천 월평 유적과 죽내리 유적에 우리 역사교사들을 초빙하여 정말 유익하고 도움이 되는 설명을 해 주셨다.

그리고 올 초 조선대 박물관에서 발굴한 죽내리와 월평 유적이 드디어 중학교 역사 교과서에 실리게 되었다는 기쁜 소식을 접할 수 있었다. 정말 기뻤다. 우리가 살아가는 이 땅 남도가 먼 옛날 구석기 시대부터 사람들의 삶의 보금자리였음을 확인받는 순간이었기 때문이다. 남도의 중심에 자리 잡은 조선대 박물관이 열악한 여러 조건들을 극복하고 열정 하나만으로 이루어 낸 그 성과물들이 우리 역사를 바로잡고, 남도인들에게 커다란 자긍심을 심어 주고 있었다. 열정적인 연구, 그리고 그 연구 성과물들을 남도인들과 함께 나누어 갖는 실천성이 지역 대학 박물관이 나아가야 할 올바른 방향이 아닐까?

2.

한번 인연을 맺으면 인연이 연이어 이어지는 법인가 보다. 지난해 4월부터 시작하여 11월까지 진행된 조선대 박물관의 역사문화 인물기행은 지역 박물관이 나아가야 할 방향을 제시해 준 하나의 커다란 사건이었다. 이전의 답사가 이미 알려진 문화유산 중심의 답사였다면, 역사문화 인물기행은 남도 땅에 살았던, 남도와 인연을 맺었던 인물을 찾아 나서는 답사였다. 흔적보다는 정신을 찾아 나서는 답사라고나 할까? 정신을 찾아 나서기란 결코 쉽지 않은 작업이었다. 흔적 없는 주제는 자못 지루해질 수 있고 주제와 달리 흘러갈 수도 있기 때문이다. 그러나 주제에 맞는 전문가들의 현장 특강, 또 남도를 정말로 사랑해 주셨던 각 지역의 향토사가들의 열강, 대학 박물관의 빈틈없는 자료집 발간과 준비, 그리고 무엇보다도 이 답사가 성공할 수 있었던 것은 이종범 조선대 박물관장의 발로 뛰는 열정과 두 대의 답사차를 꽉 채워 준 남도민들의 열렬한 참여였다고 생각된다.

남도 역사문화 인물기행은 이 공간을 이미 살아왔던 선배들이 어떤 환경에서 어떤 모습으로 살았는지를 가장 치열하게 보여 주었다. 남아 있는 흔적이 아닌 느낌으로. 그리고 그 느낌은 때론 감동으로 되살아 나오기도 했고 분노로 내 몸을 떨게 만들기도 했다. 때론 어떻게 사는 것이 의미 있는 삶인지 고민하게 했고, 오늘 우리가 해야 할 몫이 무엇인지 하나의 지침이 되기도 했다. 이러한 의미 있는 기행에 개인적인 사정으로 세 번밖에 참여할 수 없었으니 아쉬움이 남는 것은 당연한 일이다.

두 대의 답사차를 가득 메운 비교적 어려운 인물 중심의 역사문화 인물기행이 성공적으로 끝날 수 있었던 것은 지역 박물관이 나아갈 방향과도 관련이 있어 보인다. 지금까지 박물관은 일반 민중들과 동떨어진 채 연구 활동에만 치우쳐 있었는데, 지난 수년 전부터 박물관은 연구 활동물을 지역민들과 더불어 나눠 갖는 작업을 전개하고 있다. 국립 광주박물관이나 전남대 박물관, 시립민속박물관에서 개최된 강좌나 답사가 그 예가 될 수 있다. 하지만 이들 박물관의 활동이 보다 정적인 활동이었다면, 조선대 박물관의 역사문화 인물기행은 보다 동적인 활동이 아니었나 싶다. 특히 인물 답사는 역사의 중심이 이 공간을 살아왔던 사람들이 남긴 유물 유적의 흔적보다는, 그 사람들의 삶의 태도와 철학이었음을 일깨워 주는 선구적인 대중 작업이었다. 그리고 많은 지역민들이 참여했고, 감동했고, 격분했다. 과거 이 공간을 살아왔던 인물들과 오늘 함께 살아갈 수 있음을 보여 주는 기행이기도 했다.

문화유산에 대한 답사는 박물관뿐만 아니라 여러 관련 단체에서도 실시하고 있다. 그러나 지역 박물관이 담당해야 할 몫이 분명 있어 보인다. 그것은 우리 지역에 대한 보다 차원 높은 학술활동과 정리 그리고 그러한 유산들을 모두가 함께 나눠 갖는 동적 활동이 아닐까 싶다. 여러 관련 단체의 문화유산 답사가 곧장 부딪히는 것이 바로 심도 있는 학술활동의 한계성에 있었다. 그런 점에서 대학 박물관은 우위에 있다. 그 우위에 있는 장점을 계속 살려 내어 지역민과 함께하는 노력, 그것이 바로 지역의 대학 박물관이 해야 할 몫이 아닐까. 그런 의미에서 더욱 적극적으로 추진되었던 조선대 박물관의 남도 역사문화 인물기행은 큰 의미가 있다고 생각된다.

3.

내가 소속되어 있는 빛고을역사교사모임에서는 이번 여름방학에 광주광역시교육청과 함께 중요한 역사교사 연수 프로그램을 계획하고 있다. '남도 역사 어떻게 가르칠까?'라는 주제로 남도의 역사와 문화를 개관하고 광주를 포함하는 남도의 문화유산을 직접 확인해 본 후 어떻게 학생들에게 남도의 역사와 정신을 심어 줄 것인가를 고민하는 연수 프로그램이다.

빛고을역사교사모임은 지난 수년간 남도의 이곳저곳을 답사하면서 나름대로 정리를 한다고는 했지만, 아직 미흡하기 그지없다. 대학 박물관과 같은 전문 연구 단체의 도움이 있다면 이번 연수의 내용이 보다 충실해질 수 있을 것이다. 인연을 맺은 이기길 교수께 상의했더니 기꺼이 도와주시겠다는 낭보를 보내 주셨다. 조선대 박물관에서 발굴 조사한 순천 죽내리와 월평 유적지가 포함된 남도의 선사 시대에 대한 답사 일정을 짜 주시고 기꺼이 동참해서 설명까지 해 주시겠단다. 아마 이번 연수는 대성공일 것 같은 예감이 든다. 조선대 박물관이 뒤에 짝 버텨 주고 있으니깐. 지역사회의 대학 박물관은 이처럼 이 지역의 역사교사들이 기댈 수 있는 물적 기반이 되어 줘야 한다.

아무튼 조선대학교 박물관 10주년 개관을 진심으로 축하한다. 우연히 맺은 인연이 이런 글을 쓰는 데까지 이어질 줄은 꿈에도 생각을 못 했는데, 많은 도움을 받은 입장에서 이 글이라도 쓰면서 고마움을 표할 수 있게 된 것을 다행으로 생각한다. 남도의 역사와 문화를 보다 심층적으로 연구하고 그 연구 성과물을 지역민과 함께 나눠 갖고 도움을 주는 박물관이 되길 기대한다.

(『조선대학교 박물관 10년사』, 2002년)

신규 교사 여러분 환영합니다

안녕하십니까. 만나 뵙게 되어 반갑습니다. 광주시의 교육가족이 된 것을 환영하는 말씀을 먼저 드리고 싶습니다. 신규 교사 여러분 환영합니다. 잘 오셨습니다.

오늘 여러분을 만나 뵈니 20여 년 전의 제 모습이 떠오릅니다. 아이들을 만난다는 설렘으로 가슴이 떨렸던 기억이 새롭습니다. 그러나 그보다는 내가 과연 아이들을 잘 가르칠 수 있을지, 아이들에게 정말 필요한 교사가 될 수 있을지가 더 걱정되었던 기억도 생각납니다. 군 제대 후 열정 하나만 믿고 덤벼들었던 신규 시절은 시행착오의 연속이었습니다. 교단에 서기 전에 철저히 준비했더라면 시행착오를 최소화할 수 있었을 텐데라는 아쉬움이 늘 남아 있습니다. 신규 교사님들의 아이들과의 첫 만남은 어떠했는지 궁금합니다.

신규 교사 여러분! 오늘 여러분을 모시고 선배 교사와 함께하는 자리를 마련한 것은, 지난 수년간 시행착오를 거치면서 쌓아 온 선배 교사들의 노하우를 함께 나눠 갖고 싶어서입니다. 대학에 막 들어가자마자 2~3학년 선배들과의 가슴 떨렸던 만남이 이 순간 생각납니다. 대학 생활의 노하우를 밤새워 들려주시던 어떤 선배는 지금 내 가슴에 버팀목으로 남아 있습니다. 오늘 저녁 평생 가슴에 담고 갈 멋진 선배를 만나 보십시오. 오늘 여기 참석해 주신 선배 교사들은 광주에서 가장 능력 있는 분들이라고 감히 말씀드릴 수 있습니다.

신규 교사 여러분! 영국의 시인 워즈워스는 〈무지개〉라는 시에서 '어린이는 어른의 아버지'라고 했습니다. 어린이의 순수성과 정직성이 기성 세대의 본보기가 될 수 있다는 이야기겠지요. 오늘 여러분의 순수성과 정직성 그리고 여러분만이 가지고 있는 열정과 젊음은 미래 광주 교육을 이끌어 나갈 귀중한 자산이 될 것입니다. 오늘 선배들과의 멋진 만남이 여러분의 교직 생활에 큰 보탬이 되기를 바랍니다. 선배 교사 여러분! 신규 후배 교사와의 만남이 새로운 활력이 되기를 바랍니다.

교육감님을 비롯한 교육청 관계자님, 총론의 귀중한 말씀을 전해 주기 위해 천리를 마다 않고 달려와 주신 도재원 거창고등학교 교장 선생님, 각 교과별로 후배 교사들에게 생생한 현장의 목소리를 전달해 주실 선배 교사님 그리고 오늘 참석해 주신 모든 분들께 이 자리를 빌려 다시 한 번 감사의 말씀을 전합니다. 모두 오랫동안 잊히지 않는 멋진 만남의 장이 되기를 기원하며 제 인사말을 마무리하고자 합니다. 감사합니다.

(2003년 3월)

섬진강 시인과의 행복한 만남

'광주 책 읽는 일곡지구 어머니 모임'에서는 지난 2일 섬진강 문학기행을 다녀왔다. 국제고등학교 독서 어머니 모임을 중심으로 72명이 참가하였고, 교육과학연구원의 최도순 연구사도 함께 참여해 주셨다.

이번 문학기행의 주제는 섬진강이었다. 섬진강 시인을 만나러 떠나는 2일은 너무도 청명했다. 그 전날 비로 마음고생하던 차에 청명한 날씨는 더없는 선물이었다. 김용택 시인을 만나기 전 먼저 들렀던 곳은 최명희 작가가 혼신의 노력으로 완성한 『혼불』의 주 무대였던 남원 노봉 마을이었다. 마을에 도착하기 전 소설의 첫 무대가 되었던 서도역(書道驛)을 찾았다. 지금의 서도역은 바로 옆 500미터 옆으로 옮겨져 있었지만, 당시의 모습 그대로 역사(驛舍)와 철도가 남아 있었다. 문학작품 속의 유물을 그대로 보존하는 것도 커다란 문화 자원이라는 생각이 들었다.

서도역 가까이에 노봉 마을이 있었다. 노적봉 봉우리에 둘러싸인 노봉 마을의 모습은 너무도 아름다웠다. 마을회관 앞마당에서 먼저 신명나는 판소리판이 벌어졌다. 사물놀이, 가야금 독주, 판소리 춘향가 그리고 함께 배워 본 진도아리랑, 한 시간이 너무도 빨리 지나갔다. 참여한 몇 분의 회원들은 무대에 직접 나가 열창하기도 했다. 혼불의 무대에서 우리 가락을 함께했던 한 시간은 너무도 멋들어진 즐거운 시간이었다.

혼불의 중심 무대였던 종가댁은 마을 제일 위에 있었다. 솟을대문, 안채와 사랑채, 곳간의 모습이 종갓집의 위엄을 보여 주었다. 마당에서 멀리 바라다보이는 안산은 마치 여자의 유두(乳頭)처럼 봉곳하게 부풀어 올라 있었다. 누가 보아도 편안한 모습이었다.

혼불은 일제 강점기인 1930~1940년대 전라북도 남원의 한 유서 깊은 가문 '매안 이씨' 문중에서 무너져 가는 종가(宗家)를 지키는 종부(宗婦) 3대와, 이씨 문중의 땅을 부치며 살아가는 상민 마을 '거멍굴' 사람들의 삶을 그린 소설이다. 남원시에서 문화해설사로 근무하시는 박경임 해설사의 혼불에 대한 애정은 우리 기행팀 모두에게 큰 감동으로 다가왔다.

다음은 김용택 시인을 만날 차례다. 다시 버스를 타고 임실을 지나 갈담으로 향했다. 강이 있고 푸르름으로 가득 찬 임실은 어디를 보아도 아름다움 그 자체였다. 꽃이 만발하는 4월의 모습도 아름답겠지만 녹음과 함께하는 기행도 그 맛이 쏠쏠했다. 아침 일찍 출발했던 때문일까. 2호차에서 '점심을 언제 먹을 거냐'는 성화가 빗발쳤다. 섬진강가에 위치한 '강가에'라는 식당에서 매기매운탕으로 점심을 먹었다. 우리가 먹었던 음식이 바로 임실군 향토 음식 경연대회에서 1등 한 음식이었다. 모두가 맛있다고 한마디씩 거들었다.

식사 후 우리나라 최초로 만들어진 섬진강 다목적 댐을 둘러보고 곧바로 덕치초등학교를 찾았다. 오늘의 주인공 김용택 시인이 근무하는 곳이 바로 덕치초등학교였기 때문이다. 학교에서 바라다본 섬진강과 산록의 푸름은 너무 아름다웠다. 마침 김용택 시인은 소풍을 다녀오는 길이었다. 덕치초등학교는 시인의 모교였고, 시인이 20년 넘게 근무한 학교였다. 첫 근무하던 30여 년 전에는 700명도 넘었다던 학생 수는 이젠 38명만이 다니고 있었다.

작달막한 모습에 헐렁한 옷차림, 시인과의 첫 만남은 시인의 친필 사인부터 시작되었다. 그리고 특강이 이어졌다. "왜 나는 글을 쓰는가? 왜 나는 섬진강을 노래하는가? 섬진강은 어떤 강인가?", "우리나라에서 가장 수줍은 강, 여성스러운 강, 그 섬진강과 섬진강 사람들을 노래하는 것은 행복한 삶을 더불어 살아가기 위해서입니다." 시인이 우리에게 내던진 질문이자 결론이었다.

행복했던 문학기행이었다. 혼불 마을에서 끈질긴 한국인의 삶의 역사와 정신이 와닿았다면, 섬진강 시인과의 만남은 잃어버리고 살아왔던 올바른 삶의 방향을 다시 한 번 생각하게 하는 계기가 되었기 때문이다.

6시가 다 될 무렵, 우린 다시 출발했던 원래의 장소로 되돌아왔다. 가슴속에 담고 왔던 아름다움과 행복은 오랫동안 지속될 것 같다. 헤어짐의 흡족한 표정, 다음에 갈 때도 꼭 연락해 달라는 모 초등학교 회원의 당부도 그 증거였다.

거듭 행복한 시간을 만들어 준 시 교육청의 배려에 감사를 드린다.

(2003년 5월 3일)

행복한 만남이었습니다

어느 날 문득 30년이 지나 있었습니다. 앞만 보고 살아왔던 나에게 그 30년은 내 머릿속에 존재하지 않았던 기간이었습니다. 그러나 27일, 난 그 기나긴 30년을 보았습니다. 송정현 교수님은 정년을 하셨고, 30대 전후에 오셨던 교수님들은 이제 50대 중반을 훌쩍 넘기고 계셨습니다. 선배님들의 모습도 많이 변했습니다. 30년 후배는 가족에서 보면 아들딸들이었습니다. 그 아들딸들이 성인이 되어 꾸며 준 무대 모습에서 나와 선배들은 30년 전의 자신의 모습을 생각했을 것입니다.

그런데 30년 동안 변하지 않은 것도 있었습니다. 과에 대한 뜨거운 열정과 사랑과 서로에 대한 따뜻함이었습니다. 오랜만에 만나 잡은 손은 좀처럼 떨어지지 않았습니다. 서로의 안부를 묻고 서로의 추억을 되살리면서 서로의 따뜻함을 확인하고 있었습니다.

이번 행사의 주된 힘은 이러한 믿음과 사랑에서 우러나온 열정이었습니다. 이영문 회장님을 비롯한 박병섭, 김남철, 정종재, 신봉수, 윤덕훈, 그리고 계승과 혁신의 주인공인 재학생들의 열정이 없었다면 그런 멋진 만남, 행복한 만남은 없었을 것입니다. 그러나 그것은 열정만으로 이루어지지는 않았다고 생각합니다. 다수 동문들의 적극적인 참여가 있었기 때문에 행복한 만남이 가능했다고 생각합니다. 정용택, 박안수, 김정모…… 많은 동문들이 인천에서 경기에서 내려오셨습니다. 직접 참여하지는 못했지만 1,500만 원이 넘는 후원금이 답지했다고 합니다. 정말 멋진 집단입니다.

500페이지가 넘는『국사교육』5집 발간은 정말 감동적이었습니다. 책 한 권 만들어 낸다는 것이 얼마나 어려운지는 모두가 잘 알 것입니다. '국사교육과 30년사'는 이제 50년사·100년사의 밑바탕이 될 것입니다. 역사를 공부하는 우리들에게 이번 30년사는 너무도 큰 의미가 있어 보입니다. 너무도 짧은 시간에 이루어져 아쉬운 부분이 없진 않지만, 우리의 힘으로 우리의 역사를 정리했다는 것은 정말 의미 있는 작업이었다고 생각합니다. 박병섭, 김남철, 정종재, 신봉수 동문 정말 고생하셨습니다. 그리고 기꺼이 원고를 써 주셨던 모든 동문들이 있어 모두는 행복했습니다. 소수의 창조자가 앞에서 올바른 방향을 제시하고 다수의 보통 사람들이 자발적으로 열정을 가지고 참여할 때 역사는 발전한다는 것을 이번 행사는 보여 주었다고 생각합니다.

행사를 지켜보면서 내내 흐뭇했습니다. 우리 동문들의 능력이 얼마나 뛰어난지 열심히 살아야겠다는 생각을 다시 한 것도 큰 소득이었습니다. 학술, 교육, 지역사, 민주화 운동 등 어떤 분야에서도 우리 동문들의 활동은 자랑스러웠습니다. 어떤 위치에서든 우리 동문들은 최선을 다하고 있었습니다. 후배들은 어찌 그리 노래도 잘 부르고 춤도 잘 추는지, 그리고 사회 보는 솜씨는 또 얼마나 뛰어난지……

송정현 교수님의 회고사를 들으면서 참 많이 웃었습니다. 지금 우리들은 웃고 넘어갔지만, 당시 교수님은 엄청난 고통이었을 것입니다. 그러나 그 고통이 있었기에 그리고 그 고통을 극복해 낼 수 있었기에, 오늘 우리는 행복한 만남을 할 수 있었고 즐겁게 웃을 수도 있었다고 생각합니다.

이제 그 행복한 만남을 뒤로하고 다시 현장으로 돌아갑니다. 아마 모두들 큰 힘을 얻고 가지 않았을까 싶습니다. 추석 뒤의 상경처럼 말입니다. 이제 40주년, 아니면 50주년 행사 때 또 만나겠지요. 또 행복한 만남을 위해, 살아 숨 쉬는 역사교육을 위해 현장에서 열심히 살아 봅시다. 30주년의 감동을 주체하지 못하고 한마디 감상을 써 봅니다. 모든 동문 여러분 건강하십시오. 거듭 헌신적으로 준비해 주신 박병섭, 김남철, 정종재, 신봉수, 윤덕훈 동문 그리고 재학생 여러분에게 고마움을 전합니다.

(2003년 12월)

행복했던 작가와의 만남, 따뜻했던 교감

1.

'소비자'였던 관객을 전시 기획과 작품 제작에 '생산자'로 참여시키는 새로운 시도, 그것이 이번 9월 10일 막을 올릴 '2004 광주비엔날레'가 비엔날레 사상 처음 시도하는 참여관객제다. 관객을 작품의 생산자로 참여시키는 실험은 전문 예술인 입장에서는 거부감을 가질 수도 있어 보인다. 그럼에도 불구하고 참여관객이 작품의 제작 과정에 참여하도록 한 이번 결정은 문화 소비자의 참여 없는, 관객과 소통하지 못하는 예술 작품은 결코 사랑받을 수 없음을 단적으로 말해 준다.

미술, 특히 현대 미술 분야에 전혀 문외한이었던 내가 참여관객이 되었다는 비엔날레 측 연락은 나를 무척 당황하게 만들었다. 그리고 며칠 후 광주광역시교육청에서 광주를 대표해서 비엔날레 참여관객으로 추천했으니 열심히 참여해 달라는 연락을 받게 되었다. 비엔날레가 개최되는 도시 광주에서 역사를 가르치는 내가 참여관객이 된 것은 참여관객의 다양한 직업군 중에서 교사도 필요했기 때문은 아니었을까 싶다. 당시는 몹시 망설였지만, 지금 생각해 보면 대단한 행운이 아닐 수 없다. 주최 도시인 광주의 참여관객은 주하연(중앙초등 6학년) 양과 나 둘뿐이다. 그래서인지 더욱더 책임감이 앞선다.

2.

난 미술 작품을 포함해서 예술이란 아름답고 감동적이어야 한다고 생각한다. 그리고 그 아름다움과 감동에 작가의 메시지가 더해진다면 금상첨화이겠다. 그 아름다움과 감동, 그리고 메시지가 우리들의 삶을 살찌우고 영혼을 맑게 해 주고 좀 더 아름다운 세상을 만들어 가는 것이 아닐까? 그런 의미에서 예술은 우리 사회를 변화시킬 수 있는 매개체다. 내가 좋아하는 아름답고 감동적이었던 작품으로는 비너스(루브르 박물관), 피에타(성베드로 대성당), 백제관음상(호류사), 윤두서의 자화상 등이 떠오른다. 특히 윤두서의 자화상은 내게 가장 깊은 인상을 남긴 작품이다.

2004년 1월 12일부터 13일까지 29개국 40여 명의 '참여관객 워크숍'이 광주 프라도 호텔에서 열렸다. 교수, 작가, 환경운동가, 노동자, 종교인, 학생, 교육자 등 다양한 직종의 보통 사람들이 나눈 예술과 삶, 나의 미의식, 참여관객의 실천 방법, 내가 생각하는 광주비엔날레까지 다양한 주제를 놓고 정말 진지한 토론을 벌였다. 내 옆자리는 평소 존경하던 시인 고은 선생이었다. 고은 선생과 함께하는 자리에서 나의 예술관에 대한 이야기를 나누었다는 사실 자체만으로도 황홀했다.

'참여관객 워크숍'이 끝나고 나서부터 나의 파트너에 대한 관심만큼 비엔날레에 대한 관심도 커져 갔다. 만나는 사람에게마다 '먼지 한 톨 물 한 방울'을 주제로 한 2004 광주 비엔날레의 전령사가 되었고, 비엔날레 관련 자료들을 스크랩해 갔다. 그것은 관심이었고 책임감이었고, 또 주최 도시의 참여관객으로서 무언가를 해내야 한다는 의무감이기도 했다.

3.

5월 21일. 드디어 작가를 만났다. 몇 차례에 걸친 전화 통화, 그리고 인터넷상으로 본 그의 그림. 나는 이미 나의 파트너 김승영 작가를 만나고 있었다. 인터넷 상으로 만난 그의 몇 작품은 나를 감동시켰다. 난, 설치미술은 늘 어렵고 난해하다고 생각했다. 그래서 만나면 가장 먼저 이해하기 쉬우면서 무언가 메시지가 강하게 담긴 작품을 요청해 볼 생각이었다. 그러나 몇 작품을 대하면서 설치미술도 정말 아름다울 수 있다는 생각을 갖게 되었다.

우리 두 사람의 이야기는 10시가 될 때까지 계속되었다. 서로에 대한 소개, 서로의 예술관·관객관, 참여관객제에 대한 입장, 참여관객과의 의사소통 문제 등. 김 작가는 나에게 자신의 작품을 본 소감을 물었다. "작품의 구상 자체가 신비롭고 놀라웠다. 설치미술도 충분히 아름답고 감동을 줄 수 있겠다는 생각이 들었다. 또한 선생님의 설치미술이 회화나 조각 작품보다도 더 강렬한 메시지를 전달하는 장르라는 사실도 알게 되었다. 그리고 작품에 주로 사용된 방, 문, 물 등의 소재로 인간의 정체성과 존재 이유 등을 표현한 작품들은 내가 생각하는 역사의식과도 닿아 있다. 조금 이해하기 어려운 작품들도 있었지만 정말 감동적이었다." 나의 대답은 준비되고 연구된 대답이 아닌 보고 느낀 관객의 한 사람으로서의 답변이었다.

몇 잔의 술이 더 오고 간 후 김 작가는, "이번 작품은 '먼지', '물', '먼지+물' 전 가운데 물 전시관에 전시될 예정이다. 노 선생은 참여관객의 입장에서 어떤 작품이 만들어지길 원하느냐"라고 물었다. "남도의 끈질긴 정의로움의 투쟁이 주는 희망의 메시지를 전하는 작품이 되었으면 한다. 더 구체적으로 말한다면 5·18광주항쟁의 정신을 밑바탕에 깔고, 물 한 방울이 가진 속성인 화합과 상생, 새 생명에의 탄생, 즉 희망을 표현하면 어떨까. 그리고 그 희망의 소재에 무지개가 사용되었으면 좋겠다. 참여관객의 요구 사항이 제한된 공간에 전부 반영되어 작품화된다는 것은 사실 어려울 수 있다. 그렇지만 이번 작품에 남도의 끈질긴 의로운 투쟁의 모습이 물의 이미지를 이용한 새로운 희망의 메시지로 표현"되었으면 하는 바람을 전달했다.

4.

작가와의 만남은 다음 날에도 계속되었다. 5월 22일 오후 2시. 2시간이 넘게 작가는 열정적으로 준비된 작품을 보여 주었다. 그리고 지우고 또 그리고, 그 속에서 자신의 정체성을 확인해 본 '기억의 방' 작품은 작가의 열정이 녹아난 대단한 작품이었다. 이 작품은 작가가 얼마나 어렵게 작품을 구상하고 만드는지를 너무도 극명하게 보여 주었다. 순간 '참여관객은 작가와의 협력 과정을 통해 작가들의 창작 과정이 얼마나 어려운지 알게 될 것이고, 작가는 그동안 간과해 왔던 관객이 얼마나 복잡하고 까다로운 존재인지 알게 될 것이다'는 이용우 총감독의 워크숍 때의 말이 떠올랐다. 김 작가는 복잡하고 까다로운 존재로 나를 인식하지 못했겠지만(?) 난 김 작가가 얼마나 어렵고 힘들게 창작해 내는지를 '기억의 방', 'Picnic On The Ocean' 등을 통해 알 수 있었다.

작가와 헤어지면서 나눈 이야기로 이 글을 마무리하고 싶다.

김승영 : 먼저 노 선생을 만난 것 자체가 나에게 큰 도움이 된 것 같다. 노 선생이 생각하신 남도의 역사의식을 바탕으로, 물을 이용한 작품을 구상하고 싶다. 어제도 이야기했지만 설치미술은 몇 가지의 소재를 가지고 전체 모두를 표현해 내는 데는 한계가 있을 수밖에 없다. 그래도 노 선생이 강조한 감동을 주는 작품에는 자신이 있다. 그리고 좋은 작

품은 여러 해석이 가능한 작품이라고 생각한다. 내가 만든 예술적 작품이 역사적 관점에서도 해석되는 그런 작품을 만들어 보겠다. 향후 만들어지는 과정에서 메일이나 전화 또는 작업장 방문을 통해 의사소통이 계속되었으면 한다. 너무나 소중한 시간들이었다.

노성태 : 대한민국 최고의 설치미술가에게 두 시간이나 단독 특강을 받게 되어 영광스럽다. 내 일생에서 김 작가를 만난 것 자체가 중대한 삶의 터닝포인트가 될 것 같다. 두 시간 동안 보았던 김 작가의 작품들은 대부분 인간의 정체성, 인간의 존재 등을 묻는 역사적이고 철학적인 주제들을 다룬 작품이 많았다. '기억의 방'이 특히 그러했다. 'Picnic On The Ocean'처럼 새로운 방향성을 제시하는 작품도 있었지만, 작품을 감상하면서 나의 생각과 작가의 생각이 일치되는 부분이 많다는 생각이 들었다.

김 작가의 '다양한 해석이 가능한 작품이야말로 훌륭한 작품이다'라는 말에 전적으로 동감한다. 김 작가의 작품에 나의 생각이 어떻게 표현되어 나타날지 기대가 크다. 남도인의 끈질긴 삶의 관점에서 다양하게 해석될 수 있는 그런 작품이 만들어지길 기대해 본다. 거듭 참여관객제를 만들고 초청해 준 비엔날레팀에게 감사를 드린다.

(『2004 Gwangju Biennale』, 2004년)

신영일, 당신이 너무도 그립습니다

신형,

오랜만입니다. 77년도에 만났으니 벌써 30년이 넘었습니다. 지금 이 순간, 깡마른 체구에 시커먼 당신의 얼굴이 떠오릅니다. 1년 재수한 당신과의 첫 만남은 조금 서먹하기도 했습니다만, 하얀 이를 드러내 웃음 짓던, 천진난만한, 순수한 새내기였던 당신의 모습은 결코 잊을 수가 없습니다. 교사로 살아가겠다던 꿈을 꾸던 그 시절, 신형의 모습은 가장 행복하고 아름다운 모습이었습니다.

그런데 신형,

난 그 이후 교사를 꿈꾸던 천진난만한 당신의 모습을 더 이상 보지 못한 것 같습니다. 우리 과 홍승기, 김두진 교수님이 서명한 교육지표 사건이 터지고, 그리고 신형과 문승훈 형이 그 앞장에 서고, 우린 중앙 도서관에 모였다가 도서관 앞 분수대에 끌려 나왔던 78년도 첫 집회가 아마도 당신의 운명을 결정지은 출발은 아니었는가 싶습니다. 우린 두려움에 질려 있었는데도 신형, 당신은 어디서 그런 배짱과 용기가 생겨났는지요.

대학 3학년 때던 79년 10·26사건이 터진 이후 난 당신의 얼굴을 강의실에서 자주 볼 수 없었지요. 80년 5·18이 일어나고, 그리고 그 이후 쭉 당신은 광주를 붙잡고 괴로워했었지요. 광주항쟁 이후 신형, 당신의 삶은 우리를 숙연하게 만들었습니다. 감옥에서의 단식 투쟁, 87년 6월 항쟁의 한복판에 당신은, 당신이 사랑했던 조국의 민주주의를 위해 기꺼이 한 몸을 던지셨습니다.

신형, 미안하고 죄송합니다. 모두가 짊어지고 가야 할 그 무거운 민주의 십자가를, 당신은 우릴 대신해서 혼자 짊어지셨습니다. 대학 졸업 후과 친구들은 모두 교단에 섰지만, 당신은 당신의 꿈을 접고 누구도 흉내 낼 수 없는 형극의 길을 가셨습니다. 당신을 잊고 산 지 몇 년이 지나 당신의 부음 소식을 바람이 전해 주었습니다.

그리고 또 20년이 지났습니다. 가끔씩 들렀던 5·18묘역에서 난 당신을 다시 만날 수 있었습니다. 그런데 신형, 당신을 만났는데도, 난 당신께 아무 말도 못하고 당신 곁을 떠나곤 했습니다. 살아남은 자의 죄송스러움, 그리고 당신께 진 빚을 갚지 못하고 살아가는 부끄러움 때문이었지요.

그런데 신형,

난 당신이 떠난 지 20년이 되는 오늘, 이제 당신에게 당당해지려 합니다. 왜냐하면 당신은 이제 역사의 승리자가 되었고, 이제 당신은 우리들의 자긍심이 되었기 때문입니다. 이젠 당신이 승리자입니다.

신형, 장성 황룡촌에 동학농민군전승탑이 높게 서 있는 것 아시지요. 그 옆에는 농민군 진압의 선봉장이었던 이학승의 순절비도 함께 서 있지요. 농민군이 폭도였던 시절에는, 이학승 순절비만이 개선장군처럼 딱 버티고 서 있었지요. 그런데 농민군이 역사적인 평가를 받게 되면서, 그 후손들이 이학승 순절비를 땅속에 묻어 버렸지요.

그런데 신형, 그 농민군의 후손들이, 농민군이 역사적 승리자가 된 후다시 땅속에 묻힌 이학승 순절비를 농민군 승전탑 옆에 일으켜 세워 주었지요. 화해하고 용서해 준 거지요. 역사의 승리자가 된 농민들이 말입니다. 신형, 그 모습이 괜찮아 보이더군요. 슬펐지만 아름답더군요.

신형, 이젠 당신이 승리자입니다. 전두환만 빼고, 아니 광주 5적도 안 되겠지요. 그들만 빼고 당신을 힘들게 했던, 광주를 힘들게 했던 그들을 용서해 주었으면 합니다. 힘들고 슬펐던 당신은 이젠 웃을 수 있지만, 그들은 이젠 당신께 용서를 구하고 있잖습니까.

내가 아는 신형, 당신은 참으로 여린 가슴을 가진, 너무도 마음씨 따뜻한 샘님이었습니다. 이젠 그들을 용서하고 훌훌 털어 버리세요.

신형, 당신이 간 지 20년. 오늘에야 당신과 함께 대학 생활을 시작했던 몇몇 친구들이, 선배, 후배들이 당신을 찾아왔습니다. 30년 만에 불러 보는 당신이 너무도 그립습니다. 이젠 부담 없이 당신을 자주 만나고 싶습니다. 그리고 당신을 결코 잊지 않겠습니다. 당신을 자랑스러운 친구로, 동문으로, 선배로, 후배로 가슴에 간직하겠습니다.

신형, 당신이 정말 그립습니다. 부디 영면하십시오.

(『전남 e조은 뉴스』 2008년 5월 15일)

집중이수제, 폐지해야 한다

특정 과목을 일정 기간에 몰아서 수업하는 '집중이수제'는 교육현장의 핫이슈다. 한 학기에 배우는 과목을 8개 과목으로 줄여 학습 부담을 줄이고 집중 수업으로 효율성을 높인다는 취지였지만, 취지와는 전혀 다른 방향으로 치닫고 있기 때문이다. 학습 부담은 줄어든 게 없고, 효율성은 높아지지 않았다.

실시 2년째의 집중이수제는 이제 폐지되어야 한다. 그 이유는 이렇다.

첫째, 예체능 과목의 집중이수는 감성 교육의 실종을 가져왔다. 음악, 미술 과목은 중학교의 경우 대부분 6학기(3년) 중 2학기(1년)에만 편성되어 있다. 3개 학년 중 2개 학년에 미술, 음악 과목이 사라진 셈이다. 이같은 예체능 배제 현상은 고등학교로 넘어오면 더욱 심각하다. 절반이 넘는 학교가 아예 한 학기(1/6)만 편성하고 있다. 음악, 미술이 한 학기만 배워야 하는 과목인가?

둘째, 학생들의 수업 부담은 여전하고 수업은 재미가 없다. '2009 개정 교육과정'의 최대 수혜 과목은 국·영·수다. 국·영·수 과목은 최대 20%까지 증하고, 비입시 과목은 20%까지 감하는 제도를 최대한 활용한 결과다. 보충 수업까지 합하면, 하루에 영·수 교사가 같은 교실에 두 번, 심지어는 세 번 들어가기도 한다. 수업 집중에 의한 너무 빠른 진도를 학생 다수는 따라가지 못하고, 그 결과는 사교육 의존으로 나타난다. 학습 부담의 감소도, 효율성도, 흥미도 없다.

셋째, 학생이 전학하면 미이수 과목이 속출하는 황당한 일이 일어난다. 1, 2학년에 도덕 수업이 없고 3학년에 편성된 학생이 전학을 갔는데, 전학 간 학교에는 1학년에 편성되어 있는 경우가 그렇다. 이 학생은 도덕 수업을 받을 기회가 사라지는 것이다. 학교마다 교육과정이 다르고 과목마다 진도가 다른 결과다.

넷째, 학교현장에서의 교사들의 수급 불균형이다. 한국사 교과를 1학년 1학기에 집중이수한다면, 그 교사는 2학기에 무엇을 가르쳐야 하는가? 공립의 경우 학교 간 상치가 가능하지만, 사립의 경우는 어찌할 것인가? 교육과정을 짜 놓고 온갖 불법 운영이 판치는 이유다.

최근 한국교육과정평가원은 집중이수제에서 체육, 음악, 미술 등 예체능 과목을 제외하는 것을 골자로 하는 교육과정 개정 시안을 발표했다. 개정 시안은 학기당 이수 교과목 수를 8개 이내로 편성하되, 체육과 예술(음악, 미술) 과목은 8개 교과목에서 제외하여 편성할 수 있도록 하겠다는 것이다. 또 개별 학교가 예체능 과목의 수업 시수를 줄일 수 없도록 했으며, 학교 스포츠 클럽 활동을 운영하고, 국어·사회·도덕 과목에 인성교육 내용을 강화하기로 했다. 교과부가 말도 많고 탈도 많았던 집중이수제의 실패를 자인한 셈이다.

그러나 개정 시안은 근본적인 해결책을 전혀 담아내지 못한 미봉책일 뿐이다. 교육현장은 상상을 초월하는 문제점들을 쏟아 내고 있다. 교과부는 두세 번의 짜고 치는 고스톱식의 공청회를 열고 국가의 대사인 교육과정을 만들어서는 안 된다. 교과부의 높은 양반들이 교육현장에서 교사, 학생들과 일주일만 함께 생활하며 소통해 보라. 오늘 대한민국 교육의 문제점이 무엇인지, 왜 '집중이수제'는 개정이 아닌 폐지되어야 할 산물인지를 알 수 있을 것이다.

(『전남일보』 2012년 6월 18일)

2012 피스·그린보트가 가져다준 선물

대단한 오션드림호

12월 2일, 비가 주섬주섬 내렸다. 우리 일행이 타고 갈 3.5만 톤급 크루즈 여객선인 오션드림호의 위용은 멀리서도 대단했다. 승선 인원 1,400여 명, 11층 높이, 야외 수영장과 헬스장, 사우나와 바(Bar), 공연장 시설 등을 갖춘 움직이는 호텔이었다.

오션드림호에는 일본의 NGO 단체인 '보트피플'과 한국의 '환경재단' 이 공동으로 기획한 인권, 평화, 반핵, 반원전 등을 주제로 한 기획 행사에 참가한 900여 명이 승선(일본 450명, 한국 450명)하고 있었다. 선상 프로그램의 운영 점검 및 광주광역시 청소년의 인문학 확대를 위한 교육 설계를 위해 나를 포함한 교육 관련 인사 20명도 합류했다.

19시, 일본 보트피플 대표와 한국의 최열 환경재단 대표가 막걸리 잔을 높이 들고 '동북아 평화를 위하여'를 외치며 러브 건배샷을 하자 '뿌우웅' 뱃고동 소리가 울렸다. 그리고 흘러나온 가수 싸이의 '강남 스타일'에 맞춰 모두 말춤을 췄다. 배에 승선한 한·일 승객은 벌써 하나가 되었다.

인문학 특강이 가져다준 신선한 행복

8박 9일의 일정 중 선상 생활이 5일이었다. 5일 중 4일은 각종 인문학 관련 프로그램이, 나머지 3일은 기항지에서의 다양한 교류 프로그램이 행해졌다. 선상 프로그램은 대단했다. 그중 한국 최고의 강사들과 함께한 인문학 특강은 최고의 선물이었다. 교실의 일상에 찌든 삶에서 벗어나 그들과 함께한 특강은 참으로 행복한 순간이었다. 나에게 신선한 행복감을 가져다준 게스트로는 버블드래곤(버블 아티스트), 이상은(가수), 이한철(가수), 노동영(서울대학교 암병원 원장), 김원(광장 건축환경연구소 소장), 이제석(이제석 광고연구소 소장), 이효재(패션디자이너), 임옥상(임옥상 미술연구소 소장), 배병우(사진작가), 고현숙(코칭경영원 대표), 윤순진(서울대 환경대학원 교수), 히라이 히사시(전 교토통신 서울 지사장) 등이었다. 배에서 만난 에리코 씨 등 평화를 사랑하는 모두도 행복한 게스트였다.

노동영 교수의 '기후 변화와 환경오염이 오늘 새로운 질병의 원인'이라는 강의는 환경이 내 건강에 얼마나 중요한지를 깨우쳐 준 특강이었다. 히라이 히사시가 한·일 관계의 5대 현안으로 꼽은 '독도 문제, 위안부 문제, 교과서 서술 문제, 동해 표기 문제, 야스쿠니 신사 문제'는 적절했다. 고현숙의 '긍정 단어의 사용'과 '경청의 파워'는 학생들에 대한 나의 관계를 되돌아보게 했다. 삶의 아름다움과 올바른 의미는 바른 기부 문화에서 시작된다는 나눔과 베풂 대표 최형우의 강의도 의미 있었다. 특히 장준하 의문사 진상규명위원회 조사관이었던 고상만의 '장준하, 묻지 못한 진실'은 역사학도인 나에게, 장준하는 과거가 아닌 오늘의 역사임을 새삼 일깨워 주었다. 임옥상과 함께 그의 그림을 보고, 소나무 작가로 유명한 배병우와 함께 그의 사진을 본 것도 즐거움이었다.

선내 인문학 특강은 게스트만의 몫은 아니었다. 배에 탄 모두가 자신의 프로그램을 운영할 수 있었다. 그중에서도 광주광역시교육청 소속인 우리 팀의 활약은 대단했다. 배주영(신광중 교사)의 '여자정신대', 배종민(전자공고 교사)의 '5월 항쟁과 5월 미술', 김종근(일동중)의 '환경과 건강', 노성태(국제고등학교)의 '남도 역사와 문화', '일본 속의 한국 문화유산과 교류'는 큰 관심의 대상이 되었다. 특히 배주영의 '여자정신대' 특강과 자료 전시, 노성태의 '일본 속의 한국 문화유산과 교류'는 일본인들의 공감을 불러일으켰다.

평화를 위한 열망, 반핵과 반원전 운동

이번 오션드림호 탑승에서 내가 받은 가장 큰 선물은 평화를 지켜내기 위해 싸웠던 수많은 사람들과의 만남이었다. 미군기지 건설을 반대하는 오키나와 사람들의 분노를 만날 수 있었던 헤노코 텐트촌의 현지인, 히로시마 원폭 당시를 생생하게 증언한 81세인 미야케(당시 16세) 씨, 나가사키의 원폭 현장에서 만난 사과 한 개 크기의 플루토늄의 살상 능력, 일본 54개 원전 중 현재 가동 중인 오바마시의 오이 원자력발전소 반대 운동을 전개하는 명통사 스님, 후쿠시마 원전 사고를 목격하고 그 참상을 그림으로 그려 전시한 화가 토노 씨와 전직 패션디자이너인 에리코 씨 부부의 반원전 운동 등은 내게 큰 감동이었다.

일본인들의 핵과 원전에 대한 반응은 불안을 넘어 분노에 가까웠다. 그래서 어떤 이는 일본의 역사를 후쿠시마 원전 사고 이전과 이후로 나누기도 한다. 지금 후쿠시마는 30킬로미터 이내는 진입 금지다. 그러나 방사능은 지형과 바람을 타고 100킬로미터가 넘는 지역에서도 검출되고 있다. 여름에도 그곳 사람들은 두꺼운 옷에 모자를 쓰고 마스크를 써야 하며, 제 명대로 살 수 있는지, 결혼은 할 수 있는지, 2세는 문제가 없는지를 걱정하고 있다. 후쿠시마 원전 사고는 방사능이 인간을 어떻게 황폐화시키는지를 극명하게 보여 주었다. 화가 토노 씨는 어머니와 아이들의 평화스러운 모습 대신 후쿠시마 원전의 참상을 그린 그림을 짊어지고 다녔고, 전직 패션디자이너인 에리코 씨는 반핵, 반원전을 새긴 글자판을 목에 걸고 후쿠시마의 참상을 알리고 있었다.

15만 명과 20만 명의 인명을 앗아간 나가사키와 히로시마의 원폭 피해와 3·11의 후쿠시마 원전 사고에도 불구하고 한국인들은 원전과 핵에 대해 여전히 관심 밖이다. 나도 그 한 사람이었다. 한국에 원전이 23개인 것도 처음 알았다. 한국은 일본보다 원전의 밀집도가 훨씬 높다. 영광 원전은 광주까지 65킬로미터 거리에 있다. 영광에서 원전 사고가 발생한다면, 광주도 끔찍함을 면할 수 없다. 외부의 미사일 공격으로 한국의 원전이 공격당한다면, 엄청난 자연 재난으로 제2의 후쿠시마 원전 사고가 한반도에서 일어난다면, 상상만으로도 온 지구에 끔찍한 일이다. 이번 오션드림호의 승선은, 우리가 후손들에게 물려줘야 할 가장 소중한 자산이 평화와 건강한 환경임을 새삼 깨닫게 해 주었다.

(2012년 12월)

소중한 인연, 추억의 보따리에 담아 두고 있어

토행독 500회 모임, 진심으로 축하드립니다. 500번 모임을 하려면 강산도 변한다는 10년이라는 세월이 필요한데, 한 번도 거르지 않고 매주 만나 책을 읽었다니, 저 같은 삼자가 보아도 독서 천국이 맞아 보입니다. 좋아서 하는 일은 누구도 못 말린다고 합니다. 그래서 모임의 결속력도 생명력도 튼튼하고 질긴 것 같습니다.

우연한 기회에 저는 토행독과 깊은 인연을 맺게 되었습니다. 올해 1월쯤 이향아 님의 특강 요청 전화를 받았습니다. 목소리가 어찌나 예쁘고 곱던지 거절할 수가 없었습니다. 아니 오히려 제 책 『광주의 기억을 걷다』를 읽으시고 요구하는 특강이어서 영광이었습니다. 아뿔싸! 근데 특강 시간이 아침 7시인가 그랬습니다. 여기저기 강의를 다녀 보았지만 아침 7시는 처음이었습니다. 그런데 더 놀라운 일은 이미 그 시간에 모든 회원님들이 다 와 계셨습니다. '시대정신에 앞장선 민주 도시 광주'라는 특강이 끝나고 광주공원과 사직공원에 남은 일제 흔적과 오늘 광주정신을 품은 문화원형, 그리고 양림산에 묻힌 선교사들이 남긴 흔적을 둘러보았습니다. 하루를 함께 쓰면서 친해지기도 했지만 토행독 회원님들에게서 받은 아름다운 인상은 결코 잊을 수 없을 것 같습니다.

20대부터 50대, 60대까지도 모두 친구였고, 인상은 착하디착한 학생의 모습이었습니다. 모두가 행복해 보였습니다. 첫 만남의 멋진 인상이 너무 행복해서 저 자신도 그 기억들을 추억의 보따리에 담아 두고 있습니다. 하긴 500회 모임이었으니 500권이 넘는 책을 읽은 분들인데, 당연한 결과이겠지만요.

그리고 지난 6월 17일 두 번째 인연이 또 이어졌습니다. 제 책인 『남도의 기억을 걷다』를 읽고 또 불러 주셨습니다. '왜 남도인이며 남도 역사인가?'라는 특강을 하고 나주 일대를 함께 거닐었던 기억이 또 새롭습니다. 나주 한옥집에서의 차 대접도, 서문 옆 주막에서의 막걸리 파티도, 그리고 노안 곰탕집에서의 회장님 소주 파티도 저에게는 잊을 수 없는 추억이 되었습니다.

토행독 여러분과의 인연은 이향아 님의 전화로 시작되었지만, 생각해 보니 우리들을 연결해 준 것은 책이었습니다. 그리고 내가 받은 회원님들의 인상이 그렇게 행복했던 것도 책 때문이었음을 알았습니다. 세상에서 가장 아름다운 모습이 책 읽는 모습인데, 이게 바로 회원 여러분에게는 천국이었던 것입니다. 처음 토행독이 무엇인지 몰라 안종팔 선생님께 여쭈었더니, '토요일 행하는 독서 천국'의 준말이라고 하더군요.

다시 한 번 토행독 여러분들의 500회 모임을 진심으로 축하드립니다. 모임 1,000회가 되는 날 다시 축하의 글을 쓰는 영광이 있었으면 합니다.

(『토요일 행복한 독서』, 2017년 7월)

임진왜란 국난 극복은 남도인 때문이었다

임진왜란 발발

전국시대의 혼란에 빠져 있던 일본을 최종적으로 통일한 이는 도요토미 히데요시였다. 도요토미 히데요시는 규슈(九州) 지역을 공격하던 중이던 1587년 쓰시마 도주 소씨(宗氏)를 호출하여 조선의 일본 복속 교섭을 명령했다. 그는 조선을 복속한 후, 조선을 길잡이로 삼아 명을 침략한다는 망상적 목표를 추진하고자 했다. 그러나 오랜 기간 조선과 무역을 행했던 쓰시마는 조선이 그와 같은 조건에 응할 리가 없다는 사실을 잘 알고 있었다. 쓰시마는 히데요시의 요구를 통신사 요청으로 바꾸었고 교섭 끝에 조선의 허락을 받아 냈다. 조선은 선조 23년(1590) 정사 황윤길, 부사 김성일, 종사관 허성으로 구성된 통신사를 파견했다.

도요토미 히데요시는 이들을 복속 사절로 인식했고 거만한 자세로 접견했다. 히데요시를 만나고 귀국한 통신사 일행 중 황윤길과 허성은 그의 침략 가능성을 전했고, 김성일은 그와 다른 의견을 제시했다. 조선은 일본의 침략이 어떤 형태로든 발생할 것이라는 점을 예측했고 남부지방의 수비를 보강했다. 그러나 율곡 이이의 십만양병설에는 미치지 않는 소극적인 대책이었다. 조선은 일본 전체의 국력을 동원한 대규모 전쟁이 되리라고는 상상하지 못했다.

선조 25년(1592) 4월 13일 고니시 유키나가(小西行長)와 소 요시토시(宗義智)를 선봉으로 한 일본군이 부산에 상륙했다. 부산진에서는 정발이, 동래에서는 송상현이 이들을 막아섰으나 끝내 무너지고 말았다.

일본군은 파죽지세로 북상했고, 조선군은 대부분의 전투에서 패하거나, 싸우지 않고 도망쳤다. 이일이 상주에서 패전하고 조선의 최정예부대였던 신립의 군대가 충주 탄금대에서 패배했다는 소식이 조정에 전해지자, 선조는 피난을 결정했다. 선조는 광해군을 세자로 책봉했고 4월 30일 한양을 떠났다.

선조는 개성을 지나 평양에 들어갔고, 일본군이 평양에 임박하자 한반도의 서쪽 최북단인 의주로 향했다. 선조는 의주에 도착하기 전부터 요동으로 피난하여 일본군의 공격을 피하려는 계획을 가지고 있었다. 요동으로 들어가면 보다 확실하게 명나라의 보호를 받을 수 있다는 생각이었다. 신료들은 반대했다. 이덕형은 요동에 구원병을 요청하러 가면서 국왕의 요동 피난 가능 여부에 대한 질문도 하였다. 명나라에서는 선조에게 가능하면 의주에 머물되 부득이하면 최소한의 인원만 들어오라고 하였다. 또한 세자 광해군으로 하여금 백성들을 위로하고 흩어진 병사들을 모으고 의병봉기를 촉구하게 하였다. 임해군과 순화군도 함경도와 강원도로 보냈으나 가토 기요마사(加藤淸正) 군에 사로잡혀 포로가 되었다.

북상하던 일본군은 한양에 모여 회의를 가진 뒤, 고니시 유키나가 군은 평안도 방면으로, 가토 기요마사 군은 함경도 방면으로 북상하기로 하였다. 나머지 일본군은 각자 다른 도를 맡아 조선 지배를 시도했다.

명나라의 구원과 의병, 수군의 활동

의주로 피난한 조정은 명에 구원을 요청했다. 명은 조선이 일본군과 연합하여 명을 공격하려는 것이 아닐까 잠시 의심을 품기도 했으나, 곧 구원을 결정했다. 요동에 있던 조승훈의 부대가 최초로 파견되었으나 일본군을 가볍게 보다가 평양성 전투에서 패하자, 이후 명 조정은 이여송이 이끄는 대규모 부대를 파견하기로 결정했다.

관군의 참패로 남부지역을 일본군에 내준 조선이었으나, 곧 전세를 되돌리려는 움직임이 각지에서 일어났다. 이순신은 수군을 이끌고 5월부터 전투를 개시했고, 모든 전투에서 승리했다. 이억기 등도 이순신을 도와 활약했다. 이순신의 탁월한 전술은 한산도에서 일본 수군에 대승을 거두는 계기가 되었다. 해로를 통한 수송이 어려워지고 곡창지대를 점령하지 못한 일본군은 군량을 현지에서 마련한다는 계획에 차질을 겪게 되었다.

각지에서는 의병이 일어났다. 경상도에서는 곽재우와 정인홍, 전라도에서는 김천일과 고경명, 충청도에서는 조헌, 함경도에서는 정문부 등이 자발적으로 군사를 모아 일본군과 싸웠다. 승려들도 나라를 지키기 위해 분전하였다. 휴정(서산대사), 유정(사명대사), 영규 등이 승병을 이끌었다. 이들은 일본군과 전면전보다는 게릴라 전술로 괴롭혔다.

무너졌던 관군도 재정비를 한 후 여러 전투에서 성과를 올렸다. 권율의 행주산성 전투, 김시민의 1차 진주성 전투가 대표적이었다. 보급의 어려움과 의병들의 활동은 일본군이 전투를 포기하고 강화교섭을 시도하게 한 중요한 요인이었다.

이여송이 이끄는 대군은 고니시 유키나가가 주둔하던 평양성을 공격하여 탈환했다. 이여송은 일본군을 가볍게 보고 소규모 부대만으로 한성으로 진격하다가 벽제관(경기도 고양시)에서 복병을 만나 목숨만 건지고 도망치는 일이 발생했다. 이 전투에서 패하고 부상까지 입은 이여송은 전진을 꺼렸고, 군량 부족을 이유로 개성으로 후퇴했다.

강화교섭은 명에서 파견된 심유경과 고니시 유키나가 사이에서 추진되었다. 명은 일본군의 무조건 철수를 요구했고, 히데요시는 조선의 왕자나 조선의 영토 할양을 바라고 있었다. 양측의 조건은 양보와 협상이 어려웠다. 교섭의 결렬은 예정되어 있었다고 해도 과언이 아니었다. 조선은 명이 공격을 포기하고 강화교섭 노선을 취한 것에 대해 불만을 품었으며, 강화교섭에 조선이 전혀 개입하지 못하는 사실에 분노했다.

정유재란과 명량대첩

1597년 2월에 다시 조선에 상륙하기 시작한 일본군은 전열을 가다듬은 후 7월부터 북상하기 시작했다. 이것이 정유재란이다. 하지만 충청도 직산(천안)에서 접전을 벌인 후 모두 남부 해안으로 퇴각했다. 퇴각한 일본군은 울산에서 순천에 이르는 해안에 튼튼한 기지를 세운 후 장기 주둔 태세를 취했다. 도요토미 히데요시는 보급이 쉬운 해안가에 요새를 세운 후, 이따금 조선 내지를 공격하여 장기간 괴롭히는 방식을 통해 원하는 조건을 얻어 내려 했던 것이다. 또한 조선인의 코와 귀를 베는 행위 등 폭력성이 농후해진 것도 이번 전쟁의 특징이었다. 조선에서 베어 간 코와 귀는 교토의 귀 무덤에 묻혀 있다.

전쟁이 재발하면서 강화교섭 기간 동안 잠시 조선에서 물러나 있던 명의 군대도 다시 파견되었다. 양호가 이끄는 명군은 일본군 중 가장 강력한 장수이며 강화교섭에도 불만을 가지고 있었던 가토 기요마사를 주 공격 대상으로 삼기로 하였다. 1597년 12월 말부터 시작된 울산성 전투에서 가토 기요마사는 거의 패전 위기에 몰렸으나, 추운 날씨와 마침 도착한 구원군 덕택에 살아남을 수 있었다.

울산성 전투 후 일본군의 기세는 크게 꺾였다. 통제사에 복귀한 이순신이 명량해전에서 대승을 거둠에 따라 해상의 주도권 역시 조선과 명이 잡게 되었다. 일본군은 전선 축소안을 도요토미 히데요시에게 제안했으나, 히데요시는 이를 일축하고 더 강력한 임전 자세를 강요했다. 그러나 1598년 8월 18일 도요토미 히데요시가 사망하면서 상황은 급변했다. 히데요시 사후 정치를 담당하게 된 도쿠가와 이에야스(德川家康) 이하 다섯 명의 다이로(大老)들은 일본군에 철수를 지시했다.

일본군들은 각자 안전한 철수를 위해 대치상태에 있던 명군과 철수 교섭을 시작했다. 조선은 이를 끝까지 반대하였다. 조선의 의지를 현실에서 수행했던 이는 이순신이었다. 이순신은 명군의 일본군 철수 보장을 무시하고 일본군의 철수를 막으려 했다. 순천왜성에 고립되어 있던 고니시 유키나가는 사천의 시마즈 요시히로에게 구원을 요청했다. 이순신은 노량에서 이들을 추격하여 접전을 펼쳤다. 해상으로 철수하는 일본군을 추격하던 이순신은 노량해전에서 전사하고 말았다.

고니시 유키나가가 주둔했던 순천왜성을 마지막으로 일본군들은 각자의 요새에서 철수하여 부산으로 집결했고, 이후 더 이상의 방해를 받지 않고 일본으로 건너갔다. 이로써 임진왜란은 종결되었다.

일본군은 물러갔지만 조선이 7년간 입은 피해는 막대했다. 거의 전 지역의 농토가 황폐해졌으며, 수많은 조선인이 포로로 잡혀갔다. 경복궁, 종묘, 불국사 등의 건축물도 불에 탔다. 실록과 실록을 작성하기 위한 사초, 그 외의 많은 문서 자료들이 전쟁 기간 동안 소실되었다. 유성룡은 전쟁 기간 중의 경험을 『징비록』으로 남겼다. 이 서적은 에도 시대 일본에 유입되어 그들의 임진왜란 관련 문학작품에도 영향을 주었다.

최대 의병 봉기지, 남도

당시 전라도는 최대 의병 봉기지였다. 그 가운데서도 가장 먼저 의병을 일으킨 인물은 나주 출신의 김천일이었다. 임진왜란이 일어나자 나주에서 거병한 뒤 북상하여 수원·강화 일대의 크고 작은 전투에서 전공을 세운다. 그리고 이듬해에는 도절제사가 되어 진주성에서 10만에 가까운 왜적을 일주일간이나 막아 내었다(제2차 진주성 전투). 그러나 중과부적으로 끝내 성이 함락되자, 아들 상건과 함께 촉석루에서 남강에 몸을 던져 순국했다.

광주 출신의 고경명은 명종 13년(1558) 문과에 장원급제한 수재였다. 선조 24년(1591) 동인의 집권으로 동래 부사에서 물러난 후 고향 광주에서 왜군의 침략 소식을 듣고 의병을 일으킨다. 전라도 유생들의 추대로 의병장이 된 고경명은 6,000여 명을 이끌고 담양을 출발, 7월 10일 충남 금산 전투에서 둘째 아들인 고인후와 함께 전사했다. 큰아들인 고종후는 고경명 의병을 수습하여 복수장군이라 칭한 후, 이듬해인 1593년 7월 제2차 진주성 전투에서 패배하자 진주 남강에 몸을 던진다.

1593년 8월, 광주 충효동 출신인 김덕령이 어머니 상중임에도 담양에서 3천의 의병을 일으키자, 선조는 형조좌랑의 직함과 함께 충용장의 군호를, 세자인 광해군은 익호장군의 칭호를 내려 의병 총사령관으로 삼았다. 김덕령은 뛰어난 용맹과 기개로 거제도, 고성 등 여러 곳에서 일본군을 물리치면서 큰 공을 세운다. 하지만 충청도 홍산에서 이몽학의 난(1596)이 일어나자 김덕령을 시기하던 무리들이 이에 가담했다는 누명을 씌워 김덕령을 체포하였고, 역모죄로 죽임을 당했다.

10만 일본군을 상대했던 1593년 7월의 제2차 진주성 전투는 김천일을 비롯한 최경회, 고종후, 황진 등 3,500명의 전라도 의병들이 중심이었다. 관군과 명군의 지원 없이 일주일을 버텨 냈지만, 성이 무너지면서 함락되고 말았다. 왜군은 진주성을 함락했지만 막대한 손실을 입어 전라도로의 진출을 단념할 수밖에 없었다. 전라도의 보존으로 군량미와 군수물자가 확보되면서 조선군이 전세를 승리로 이끌 수 있었다.

전라좌수영 수군, 보급로를 차단하다

조총으로 무장한 왜군은 전쟁 초반 승승장구했다. 그러나 1년 만에 경상도 지역으로 다시 내려올 수밖에 없었던 것은 전라좌수영이 중심이 된 조선 수군에 의해 보급로가 차단되었기 때문이다.

임진왜란 당시 경상좌수사 박홍은 도주했고, 경상우수사였던 원균은 전라좌수영에 구원을 요청했다. 이에 녹도 만호 정운과 군관 송희립 등은 경상도로 들어가 싸워야 한다고 적극 주장했고, 전라좌수사 이순신은 경상도 출전의 명을 내린다. 이에 전라좌수영을 중심으로 뭉친 조선 수군의 활약으로 옥포, 당포, 부산포 등에서 일본군에 대승을 거두었다.

조선 수군의 승리로 왜는 서남 해안의 수로를 통한 보급로가 봉쇄되면서 심각한 타격을 입었고, 곧바로 경상도로 남하할 수밖에 없었다. 전라도가 보존되었다.

당시 전라좌수영이 관할하던 5관은 순천, 광양, 낙안, 흥양, 보성이었고, 5포는 여수의 방답진과 흥양(고흥)의 녹도진, 사도진, 발포진, 여도진으로 오늘날의 전라남도에 해당한다.

전라좌수영군이 중심이 된 수군의 승리는 전라도를 보존했을 뿐 아니라 왜군의 보급로를 차단했고, 이는 임진왜란 당시 조선이 승리할 수 있었던 가장 주요한 요인이었다.

호남도 우리 땅, 영남도 우리 땅

1592년 8월 화순 출신의 최경회가 전라우도 의병장으로 추대되자 영남 의병장 김면과 경상우도순찰사 김성일이 구원을 요청했다. 의병진 일부에서는 "지금 적세가 사방에 뻗쳐 있는데 어찌 호남을 버리고 멀리 있는 영남을 구원하겠는가?"라는 이유로 영남의 구원 요구를 반대했다. 그러나 최경회는 "호남도 우리 땅이요, 영남도 우리 땅이다. 의병장이 되어 어찌 멀고 가까움을 가려 영남을 구원하지 않겠는가?"라며 영남 출병을 하였다.

임진왜란 당시 전라도의 의병과 수군은 모두 경상도에 출병하여 싸웠다. 제2차 진주성 전투에서 순절한 화순 출신의 최경회, 나주 출신의 김천일, 광주 출신의 고종후는 촉석루의 3장수로 불린다. 광주 출신의 김덕령 의병장도 거제, 고성에서 큰 전공을 세웠다.

전라좌수영 소속 수군들의 주 전쟁터도 옥포, 당포, 부산포 등 경상도였다. 경상도로의 진출을 강력하게 요청한 고흥 녹도 만호 정운이 순절한 곳은 부산포 전투였다. 이를 기리기 위하여 정운의 순의비가 부산 몰운대에 세워져 있다.

약무호남 시무국가

위에서 살핀 것처럼 임진왜란의 국난을 극복한 것은 전적으로 호남인들 때문이었다. 이순신은 1593년 7월 16일 사헌부 지평이던 현덕승에게 쓴 편지에 '국가지보장 약무호남 시무국가(國家之保障 若無湖南 是無國家)'라 쓴다. 이를 해석하면 "호남은 나라의 울타리이므로 만약 호남이 없다면 나라도 없을 것입니다"라는 뜻이다. 호남이 나라의 울타리이므로 지켜져야 한다는 의미를 담고 있다.

임진왜란 3대첩인 한산도 대첩의 주역은 남도의 수군이었고, 행주대첩의 주역은 남도의 관군이었으며, 제2차 진주성 전투의 주역은 김천일·고종후·최경회 등 남도 의병장이 이끈 남도 의병들이었다. 남도의 수군들이 영웅들이었던 셈이다. 그리고 일군이 1년도 안 되어 경상도 일대로 되돌아올 수밖에 없었던 것은 전라좌수영 소속의 수군들이 제해권을 장악, 일군의 보급로를 차단하였기 때문이다.

따라서 이순신의 '약무호남 시무국가'의 원뜻은 "호남이 없으면 국가가 없을 것이니 호남은 꼭 지켜져야 한다"의 뜻이지만, 확대해석하면 "호남이 없었다면 국가도 없었을 것이다"라고 해석할 수 있다. 즉 임란을 극복하는 가장 큰 역할을 담당한 것은 호남인이라는 것이다. 따라서 이순신의 '약무호남 시무국가'는 호남인들, 특히 남도인들의 자긍심이 아닐 수 없다.

임진왜란 당시 남도인이 보여 준 정의로움은 일제하 독립운동과, 해방 이후 민주·인권의 가치를 직접 실천한 광주정신으로 발전하게 된다.

(2018년 2월)

5.

향토사
어떻게 가르칠 것인가?

자료집

『향토사 어떻게 가르칠 것인가』
수업지도안을 만들면서

학교현장에서 학생들을 지도하면서 깜짝 놀란 것은 우리 고장의 역사에 대한 학생들의 무지였다. 광주에 있는 유일한 국보가 무엇이냐는 질문에 한 학생도 대답하지 못했다. 이황과 사단칠정의 논쟁을 벌였던 광주 출신의 성리학자가 누구냐는 질문에도 마찬가지였다. 기대승을 알지 못하니 기대승의 위패를 모시고 제사 지내는 월봉서원을 알 턱이 없다. 광주의 대표적인 거리인 충장로의 '충장'이 누구의 시호냐는 질문에는 소수의 학생만이 대답할 뿐이었다.

우리 고장의 역사에 대한 학생들의 무지는 학생들만의 잘못일 수는 없다. 지나치게 중앙 중심적인 역사 서술, 그리고 교과서 내용에만 한정해서 가르쳐 왔던 우리 선생님들의 한계성도 크게 한몫을 했다고 생각되기 때문이다.

21세기는 세계화의 시대이면서 지방화의 시대이기도 하다. 큰 강에 대한 연구가 동네 앞 냇가에서부터 시작되는 것처럼, 세계화는 자기 고장의 역사에 대한 애정 어린 관심과 사랑에서부터 시작되어야 한다. 자기 고장의 역사를 알고 자기 고장에 대한 자긍심을 느낄 때, 그가 속한 국가나 세계에로 관심과 애정이 확대될 수 있다.

최근 많은 교사들과 학생들이 체험학습이나 클럽 활동, 소풍, 수학여행 등을 통해 자기 고장 역사에 많은 관심을 보이고 있다. 다행스럽고 반가운 일이다. 그런데 적절한 교재가 늘 고민거리였다. 이러한 고민의 하나를 해결하기 위해 미약하나마 교과서에 보이는 우리 고장의 역사를 중심으로 총 8시간 분량의 수업지도안을 만들어 보았다. 고등학교의 경우 국사 수업 시간은 총 6단위(6차 교육과정)로, 34주로 잡을 경우 대략 80여 시간 정도 된다. 이 중 1/10 정도는 자기 고장의 향토사를 가르치는 것도 의미 있는 일이 아닐까 싶다. 8시간 분량의 수업지도안을 만든 이유가 여기에 있다.

8시간으로 우리 고장 향토사 전체를 구성하다 보니 주요한 상당 부분이 누락될 수밖에 없었다. 수업 분량도 다소 많아 보인다. 수업 시간에 적절히 사용한다면 별문제는 없을 것이다.

각각의 수업지도안에 교과서 관련 페이지를 첨부하여 중앙사와의 관련성을 이해하도록 하였으며, 수업지도안 말미에 수행평가 및 형성평가 그리고 판서안을 붙였다. 무엇보다 가장 심혈을 기울여 만들었던 것은 향토사 수업의 핵심일 수 있는 다양한 유물, 유적 및 향토사 자료를 TV 화면을 통해 확인해 볼 수 있도록 정리한 남도의 주요 유물·유적 및 각종 자료였다. 여기저기 인터넷을 뒤지고 잘못된 내용을 바로잡는 데 꽤 많은 시간이 소요되었다. 그래도 끝나고 보니 조그마한 보람을 느낀다.

마지막으로 국사 교과서에 보이는 남도 관련 인물, 유적, 유물을 부록으로 덧붙였다. 다소는 빠지고 잘못된 부분도 있지만, 고등학교 국사 교과서에 나타나는 우리 고장과 관련된 거의 전부라 해도 좋을 것이다.

사용하는 모든 선생님들에게 조금이라도 도움이 되었으면 한다. 그리고 우리 학생들에게 우리 고장의 역사에 대한 더욱 많은 관심을 갖는 계기가 되었으면 한다. 계속해서 더 좋은 수업지도안이 되도록 고쳐 나갈 계획이다.

(『향토사 어떻게 가르칠 것인가』, 2000년 7월)

『시내버스를 이용한 소풍 코스 20선』을 엮으면서

소풍이 달라지고 있다. 놀이만을 즐기던 소풍 대신 우리 문화유산을 탐방하는 소풍이 늘고 있기 때문이다. 반가운 일이다.

광주에는 정말 많은 문화유산이 남아 있다. 우리 모임에서 10회에 걸쳐 유물·유적을 답사해 보았지만, 미처 답사하지 못한 곳도 많았다. 그중 시내버스로 갈 수 있는 20곳을 선정하였다.

『시내버스를 이용한 소풍 코스 20선』은 2년 전 실시한 봄 소풍에 대한 학생들의 만족스러운 반응 때문에 완성될 수 있었다. 필자가 소속한 학교 2학년 학생들을 4개 코스로 나누어, 무등산을 주제로 테마 소풍을 실시한 적이 있었다. 문과 여학생 담임이었던 필자는 여학생 3개 반과 함께 '충효동도요지'와 '풍암정'을 찾았다. "무등산까지 가야 돼요?", "버스는 무엇 타고 가요?"라면서 학생들의 불만이 컸다. 그러나 풍암정에 도착한 그들은 무척 만족스러운 듯 "선생님 광주에 이렇게 의미 있고 멋진 곳이 있었어요?", "정말 좋아요", "가을에도 이런 곳에 가요"라고 하면서 즐거워했다. 가을 소풍 장소는 임진왜란 때 의병장인 고경명의 위패를 모신 '포충사'였다. 학생들의 반응 역시 매우 좋았다. 가장 가슴에 와닿는 유물을 그려 보고 느낀 소감을 써 보라는 수행평가 문제가 더 보태졌지만, 불만을 나타내는 학생들은 없었다.

광주의 문화유산을 시내버스로 찾아가는 것은 결코 쉽지 않다. 대부분 시 외곽에 위치하기 있기 때문이다. 따라서 2~3개 반 단위가 적당해 보인다. 교통편만 제외하고는 비교적 만족스러울 것이다. 선조들의 발자취와 아름다운 경치를 함께 볼 수 있기 때문이다. 느낌이 있는 소풍이라고나 할까?

이 자료집은 찾아가고자 하는 유적·유물은 어떤 의미가 있는지, 어떤 문화유산이 현재 남아 있으며, 어떻게 갈 수 있고, 현장에서 무엇을 알아보아야 할 것인지, 그리고 체험학습 후 제출 보고서는 무엇을 담아야 하는지가 소개되어 있다.

이 자료집이 우리 문화유산을 사랑하는 모든 사람들에게 유용하게 사용되었으면 한다. 다음에는 '전세 버스를 이용한 남도의 소풍 코스 20선'을 개발해 보고 싶다. 즐거워하는 학생들의 모습이 벌써 떠오른다.

『시내버스를 이용한 소풍 코스 20선』, 2001년 10월)

『남도문화 체험학습 자료집』을 엮으면서

요즘 들어 부쩍 초등학교의 체험학습뿐만 아니라 중·고등학교의 소풍, 수련 활동, 심지어는 종일제 클럽 활동이나 창의적 재량 활동 시간을 이용하여 우리 고장의 문화유산을 찾아 공부하는 분위기가 확산되고 있다. 역사를 가르치고 있는 교사의 입장에서 매우 반가운 일이 아닐 수 없다.

그런데 많은 교사와 학생들이 막상 우리 고장 어디에, 어떤 의미를 가진 문화유산이 있는지 모르는 경우가 의외로 많았다. 어떻게 가는지, 그 문화유산에서 무엇을 배울 수 있는지도 힘들어했다. 그래서 빛고을 역사교사모임에서는 20여 회에 걸친 유적 답사 후 다음의 자료를 내놓게 되었다.

20여 회에 걸친 답사를 통해 깜짝 놀란 것은 우리가 살아가는 광주에 너무도 많은 문화유산이 도처에 널려 있다는 사실이었다. 동시에 그 많은 문화유산이 너무도 소홀히 관리되고 있으며, 문화유산에 관한 설명이 너무 어렵고 설명마저 틀린 경우가 많아서 안타까웠다.

따라서 본 자료집을 만들면서 가장 역점을 두었던 것은 문화유산을 쉽게 설명하고 틀린 설명을 바로잡는 일이었다. 노력했는데 얼마만큼 성과가 있었는지 모르겠다.

두 번째 고민은 우리 고장 광주의 문화유산을 어떻게 분류할 것인가의 문제였다. 소풍이나 종일제 클럽 활동을 위해 지역별로 나누는 방법도 고려해 볼 수 있겠으나, 유교문화, 불교문화, 시가 문학 등 철저하게 주제별로 나누어 10개 코스를 정리해 보았다. 10개 주제를 선정하여 보았더니 모두 나름대로 의미가 있었다.

  마지막으로는 그 문화유산에서 우리가 꼭 알아야 할 것, 즉 탐구해야 할 내용은 무엇인지를 '생각하기'라는 항목으로 첨가하였다. 문화유산을 만나면 어떤 의미가 있는 유산인지, 그 문화유산에서 무엇을 배울 것인지 막막한 경우에 도움을 주기 위해서였다.

  『남도문화 체험학습 자료집』은 이러한 목적과 의도에 따라 주제별 10개 코스로 나누어 만들어졌다. 사용하는 모든 분들에게 조금이라도 도움이 되었으면 한다. 부족한 것은 계속해서 보완할 계획이다.

(『남도문화 체험학습 자료집』, 2001년 10월)

『ICT를 활용한 남도수업 지도안』을 만들면서

21세기는 세계화, 개방화, 정보화 시대이면서 또한 지방화 시대이기도 하다. 오늘 우리들의 참모습을 알고 보다 의미 있는 삶을 살아가기 위해서는, 우리 지역의 역사와 문화를 올바르게 이해해야 한다.

역사란 중단되는 것이 아니라 할아버지, 아버지로 이어져 오늘의 내 모습을 만들고, 또 나의 아들딸로 이어지는 살아 숨 쉬는 생명수와 같다. 그 역사의 흐름 속에서 우리는 수많은 역사적 교훈을 배우고, 보다 올바른 삶의 모습이 무엇인지, 무엇을 후손들에게 남기는 것이 우리들의 책무인지를 배우게 된다. 역사란 내가 어떤 모습으로 존재하고 행동해야 하는지, 즉 나의 정체성은 무엇인지를 발견하게 해 주는 가장 중요한 분야이다.

문화는 시대를 흘러오면서 형성된 인간들 삶의 총체적 행동 양식이다. 그러한 문화는 특정 지역의 여러 가지 요인에 의해 독창성을 띠게 되지만 교류를 통해 보편성을 추구하기도 한다. 그럼에도 여전히 특정 지역의 특정 문화란 자기만의 정체성을 갖고서 존재하기 마련이다.

남도는 다른 지역과는 달리 불의를 용납하지 않는, 외세의 침략에 가장 먼저 몸을 던져 나라를 구한 충절의 지역이었다. 삼별초의 대몽 항쟁, 임진왜란 시 의병 봉기, 동학농민혁명, 한말 최대의 의병 항쟁, 그리고 일제 강점기 광주학생독립운동과 5·18광주민주화운동이 그 증거다.

남도는 새로움을 창조하는 새로운 문화의 중심지이기도 했다. 신라 말 유행한 선종의 주 개창지였으며 불교 개혁의 중심지였다. 그리고 세계적인 공예품인 고려 청자의 중심지였다. 조선 시대 무등산을 중심으로 형성된 정자 문화는 새로운 시가 문학의 산실이 되었으며, 이러한 창조성은 김영랑과 박용철의 아름다운 시어로 다시 태어나기도 했다. 정약용의 실학은 남도의 현실을 바탕으로 완성되었다. 허련으로부터 시작된 남종화는 남도를 '예향'으로 불리게 하였다. 이와 같은 남도 문화는 남도인의 역사적 성격을 이루는 핵이 되었다.

21세기는 자기 정체성의 확립 위에 새로운 창조성이 요구되는 시대이다. 건전하고 올바른 가치관도 요망되고 있다. 또한 세계화의 물결은 창의적이 한국인의 배출과 새로운 문화의 창조를 요구한다. 이를 위해서는 우리 고장의 역사와 문화를 올바르게 이해하고 그 속에 숨어 있는 창의성을 개발해 내는 작업이 무엇보다 중요하다고 생각한다.

남도 문화 속에서 창의성을 개발하고 정체성을 확립하는 작업은 21세기 우리가 지향해야 할 과제 중 하나다. 이러한 과제는 7차 교육과정의 기본 방향으로 설정되어 있으며, 시 교육청의 교육과정 편성 운영지침의 사회과·국사과 기본 방향과 교수·학습 방법에도 제시되어 있다.

이러한 목표를 수행할 수 있는 구체적인 수업자료의 빈약이 늘 문제였다. 기존의 남도 문화에 관한 약간의 자료들은 문화의 도식적이고 지루한 설명 때문에 창의성 개발뿐 아니라 수업자료 활용에도 한계가 있었다. 12차시분의 「창의적 재량활동 수업안」이나 「체험학습 자료집」을 만들어 내려는 이유가 여기에 있다. 이 자료집은 직접적인 체험뿐 아니라 간접적인 체험 활동을 위해 각종 ICT 자료들을 활용해 만들어질 것이다.

참고하는 모든 분들에게 조금이라도 도움이 되었으면 한다.

(『ICT를 활용한 남도 수업지도안』, 2001년 11월)

『충절과 의로움의 현장』을 엮으면서

우리 고장은 조국과 민족이 위기에 처할 때마다 의병 항쟁이나 독립 투쟁을 통해 국난 극복에 늘 앞장서는 충절을 보였으며, 집권 세력의 부정과 불의는 결코 용서하지 않았다. 우리 고장민들이 보여 주었던 이러한 충절과 올곧은 삶은, 우리 고장을 자연스레 충절과 의로움의 고장으로 불리게 했다.

우리 고장의 충절과 의로움의 정신은 이 나라를 올바로 세우는 데 커다란 역할을 담당했음에도 불구하고 그동안 정당한 평가를 받지 못했다. 우리 지역의 남다른 충절과 의로움의 정신을 살펴봄으로써, 우리 고장에 대한 올바른 역사적 평가가 가능할 것이다. 또한 오늘의 우리를 알고 다음 세기를 준비하는 데에도 매우 중요하다고 본다. 역사를 배우는 목적이 과거에 대한 이해를 통해 현재를 올바로 인식하여, 보다 바람직한 미래의 삶을 설정하는 데 있다고 믿기 때문이다.

우리 고장은 풍요로운 물산과 열린 환경으로 일찍부터 문화의 중심지였다. 선사문화의 보고였으며, 마한·백제시대에는 일본에 문화를 전해준 창구였고, 해외 무역의 거점이기도 하였다.

우리 고장은 역사 발전에서도 항상 주도적 역할을 해 왔다. 신라 말 선종 개창의 중심지였고, 고려 시대 새로운 불교의 태동지였다. 또 새로운 시대를 열었던 후백제 성립의 근거지였으며, 새로운 사회를 열망했던 동학농민혁명의 주 무대였다.

한편, 우리 지역은 우리 민족이 존망의 위기에 처할 때마다 분연히 일어나 그 위기를 극복하는 데 늘 앞장섰다. 삼별초 항쟁의 거점이 되었고, 임진왜란과 한말에는 의병을 조직하여 나라를 구하는 데 가장 앞장선 지역이었다. 일제 시대에는 3·1운동 이후 최대의 민족 독립운동인 광주학생독립운동을 일으켜 우리 민족의 독립 의지를 전 세계에 과시하기도 했다.

무엇보다 우리 고장은 부정과 불의에 저항하여 나라를 올바로 세우는 데도 늘 앞장섰다. 봉건사회를 깨뜨리려는 조선 후기의 농민 봉기와 동학농민혁명, 해방 후 독재정권에 항거한 4·19혁명에도 적극적으로 참여하였다. 특히 5·18광주민주화운동은 조국의 민주화를 갈망하였던 이 지역민들의 뜨거운 외침이었다. 그것은 마침내 평화적 정권 교체를 이뤄 진정한 민주 정부를 탄생시키는 밑거름이 되었다.

이처럼 우리 고장은 '정의는 반드시 승리한다'는 확고한 신념을 자각하고 나라와 민족을 구하는 데 늘 앞장섰다. 이는 바로 충절과 의로움의 정신을 몸소 실천한 것이며, 나아가 민주주의를 실현코자 하는 민주시민 정신의 발로였다. 따라서 우리 청소년들은 우리 고장과 조상에 대한 자부심과 긍지를 갖고 훌륭한 조상의 얼을 오늘에 이어받아 새 역사를 창조해 가야 한다.

이 책은 이러한 우리 고장만이 갖는 충절과 의로움의 역사를 살펴보고 그 현장을 찾아갈 수 있도록 정리되었다. 그리고 교육현장에서 어떻게 가르쳐야 할 것인지 교수-학습 지도안을 실었다.

21세기는 세계화의 시대이면서 또한 지역화의 시대이다. 우리 고장만이 간직해 온 자랑스러운 충절과 의로움의 정신은 오늘 우리가 누구인지, 어떻게 살 것인지를 안내해 주는 우리의 지침서가 될 것이다. 나의 정체성을 확인시켜 주는 귀중한 정신이 아닐 수 없다.

이 작은 책이 학생 여러분의 우리 고장에 대한 이해를 돕고, 남도인으로서의 자부심과 긍지를 갖게 하며, 오늘의 자신을 돌아보는 좋은 지침서가 되었으면 한다.

(『충절과 의로움의 현장』, 2001년 12월)

『남도역사 남도문화』 자료집을 엮으면서

유난히도 비가 많이 내렸던 지난 8월, 빛고을역사교사모임이 중심이 되어 실시한 테마 중심 사회과 수업 연수의 열기는 너무도 뜨거웠다.

이번 사회과 테마 연수는 시 교육청 역사상 매우 의미 있는 연수였다. 시 교육청 최초로 교과연구모임에서 프로그램을 편성하고, 회원 다수가 강사로 참여한 교사 중심의 연수였기 때문이다. 따라서 역사교과모임이 중심이 되어 실시 된 이번 연수의 성공은 이후 교사 연수에 있어 하나의 중요한 방향이 될 수 있어 보인다. 이런 점에서 이번 연수는 매우 큰 의미를 지닌 연수였다고 생각한다.

이번 연수가 성공할 수 있었던 것은 현장에서 교사들이 무엇을 필요로 하는지를 잘 알고 있었기 때문이었다. 이는 교과 연구 활동 모임의 교사들이 중심이 된 이번 연수가 성공할 수 있었던 배경이었으며, 다른 교과 활동으로 그 영역을 넓혀 갈 수 있는 가능성이기도 했다.

연수 강의안을 중심으로 『남도역사 남도문화』라는 자료집을 편찬하는 것은 다음 두 가지 이유 때문이다.

첫째는, 연수에 참여하지 않은 다수의 역사교사들과 남도의 역사와 문화에 대한 원고만이라도 나누어 갖고 싶은 생각에서이며,

둘째는, 교과연구모임에서 최초로 시행된 이번 연수가 타 교과모임에게 도움이 되었으면 하는 바람 때문이다. 따라서 이번 자료집에 강의안뿐만 아니라 분임토의 보고서, 설문조사 결과 분석이나 연수 소감문이 더 첨가되었다.

이번 테마 연수의 주제는 '향토사 어떻게 가르칠 것인가?'였다. 이러한 주제를 달성하기 위해 '유물·유적으로 본 남도 역사' 등의 소주제들이 편성 운영되었다. 특히, 이번 연수의 가장 큰 특징은 수업 내용을 직접 현장 답사를 통해 확인해 보는 것이었다. 그래서 편성된 것이 '광주 문화유산 답사 1, 2, 3, 4'와 '남도 고대 현장을 찾아서'라는 답사 프로그램이었다.

이런 주제들을, 서문을 포함하여 3장으로 엮었다. 「지역사 교육의 의의와 방법」을 서문으로 실어 향토사 전체를 이해하는 데 도움이 되게 했다. 제1장은 남도 역사와 남도 문화를, 제2장에는 광주의 문화유산을 코스별로 소개하였고, 제3장은 분임토의 보고서와 설문 결과 분석 및 연수 소감문을 덧붙였다.

『남도역사 남도문화』가 우리 고장의 문화유산을 현장에서 가르치는 선생님들에게 조금이라도 도움이 되었으면 한다.

(『남도역사 남도문화』, 2002년 11월)

『고구려 문화유적 자료집』을 내면서

2002년 8월 1일. 만주행 비행기에는 고구려를 만나러 가는 빛고을역사교사모임 회원들의 설렘으로 가득 차 있었다. 국내성, 환도산성, 광개토태왕릉비, 장수왕릉, 태왕릉, 오회분 5호묘, 국동대혈, 압록강…… 아! 1,500년 전 고구려인들을 만나는 순간 떨림과 설렘은 이내 감동으로 바뀌었다. 단순히 고구려를 만났다는 사실 때문만은 아니었다. 잊고 살아왔던 고구려의 힘을 다시 찾아낼 수 있었기 때문이었고, 우리 역사적 소망이 통일에서 끝나는 것이 아닌, 광활한 만주벌판을 우리 품에 안을 때까지여야 한다는 깨달음을 얻었기 때문이었다. 올바른 역사 인식이 얼마나 중요한지도 이번 고구려와의 만남을 통해 얻은 부산물이었다. 그것은 감동이었고 감격이었다. 천지를 내려다보면서 한민족의 운명을 다시 한번 생각해 보았던 것도 커다란 소득이었다.

21세기 세계 문명의 중심은 동북아로 밀려오고 있다. 그 동북아시아의 중심지가 될 저 광활한 만주벌판에서 한국의 뻗어 가는 힘을 느낄 수 있었다. 그것은 희망이었다. 그것은 광개토태왕의 부활이었다. 그 희망과 꿈을 자라나는 학생들에게 이야기해 주어야 한다. 그들에게 광개토태왕의 전설을 이야기해 주어야 한다. 21세기 동북아가 세계의 중심이 될 때 당당하게 리더가 되는 그 꿈을 이야기해 주어야 한다. 이 책을 엮는 이유가 여기에 있다. 고구려는 자라나는 우리 학생들에게 꿈이어야 하기 때문이다.

이 책이 만들어질 수 있었던 것은 시 교육청의 격려와 도움 때문이었다. 이 자리를 빌려 다시 한번 감사의 말씀을 드리고 싶다.

이번 답사 내내 마음속을 맴돌았던 「광야에서」의 노랫말로 머리말을 마무리하고 싶다.

찢기는 가슴 안고 사라졌던 이 땅에 피울음 있다.

부둥킨 두 팔에 솟아나는 하얀 옷에 핏줄기 있다.

해 뜨는 동해에서 해 지는 서해까지.

뜨거운 남도에서 광활한 만주벌판.

우리 어찌 가난하리요. 우리 어찌 주저하리요.

다시 서는 저 들판에서 움켜쥔 뜨거운 흙이여.

(『고구려 문화유적 자료집』, 2002년 12월)

『국제고 20년사』 편집 후기

역사는 두 가지 방법에 의존해서 전해진다. 하나는 기록에 의해서고 또 다른 하나는 기억에 의해서다. 그런데 기억에 의한 역사는 사람들의 머릿속에 맴돌다 사라져 버리기 때문에 매우 불완전하다. 기록으로 남기고자 한 이유가 여기에 있다. 지난 20년, 국제인들이 삼각동 당그래봉에 남긴 흔적들은 너무도 소중한 것들이었다. 그러나 소중하다고 해서 모두가 다 기록으로 남아 역사가 될 수는 없다. 그런 의미에서 기록으로 남는 『국제고 20년사』는 매우 의미 있는 작업이었다.

20년사가 있어야 30년사, 50년사를 쓸 수 있다는 한갑수 교장의 열정으로 지난 1월 독서교육부에 '국제고 20년사 편찬위원회'가 설치되었다. 그러나 20년사의 편찬은 순조롭게 진행되지 못했다. 우선은 길지 않지만 20년의 흔적을 알려주는 각종 자료가 너무도 부족했다. 지난 20년 동안 간행되었던 교육계획서의 일부가 분실되었고, 2000년 이전의 시상 대장을 비롯한 관련 자료들도 대부분 남아 있지 않았다. 그 부분은 여러 선생님의 기억에 의존했고, 『오성(五星)』과 『오성 독서신문』에 실린 편린에 의존할 수밖에 없었다.

'국제 20년 개관'과 '설립자의 생애와 사상'은 『국제고 20년사』를 편찬하면서 가장 심혈을 기울인 부분이었다. 하지만 설립자의 생애와 사상을 정리하는 일은 결코 만만치 않았다. 민종기 교감의 설립자의 생애와 관련된 단편적 연구, 설립자가 남긴 『운월세고(雲月世稿)』의 주요 부분에 대한 한문 해석이 없었더라면 설립자의 생애와 교육사상은 쓰이지 못했을 것이다.

『국제고 20년사』 발간은 너무도 버거운 작업이었지만, 결코 포기할 수 없었던 것은 지난 20년이 가져다준 즐거움 때문이었다. 빛바랜 한 장의 사진이 가져다준 추억도, 제자들과의 해후도 즐거움이었다. 없어져 버린 역사를 기억에서 찾아내고, 서랍 깊숙한 곳에 있던 어느 교사의 문건 속에서 과거 역사의 퍼즐을 완성시키는 작업은 희열이기도 했다.

20년사 편찬에 정말 많은 분들이 고생하셨다. 사진 작업과 오탈자를 정정해준 김희균, 최두영 편집위원, 자료 하나하나를 전부 워드 작업한 진미화 사서, 자랑스러운 국제인들을 일일이 확인해 주신 송명호 교사, 그리고 안윤현 행정실장과 홍명호 주사의 노고도 언급하지 않을 수 없다. 원고를 내주신 모든 분께도 이 자리를 빌려 감사의 말씀을 전하고 싶다. 무엇보다도 최석태 이사장님의 애정과 관심, 한갑수 교장의 열정이 큰 힘이 되었다.

이제 이 책자는 국제고의 저력이 되어, 미래 20년의 새 출발을 알리는 힘찬 고동 소리가 될 것이다. 그리고 30년, 50년사의 나침반이 될 것으로 확신한다. 곳간에 가득 찬 곡식을 바라보는 농부가 된 기분이다.

(2006년 2월 10일 장서실에서)

『연해주 독립운동지 답사 자료집』을 엮으면서

드디어 연해주로 떠납니다. 블라디보스토크, 하바롭스크, 우스리스크, 스보보드니, 크라스키노를 탐방합니다. 아, 참 블라고베시첸스크라는 중소 국경도시도 찾아갑니다. 세월이 흘러 조선인들의 삶의 모습은 사라졌겠지만, 독립운동의 체취만은 남아 있을 것입니다. 아마도 아픈 상처의 흔적들로 말입니다.

최초의 한인 마을 지신허도, 안중근 의사가 단지 동맹을 맺었던 안치혜 마을도, 한인들 독립운동의 현장이 된 신한촌도 들러 보겠습니다. 라즈돌리노예 역에 가서 중앙아시아로 강제 이주당한 한민족의 절규도 볼 것입니다. 여기서도 아픈 흔적만을 확인하겠지요.

우리들은 연해주에서 많은 인물들을 만날 것입니다. 최재형, 안중근, 이범윤, 이동휘, 홍범도, 김알렉산드라 스탄케비치, 박은식, 안창호, 신채호⋯⋯. 어떤 분은 배고픔을 참지 못해 연해주로 들어갔고, 어떤 분은 국권이 피탈되자 이곳으로 들어온 분도 있습니다. 그들은 뜨거운 마음으로 조선의 독립을 위해 온몸을 던진 분들입니다. 특히 노비의 자식으로 태어나 큰 재산을 모은 후 조선의 독립을 위해 싸웠던 초대 임시정부 재정부장에 선임된 최재형의 삶은 우리들을 숙연하게 만듭니다. 아니 당당하게 만듭니다. 멋지게도 보입니다. 아무르강 우쪼스 언덕에서 조선의 독립을 외치며 죽어 간 김알렉산드라 스탄케비치는 또 얼마나 당당합니까? 손가락을 잘라 대한독립 만세를 혈서한 안치혜 마을을 찾아 안중근도 만날 것입니다.

가슴이 설레 옵니다. 수많은 답사를 다녀 보았지만, 이번만큼 제 가슴을 뛰게 한 탐방은 없었습니다. 그분들과의 뜨거운 만남을 위해 철저한 준비를 해야 합니다. 아픔의 현장에서 희망도 발견해 보시기를 바랍니다. 탐방에서 돌아오는 날 우리 모두의 마음에 큰 감동이 함께하길 빕니다.

(『연해주 독립운동지 답사 자료집』, 2008년 7월)

『국권 피탈 100년, 바람직한 한·일 관계의 미래』
자료집을 만들면서

우리는 일본을 '가깝고도 먼 나라'라고 표현합니다. 지리적으로는 가장 가까운 나라이지만 아직 가까이하기에는 무언가 앙금이 남아 있다는 뜻으로 해석됩니다. '무언가 앙금' 속에는 과거 우리가 전해 준 문화의 자긍심과 근·현대사에서 당한 치욕이 함께 녹아 있습니다. 왕인과 담징, 호류사의 백제 관음, 조선 시대의 통신사, 그리고 오늘날 아이돌 가수들의 한류가 자긍심이라면, 임진왜란과 경술국치는 치욕과 아픔이라고 할 수 있을 것입니다. 특히 일제의 한국병합으로 징용, 징병, 군위안부로 끌려간 많은 한국인들은 감당할 수 없는 고통을 당했으며, 이러한 고통이 일본을 '먼 나라'로 만들었습니다. 해방 이후 지금까지 일본 정부의 진정성이 우러나지 않은 반성과 사죄도 '먼 나라' 일본을 만드는 데 일조를 했습니다.

2010년, 올해는 국권 피탈 100년이 되는 해입니다. 국권 피탈 100년을 맞아 일본 최고의 역사가인 와다 하루키 교수는 일본을 대신해서 사죄했고, 한일 지식인 200여 명이 '1910년 체결된 한일 병합 조약'은 무효임을 선언했습니다. 그리고 간 나오토 일본 총리는 '강압에 의한 식민통치'를 인정하고 한국을 명시해 '마음으로부터 사죄한다'고 밝히면서 궁내청이 보관 중인 '조선왕실의궤' 등을 한국에 돌려주겠다고 약속하기도 했습니다.

이전에 비해 보다 진전된 간 총리의 담화가 나올 수 있었던 것은 국권 피탈 100년이라는 상징도 있었지만, 이젠 한국을 파트너로 인정할 수밖에 없는 국제 정치 상황의 변화도 함께 담고 있다고 생각합니다. 일본은 현재 20년에 걸친 경기 침체 속에 국민총생산에서 자신을 앞지른 중국이라는 대국을 눈앞에 두고 있습니다. 거기다 한반도 북쪽에서는 직접적인 위협인 북핵이 도사리고 있고, 금융 협력을 비롯한 지역공동체 형성에서 우리나라와의 협력이 필요합니다. 우리나라는 이제 있으나 없으나 하는 존재가 아니라 일본의 국익에 영향을 미칠 수 있는 국력을 가진 나라가 되었습니다.

일본이 우리를 필요로 하는 만큼 우리도 일본을 필요로 합니다. 북한의 위협과 핵문제, 그리고 한반도 통일 문제에 있어서 일본과의 협력이 갖는 가치는 일본이 없을 때와 비교해 보면 엄청납니다. 미래 중국과의 관계에서 지정학이 문제가 될 경우 손잡을 수 있는 파트너가 일본일 수 있습니다. 아직 우리 경제 규모는 일본과의 협력에서 얻을 것이 많습니다. 신뢰만 확보된다면 서로에게 큰 힘이 될 수 있는 관계가 한·일 관계임이 분명합니다.

우리는 지난 시절 일제가 저지른 만행을 결코 잊을 수 없습니다. 그러나 이젠 더 큰 미래를 위해 지난 시절의 치욕을 가슴에 묻어야 할 시점은 아닌가 싶습니다. 일본은 이제 '가깝고도 가까운 나라', 서로에게 윈윈하는 관계로 발전되어야 합니다. 그런 의미에서 이번에 발간되는 『국권 피탈 100년, 바람직한 한·일 관계의 미래』는 매우 의미 있는 자료집이라고 생각합니다.

자료집 제작에 참여해 주신 선생님께 심심한 감사의 말씀을 전합니다.

(『국권 피탈 100년, 바람직한 한·일 관계의 미래』, 2010년 12일)

『2017 일본 강제 동원 현장 사진첩』을 만들면서

　2017년 1월 31일부터 2월 5일까지 다녀온 규슈의 '일본 강제 동원의 현장'은 정말 오래 남을 것 같다.

　1938년부터 1945년까지 일제에 의해 국내외에 강제 징용된 인원만 700만 명이 넘었다. 그중 가장 많이 끌려간 곳이 규슈다. 한수산의 소설로 널리 알려진 하시마(일명 군함도) 탄광도, 2차 세계 대전 당시 일본 해군의 전함을 만들었던 미쓰비시 조선소도 규슈 나가사키에 있었다. 스미요시 터널 공장을 제외하고 강제징용을 인정하는 곳은 없었다. 임금마저 제대로 받지 못했으며, 하시마 탄광에서 살아남은 조선인들은 나가사키 원폭 이후 동원되어 2차 피폭을 당하기도 했다. 나가사키는 역사 왜곡의 현장이었고, 아픔의 현장이었다.

　강제징용은 '도자기 전쟁'으로도 불리는 임진왜란 당시에도 있었다. 5만여 피로인(被擄人) 중 상당수는 도공이었다. 그중 공주에서 끌려간 이삼평은 아리타에서 일본 도자기의 신이 되었고, 남원에서 끌려간 심당길은 가고시마 미산(美山) 마을에 정착한 뒤 15대째 도자기를 구워 오면서 일본 최고의 도자기 가문이 되었다. 그러나 일부는 데지마(出島)를 통해 유럽으로 팔려 나갔고, 또 일부는 세례를 받고 기리시탄이 되었지만 박해를 받고 순교하기도 했다. 오우라 성당의 26인 성인 기념관에는 조선인 기리시탄의 아픔도 묻어 있었다.

　나가사키 원폭 자료관과 가고시마 치란특공평화관은 전쟁을 평화로 위장하고 있었다. 그곳에도 억울하게 죽어 간 한국인들이 있었다.

애증의 땅, 규슈의 드넓은 평야, 따뜻한 기후, 펑펑 쏟아지는 온천수는 부러움이었다. 그런데 더 부러운 것은 16세기부터 유럽과 교역했던 데지마와 세계로 눈을 돌린 가고시마 광장의 '젊은 군상들'이었다.

헝클어진 한일의 역사를 어떻게 풀어 나가야 할까? 그 단초를 제공해주는 곳이 윈윈의 문화를 나누어 가진 요시노가리였고, 양심을 실천하고 있는 나가사키 평화 자료관이었다.

이 사진첩이 함께한 선생님들의 오랜 추억이 되고, 희망을 실천해 내는 조그마한 힘이 되었으면 싶다.

(2017년 3월)

6.

노샘과 맺은 인연

그는 좋은 사람이다

이건상(전남일보 선임기자)

누군가를 평할 때 '좋은 사람'이라면 끝이다. 더 세평을 붙일 게 없다. 좋은 사람은 어떤 사람일까. 잘 그려지지도 잡히지도 않는다. 그러면, 좋은 사람의 반대말은 뭘까? 나쁜 사람을 떠올리는데, 실상은 아니다. 싫은 사람이 더 정답에 가깝다. 싫은 사람은 나와 맞지 않는 사람이다.

나와 맞는 사람이 결국 좋은 사람이다. 나와 맞다는 것은 친한 사람일 게다. 친한 사람은 자주 만나는 사람이다. 나는 노성태 선생님과 단언컨대, 10일에 한 번은 만났다. 내 다이어리에 가장 많은 단어는 '회의'와 '노샘 미팅'이다. 노 선생님은 내게, 좋은 사람이다.

노 선생님을 언제 처음 뵀는지 기억이 없다. 좋아서 만난 게 아니라, 만나서 좋아진 탓이다. 대략 10여 년 된 듯싶다. 전남일보가 마련한 빛고을역사교사모임 선생님들의 진도 연수가 첫 만남으로 기억되지만, 첫 번째였는지는 또렷하지 않다. 다만, 그날 역사교사가 된 여제자와 버스맨 앞자리에 앉아 계셨던 것은 확실하다. 그분이 제자라는 사실은 뒤에 알았다.

노 선생님을 만나고, 자주 뵙고, 더 가까이 지내면서 내 삶의 콘텐츠도 달라졌다. 지금도 계속 새로워지는 중이다. 어느새 '남도', '역사', '답사', '연수' 이런 해시태그가 붙었다. 실은 난, 기자이지 역사학도가 아니다. 역사는 그냥 뉴스의 콘텐츠였다. 역사보다는 역사를 지역 자산으로 보는 편이었다. 선생님과의 만남이 두터워지면서 지역 자산이 아닌 역사 그 자체로 역사를 보게 되었다. 새로운 눈을 얻었다고나 할까.

역사는 자동차 백미러 같다. 우리가 운전하면서 운전석 위 인사이드 미러를 보는 이유는 뒤로 가기 위함이 아니다. 앞으로 진행하기 위해 뒤를 보는 것이다. 역사도 그렇다. 오늘의 문제를 더 예리하게 보도하기 위해서는 뒤를 봐야 하는 것을 배웠다. 오늘에야 감사의 말씀을 올린다.

노 선생님을 모시고 배우면서 많은 일을 했다. 남도의 지역 자산인 도자기, 안중근, 정율성을 테마로 한 '남도 로드 시리즈'를 펴냈고, 만주와 연해주, 중국 관내의 독립운동 현장을 직접 답사했다. 영산강 고대문화 마한뿐 아니라 광주학생독립운동 등 독립운동사 학술행사는 또 얼마나 했던가. 요즘은 해외 답사를 떠나면 선생님 뒤에서 서당개 흉내를 내곤 한다.

중국 관내 옌안 답사 때가 기억난다. 잃어버린, 또 잊어버린 역사를 자책하면서 새벽 1~2시까지 부어 댔던 빠이주(白酒)……. 옌안의 한 식당에서 목이 터져라 불렀던 '임을 위한 행진곡'과 '아침이슬'. 선생님은 늘 옌안과 만주를 지극히도 사랑하셨다. 옌안에 서면 순결한 청년이 되고, 만주에 다가서면 혈맥의 투사가 되신다.

돌이켜 보면, 선생님에게서 역사만 배운 것은 아니었다. 삶은 인연과 만남의 마일리지라고 하는데, 내 인생의 마일리지는 노 선생님에게서 받은 게 참으로 많다. 삶의 두 축, 에너지와 시너지-.

수업하고, 강의하고, 책 쓰시고, 신문에 연재하시는 삶의 열정, 그 에너지는 고스란히 내게 전이되었다. 그 에너지에 절로 고개가 숙여진다.

삶은 에너지로만 살 수 없다. 누군가와 연계되고 관계돼야 한다. 특히나 우리네는 '관계주의 문화'라 하지 않는가. 선생님 주위에는 좋은 분들이 참 많다. 그분들이 모두 내게 시너지가 되었다.

노 선생님이 정년퇴임하신다. 선생님에게 퇴임은 있어도 정년은 없으시다. 교사 임용, 첫 발령, 장교 입대, 대학원, 광주로 전직, 수석교사 등 수많은 산을 넘어오셨다. 퇴임 이후에도 크고 작은 산들이 여전히 있을 것이다. 때로는 예전과 달리 힘이 부치실 수도 있을 테다. 하지만, 산 너머 산이 있어야 산맥이 되지 않는가. 지금처럼, 앞으로도 늘 함께해 주시라고 감히 청해 본다.

내 인생의 '10대 뉴스'에 여전히 '노성태 선생님'이 자리하고 있다.

그는 옆집 형이고, 역사교사의 길잡이다

남궁원(대영고등학교 수석교사/역사)

선생님과의 첫 만남

"연수 받으러 가시나요?"

"네에."

"그럼 제 타에 타시죠?"

그를 처음 만난 것은 지난 2014년 1월 초 천안 연수원에서였다. 무거운 짐을 끌고 오르막길을 오르는 나에게 따스한 손길을 내밀어 주었다. 그렇게 연(緣)이 시작되었다. 수인사를 나누면서 참으로 서로 간에 교집합이 많다는 것을 확인하면서 그날의 만남이 여러 겁 전에 이미 정해진 것은 아닐까 하는 생각이 들었다.

사람과 사람의 만남은 보통 끌림과 당김으로 이뤄지며 사회적 상호작용이 반복되면서 성품과 심신이 겹겹이 쌓이기 마련이다. 그러면서 개인이 가진 관계망의 형성에 따라 나름의 사회적 관계를 이루어 간다. 노 선생님과 나는 천안에서 3주를 머물면서 주경야음(晝耕夜飮)을 하며 인생, 사회, 역사, 철학 그리고 지리를 논하며 우리 나름의 그물을 만들었다.

학교현장의 혁신적 변화를 이끌기 위한 수석교사의 노력은 무엇인가? 역사과 수석교사로서 수업과 평가의 변화를 위한 어떤 노력이 필요하며, 동료들과의 원활한 관계를 형성하기 위해 무엇을 할 것인가? 나만이 아니라 더불어 성장하기 위한 수석교사의 역할과 노력에는 어떤 것들이 있을까? 우리나라 혹은 외국의 인물 중에서 모범적인 인물은 누구이며, 그들로부터 우리가 배울 점은 무엇인가? 갑오년 1월 노 선생님과 저녁이면 질문을 던지고 답변을 하면서 각자가 가진 담을 허물고 우리 식의 끈을 만들어 망을 형성하였다. 제3기 전국 유·초·중등 수석교사 연수가 천안에서 진행되었다. 노 선생님은 중등 역사과, 나도 중등 역사과였기에 역사에 대한 이런저런 이야기도 나눌 수 있었다. 그러면서 그의 '기억'에 나도 발을 들여놓았다.

뜨거움과 설렘, 그리고 두려움

유홍준 교수는 언제인가 '우리 국토는 거의 전부가 박물관이다'라는 말을 한 적이 있었다. 생각해 보니 반만년 역사의 공간, 수많은 정치 집단의 출현과 활동, 이민족의 침입을 받았지만, 이민족에게 국토를 모두 내주지 않은 역사적 경험이 있다. 왕조가 들어서고 번영을 누리다 지방 정권에 의해 멸망한 경험은 있지만, 반달리즘적인 철저한 파괴는 없었던 역사의 흐름이 우리 산천이다. 그래서인지 비교적 높지 않은 구릉지를 중심으로, 서해로 남해로 흘러가는 하천의 주변에서 농경 생활을 해 온 우리 민족의 삶은 단군왕검 이래 160대를 거쳐 지금에 이르기까지 도처에 사람의 흔적을 남겨 두었다. 3세대만 거슬러 올라가도 독립운동의 열기가 느껴지는 공간이다. 1929년 광주에서 시작되어 전국으로 확산된 항일학생운동, 1919년 3월 1일을 기하여 전국적으로 전개된 '대한 독립만세'의 민족독립운동.

노성태 선생님은 수석교사였고, 역사교사였고, 역사가였고, 그리고 그는 당대를 뜨겁게 살아가는 지식인이다. 그는 1980년 5·18민주화운동의 산증인이기도 하다. 그런 그를 만나는 일은 뜨거움이고 설렘이고 때로는 두려움이기도 하였다. 역사를 사랑하기 위해서 지녀야 하는 덕목이 있다. 첫째는 나눔과 배려이고, 둘째는 분노와 사랑이고, 셋째는 참여이다.

갑오년 연수에서 그가 동료들에게 보여 준 모습은 일부분일 수 있지만, 토론과 발표에서 나누고자 하였으며, 곡차를 마시면서도 함께하고자 하였다. 특히 연수의 마지막을 장식할 국내 연수에서 우리는 호남 서남권 권역을 희망하였고 1박을 엘도라도 리조트에서 하게 되었다. 신안 바닷가 백사장에서 별비를 맞으며 불렀던 「광야에서」라는 노래는 잊을 수 없다. 대한민국의 역사는 민주의 역사였으며, 민주주의의 실현을 위한 많은 활동이 전개되었던 역사였다. 김지하의 시나 양성우의 시, 김남주의 시를 거론하지 않더라도 우리는-그 시절을 살아갔던 사람들-안다. 이는 불의와 부당성에 대한 항거이고 '악의 평범성'을 거부하는 매우 적절한 행동이기도 하다.

아름답고 소중한 사람

언제인가 그는 내게 몇 권의 책을 주었다. '기억을 걷다' 시리즈의 책이다. 그는 더 흐려지기 전에, 더 많은 이들에게 알려 주고자, 또 다른 이의 기억까지 찾아서 백두대간의 줄기를 잡아 우리의 산맥을 정리하듯이 차곡차곡 정리해 냈다. 광주 사람답게 먼저 광주의 기억을 정리하였고, 그 흐름을 잡아서 독립운동의 기억을 정리해 냈다. 쉽지 않은 일이지만 누군가는 해야 하는 일이기도 하였다. 그러면서 그는 나에게 서울의 기억을 정리하는 것을 제안하기도 하였지만 나는 엄두를 내지 못하였다.

그는 청년의 활동을 능가하는 영역을 가지고 있다. 학교 수업, 신문 기고, 방송 출연, 국내외 답사 안내, 저술, 강연 등등. 혹시나 지나친 활동으로 가정에서의 점수가 낙제점을 맞는 것은 아닌가 하는 생각도 든다. 하지만 더 걱정은 건강을 해치는 일이다. 그의 모든 활동의 근간은 건강이기 때문이다. 그런데 그가 곧 정년퇴임이라고 한다. 늘 동료와 후배 곁에서 등을 토닥여 줄 교사 선배였던 그가 교단을 떠난다고 하니 이 서운함을 숨기지 못하겠다. 비록 광주와 서울, 멀리 떨어져 있지만 간혹 전화를 주고받고, 우연한 장소에서 만나면서-지난 1월 초에도 교원대 강의에서 만났음-여전히 튼튼한 관계망을 확인하였건만. 그가 학교현장을 떠나 이제 인생 2막의 무대로 옮겨 간다고 생각하니 보내 드려야 하는 마음이 무겁다.

우리는 살아가면서 나름의 사회적 관계를 형성하고, '기억'을 만들어 간다. 내게 노성태 선생은 아름답고 소중한 사람이다. 물리적인 거리는 멀지만, 심리적이고 정서적인 거리는 한 치 앞이다. 그는 내게 옆집 형이고, 역사교사의 길잡이다. 그래서 나는 기억 속에 그를 모셔 두고 이따금 목소리를 들어 볼 예정이다. 아울러 그동안 동료들과 후배들에게 보여 준 사랑과 정성에 깊이 감사드리며, 새로운 무대를 준비하는 그에게 응원과 힘찬 함성을 보내 줄 것이다. '형님 그동안 고생하셨습니다, 감사합니다, 멋진 인생 2막을 응원합니다.'

언제인가 그는 내게 이런 말을 한 적이 있다. 그의 정(情)이 진하게 배어 있었다.

"어이, 연락하고 KTX 타고 내려와, 무등산 가게!"

나는 이런 대답을 준비하련다.

"형님 저 KTX 탔어요, 형님과 무등산 가려구요!"

후학을 가르치며, 우리 지역을 밝히다

김진구(일신중학교 교감)

우리 노성태 선생님은 시골 아재같이 포근한 분이다. 보기만 해도 편안해지고 의지하고 싶은 마음이 든다. 수십 년간 원근에서 함께해 왔는데 노기를 띤 모습은 기억에 없다. 헝클어진 사안을 두고 협의를 할 때도 가만히 내놓는 의견을 듣고 있자면 절로 수긍이 가곤 한다. 주장이 강하지도 않으면서 제시한 한마디 한마디가 혜안이어서 따르는 선후배들이 많다. 학술 세미나에 참석하여 강연을 들으면서, 역사교육을 교단 현장에서 실천하고자 하는 정책적 제안을 들으면서, 술 한잔 앞에 두고 삼마태수(三馬太守) 지지당(知止堂) 송흠(宋欽)의 청백리 이야기를 들으면서 나는 노성태 선생님을 정말 좋아했다. 아니 만나기만 하면 그에게 빠져들었다.

그의 이름 앞에 붙은 접두사도 다양하다. 향토사학자, 교사, 회장, 노박(노성태 박사라고 우리들이 부르는 애칭)으로 불리는 명칭처럼 지나온 삶은 열정의 나날이었다. 오랫동안 광주지역 역사교사모임의 좌장으로 활동하면서 교과서에 침잠해 있던 우리 지역의 근·현대사를 하나하나 드러내 비추기 시작했다.

역사 교과서와 교단과 역사 현장을 함께 묶은 교육자였고, 사학자였고, 실천가였다. 노성태 선생님이 활동한 그 자체가 우리 지역의 역사가 될 것으로 생각한다. 그의 펜 끝에서 백범과 안중근의 흔적이 되살아났고, 비굴한 인사들의 부끄러운 족적을 명백하게 끄집어냈다. 대부분이 아픈 과거사였기에 덧칠해지고 숨겨진 진실이 많았는데, 이를 재해석하여 내놓은 그의 수많은 글과 발간된 책은 갈수록 빛을 더 발할 것으로 생각한다. 여기에 더하여 연보에도 기록된 것처럼 교사, 학생들을 직접 인솔하고 국내외 역사 현장을 수십 회 누볐던 진취적 실천은 후학들의 모범이 될 것이다.

노성태 선생님의 교육 활동은 재직하신 학교뿐만 아니라 우리 광주 교단에도 큰 영향을 미쳤다. 특히 광주교육아카데미 활동은 실질적인 동 교과 수업 개선의 첫 모임 형태로 300여 명의 각 교과 교사들이 과목별로 또는 연합으로 활동했는데 오랫동안 연합회장을 맡으면서 활성화시켰다. 그리고 매년 동학, 광주학생독립운동, 4·19혁명, 5·18민주화운동 등 역사를 되새김하는 자리에는 한 해도 빠지지 않고 함께한 역사 교육의 스승이었다. "인왕산 그늘이 관동 팔백 리"란 말처럼 향토 역사를 조명하는 데 노성태 선생님의 역할은 우뚝하였다.

오랜 세월 몸담았던 교단에서 건강하게 정년하시니 축하할 일이로되, 광주교육에 있어서 노성태 선생님의 빈자리는 크게 느껴질 것이다. 교직을 떠나지만 다행히도 역사 관련 연구소를 설립하여 연구 활동, 집필, 역사 탐방을 계속하시겠다니 또 다른 기대감과 동행하고 싶은 마음이 간절하다. 방송 출연이나 신문 기획 특집은 더 많아질 것이고, 시기에 제한 없이 역사 탐방은 늘어 갈 것이니 퇴임 후의 활동은 더 빛날 것이라 생각한다.

40년 가까이 초롱한 학생들을 가르치면서 우리 지역의 역사를 들추어 밝히신 노성태 선생님! 이제 선생님 또한 우리의 역사이십니다.

땅과 사람의 '기억'을 알기 쉽게 정리해 온 열정

박병섭(순천문화재단 이사)

도산 안창호 선생을 함께 따랐던 인연

사실 노 후배와 갖게 된 인연은 참 오래되었다. 1977년 전남대학교 흥사단 아카데미 동아리에서 만났다. 유신체제 말기의 대학은 공포스러웠다. 교정에 사복 경찰이 순찰을 하고, 야유회를 가더라도 지도교수가 동행해야 했다. '역사'를 공부하는 국사교육과였지만, 서슬 푸른 시대에 사회를 함께 고민할지언정, 80년대 이후의 대학처럼 분위기가 자유롭지는 않았다. 학도호국단이라는 군사 조직으로 편제되었기 때문이었다.

이러한 때에 전남대학교 흥사단 아카데미는 오아시스 같은 존재였다. 지도교수를 세우지 않으면 동아리-당시에는 '서클'이라 불렸다-등록을 할 수 없었을 때 교육학과 김용선 교수가 기꺼이 맡아 방패가 되어 주셨다. 또 '불온' 단체에 낮은 임대료를 받고 사무실을 빌려준 고 김재균 의원의 부친 덕분에 우리는 '단소'라고 불렸던 공간에서 자유롭게 만날 수 있었다. 매주 학술 집회, 매월 월례회, 각종 연합 모임 등등. 단소에서 토론하고, 노래하고, 수련회에서 함께 땀 흘리며 형제가 되었다. 76학번 동기들도 튼튼했지만, 노 후배가 포함된 77학번은 더 씩씩했다. 남녀 후배 회원들이 능력도 출중했고, 결속력도 뛰어났는데 노 후배는 그 중심에 있었다. 내 동기들도 모이고 있지만, 노 후배 동기들은 더 잘 모이고 있다.

전문학자와 향토사학자의 영역을 '점령'한 역사교사

우리 역사교사는 교과서에 수록된 '정설'을 가르친다. 지역과 관련된 내용 가운데 학생들이 알면 좋을 내용이 있지만, 교과서에 나오지 않으면 굳이 가르치지 않았다. 잘못된 내용이 들어가 있을지라도 학술적으로 검증하는 것이 쉽지 않아서였다.

지역에서 활동하는 이른바 '향토사학자'는 지역에 대한 애정이 넘친 나머지 지역을 최고로 미화하는 글을, 그것도 한자를 잔뜩 넣어 펴냈다. 학술적 근거가 약한 경우도 있고, 심지어는 식민사학의 영향을 받은 경우도 있어 그대로 받아들이기에 곤란한 점이 있었다.

노 후배는 자신이 갖고 있는 뛰어난 통찰력으로 교과서는 물론 기존 향토서의 한계를 잘 분별해 냈다. 사학과 교수가 집필하고 광주광역시가 펴냈던 책자를 꼼꼼하게 검토하여 집필 교수를 놀라게 했다는 얘기를 들었다.

빛고을역사교사모임을 만들어 지역 답사를 꾸준히 진행하면서 지역에 대한 탐구와 정리를 병행해 나갔다. 이를 토대로 역사교사와 학생들을 위한 답사 프로그램을 구성하여 체험학습(답사 활동)의 수준을 높여주었다. 그 결과를 토대로 시내버스를 이용한 답사 프로그램집을 개발한 것을 보고서 감탄했던 기억이 새롭다.

노 후배의 최대 장점은 복잡한 것을 쉽게 설명할 줄 아는 능력이다. 아주 오래전에 식영정 답사 때 사림의 계보를 설명하면서 관련 인물의 관계들을 줄줄줄 꿰냈다. 이러한 역량을 갖고 있기에 『남도의 기억을 걷다』에서 시작된 기억 시리즈는 충실한 답사 안내서로 자리 잡았다. 2020년에 들어서는 전남일보 지면 한 면 전체에 또 광주와 전남 각지의 역사를 쉽고 재미있게 정리하는 기사를 연재하고 있다. 예전 같으면 역사에 조예 깊은 한송주 같은 기자가 썼거나, 김정호 님 같은 향토 사학자가 했던 일인데, 이제는 역사교사인 노 후배가 하고 있다. '마한', '광주학생독립운동', '의병', '광주의 3·1운동' 등 예전에 역사학과의 교수가 했던 일까지도 하고 있으니 놀랍다.

역사교사가 지역 서점이 갖다주는 부교재에 의존하던 시절이 있었다. 교사의 무대가 학교 안이다 보니 돈과 권력을 쥔 학교 밖 사람들한테 무시당하기도 했다. 어차피 모든 교사가 돈과 권력을 쥘 수는 없는 세상에서, 그래도 우리 교사가 쥘 수 있는 무기는 전문성이리라. 교사가 지역사회에 조언하고, 인도할진대 뉘가 무시할 것인가. 노 후배의 종횡무진한 활동은 한 개인의 역량 발휘에서 더 나아가 우리 역사교사의 위상을 높여 주었다.

성인들은 물론 청소년을 대상으로 여러 공간에서 여러 형태로 인문학 강좌가 열리고 있다. 장성에서 시작된 교양 강좌가 공교롭게도 '아카데미'이다. 반응이 좋으니 다른 지역에서도 많이 따라 하고 있다. 노 후배의 명성을 알아본 고흥군이 초청해서 강의를 맡겼다는 것을 뒤늦게 알았다. 그야말로 종횡무진이다. 그 영향과 자극으로 함께 활동해 온, 광주에서는 신봉수, 윤덕훈 후배가, 전남에서는 김남철 후배가 새로운 별로 떠오르고 있어 너무 기분이 좋다.

역사시민운동의 새로운 영역을 향하여

대학에서는 인문학이 천대를 받지만, 학교 밖에서는 우대를 받고 있는 시대가 되었다. 정보통신 기술이 인간에게 편리함을 주었지만, 행복까지 준 것은 아니다. 코로나 역병의 창궐 사태를 겪으며 제대로 된 인문학의 확산이 요구되는 시점에 와 있다.

더욱이 지식이 보편화되는 세상에서 비전공 역사 동호인들이 생겨나는 것은 너무도 바람직하다. 그런데 문제는 '국수주의', '식민지 근대화론'(반일 종족주의) 등의 극편향의 사관을 갖고 있는 사람들이 너무 많이 생겨났다.

역사 전공자가 중심이 되어 역사를 제대로 공부할 수 있는 사회적 분위기를 만들어 나가면 좋겠다는 생각을 해 본다. 특히 지역의 역사를 알고 싶어 하는 분들에게 길잡이를 해 주는 전문가의 출현을 우리 사회는 기대하고 있다. 역사교사로서 쉽고 재미있게 전달하는 능력을 꾸준히 단련해 온 사람이 아무래도 알맞지 않을까 생각한다.

우리 역사 전공자들은 퇴임 이후를 걱정할 필요가 없다. 일할 거리가 널려 있는데, 즐기면서도 할 수 있는 일인데 무엇을 걱정하랴. 수석교사여서 수업 시수를 덜 받기는 했겠지만, 그래도 매인 몸이었을 것이다.

퇴임 후 얽매임에서 풀려났으니 날개를 다는 셈이다. 묶여 있는 상태에서도 동아시아를 누볐는데, 완전히 풀린 상태에서 어디든 가지 못할 것인가. 노 후배의 새 세상 진출을 축하하며, 차기작을 기대해 본다.

기억 소환! 40여 년의 우정

황행자(숭일중학교 수석교사/역사)

첫 번째 인연, 전남대학교 국사교육과 77학번 동기

1977년 봄, 전남대학교 사범대학 입학. 노성태와 나는 '77학번 동기'로 인연을 시작했다. 기억을 소환해 보려 애쓴다. 하지만 70년대 후반의 기억 속에 그가 곧바로 나타나지는 않는다.

더듬어 보니, 당시 우리는 계열별 입학으로 사범대 인문계열이 두 개반이었고, 그와 나는 반이 달랐다. 2학년이 되어 국사교육과 5회 동기로 만난 것이 본격적인 인연이 되었으리라. 당연히 같은 강의실에서 공부했을 테고 정기 답사, 월례 답사에도 동행했겠지. 그런데 여전히 그의 존재가 뚜렷하게 떠오르지 않는다. 그저 조용히 강의실 한쪽에 앉아 공부하던 그의 모습이 어렴풋이 떠오를 뿐. 학창 시절 그의 모습을 찾아 앨범을 뒤져 본다. 아쉽게도, 내가 가진 몇 장의 답사 사진엔 그가 없었다.

성태 친구는 '흥사단 아카데미' 활동을 열심히 했던 것으로 기억된다. 그리고 3학년 때부터 학군단(ROTC) 제복을 입었다. 나와는 다른 영역에서 활동했다.

하지만 분명 그는 늘 곁에 있었다. 1978년 교육지표 사건 때도, 79년 10·26 사태 때도, 그리고 80년 5월의 현장에도 우리는 함께 있었다. 우리는 분명, 1978년 6월 전남대 중앙도서관(백도) 앞에, 1980년 5월 도청 분수대 앞에 함께 있었다. 바로 옆자리는 아니어도 우리는 그 역사의 공간에 함께 있었고, 그 시대의 아픈 기억을 공유하고 있다. 홍승기, 김두진 교수님, 그리고 우리의 친구 신영일에 대한 기억을 공유하고 있다.

1981년 2월 졸업 직후, 교사 발령에 대한 문의를 했던 나는 새로운 사실을 알게 된다. 당시 '과 수석'은 시 단위 교육청에 발령을 내주었는데 아쉽게도 나는 아니었다. 국사교육과 5회의 '수석'은 노성태였다. 강의실에서도 나서지 않고 조용히 공부에만 열중했던 모범생. 학창 시절의 내 기억 속에, 그가 뚜렷하게 떠오르지 않았던 이유가 되지 않을까?

그해 3월, 그는 장교로 임관하였고 나는 장흥관산고등학교로 발령받아 교직을 시작했다. 그리고 우리는 오랫동안 간접적으로 소식을 듣는 사이가 되었다. 나는 2년 만에 광주 사립으로 학교를 옮겼고, 그는 전역 후 전남으로 발령을 받아 교직을 시작하였다. 80년대 중반 그와 나는, 같은 대학원 사학과에서 공부하였지만 아쉽게도 시기를 비껴갔다.

두 번째 인연, 빛고을역사교사모임

그러다가 그가 1988년에 광주 사립으로 학교를 옮기게 되면서 다시 인연이 시작된다. 그는 광주의 국제고등학교 임용 면접을 앞두고 나의 재직교인 숭일고등학교에서 수업시연 리허설을 하였고, 당연히 합격하였다. 그때부터 우리는 같은 지역의 사립학교에서 근무하게 되었지만 특별한 교류를 하지는 않았다.

그런데 인연은 끈질기다. 각자 결혼하여 첫아이를 두고 살면서 우연히 두 가정이 만나게 된다. 1991년 6월, 우리는 화순 운주사에서 만났다. 두 집 모두, 자녀가 막 걸음마를 시작한 때라 나들이 나온 거다. 역사를 전공한 사람들이라 다른 곳이 아닌 '운주사'로 발걸음했겠지. 서로 반가워하며 좋은 시간을 보냈던 기억이다. 아장아장 걸음마하는 두 아이들의 귀여운 모습이 눈에 선하다. 그 아이들이 지금은 서른, 어른이 되었다.

이후에 우리는 박해현 친구와 함께 세 부부가 만난 적도 있다. 성태 친구와는 사는 동네도 같아서 자녀들도 같은 학교에 다니는 인연이 되었다. 하지만 왕래가 있진 않았다.

2000년대에 들어서서 10여 년 정도 나는 가정적으로 힘든 시절을 보냈다. 어느 정도 정리된 2012년에 성태 친구로부터 연락이 왔다. 나주·진도 답사 가는데 같이 가자고. 그 답사를 계기로 나는 '빛고을역사교사모임'에 발을 딛게 되었고, 훌륭한 후배들과 함께 지금까지 좋은 인연을 이어 가고 있다. 빛고을역사교사모임은 1998년에 창립되었는데 성태 친구가 10년 넘게 회장을 맡아 기반을 다져 놓았다. 빛고을모임과 함께하는 국내외 답사 하나하나가 성태 친구의 작품이다. 열정을 가진 선배 못지않은 후배들이 그의 뒤를 이어 이 모임은 여전히 활발하다. 광주광역시교육청 주관으로 만든 많은 자료집이 빛고을모임 회원들에 의해 만들어졌다. 성태 친구와 함께, 이 모임은 광주 역사교육에 중추적인 역할을 해 온 것이다.

세 번째 인연, 수석교사로서 만나다

이렇듯 성태 친구는 조용한 가운데 큰일을 해내는 친구다. 언제부터인가 그는 답사를 다니면서 기록한다. 그리고 2010년 『독립의 기억을 걷다』를 시작으로, 『남도의 기억을 걷다』, 『광주의 기억을 걷다』, 그리고 최근에 『다시, 독립의 기억을 걷다』 등의 대저술을 내놓았다. 그의 글은 화려하지 않다. 간결하지만 재미있어서 독자들은 자신도 모르게 빨려들어간다. 쉽게 써 내려간 듯, 그러나 유려한 그의 필력이 부럽다. 참으로 자랑스럽다, 그가 내 친구인 것이.

그와의 인연으로 시작된 또 다른 귀한 인연이 있다. 바로 전남일보와의 만남이다. 덕분에 나를 비롯한 많은 역사교사들이 신문사와 함께하는 해외탐방, 그리고 탐방 현장을 소개하는 글을 게재할 수 있는 경험을 갖게 되었다. 또한 전남일보와 함께하는 인터넷 방송 '팟! 호남가'를 함께 녹음하여 교육에 활용하였다. 물론, 시나리오는 주로 성태 친구 몫이었다.

성태 친구와 또 다른 인연이 있다. 수석교사로서의 인연이다. 성태 친구가 먼저, 이어서 내가 수석교사가 되어 2017년부터 우리는 더욱 자주 만나고 있다. 이제는 '이심전심'하는 사이가 된 듯하다. 나 혼자만의 생각일까?

2019년에는 그의 권유로 100주년을 맞아 광주의 3·1운동을 재조명하는 작업에 참여하였다. 이른바 '3·1 민회'에 참여하여 지역의 이름 있는 활동가들과도 인연을 갖게 되었다. 덕분에 우리 지역 3·1운동에 대해 공부할 수 있었고, 학술 세미나 패널로 참석하는 기회도 갖게 되었다.

77학번 동기로 인연을 맺어 빛고을역사교사모임과 답사 활동, 팟캐스트 활동, 수석교사 활동과 강의 활동 등을 함께하며 우리는 40여 년의 우정을 다져 왔다. 그 세월 동안 그에게서 많은 것을 배웠다. 끊임없는 도전과 배움의 자세, 후배 사랑의 마음가짐, 그의 글과 강의를 통해 배우는 광주정신 …… 무엇보다도 감사한 것은, 그와의 인연이 나에게 또 다른 인연을 만들어 준 것이다. 그것은 내 역량을 발휘할 수 있는 새로운 기회를 제공해 주었다. 자신뿐 아니라 주변 사람의 역량까지 끌어내는 것, 이것이 바로 성태 친구의 능력이다. 아마도 이에 동의하는 이가 많을 것이다.

이제, 나의 멋진 친구인 '교육자 노성태'의 현역 시대가 끝나 간다. 하지만 성태 친구의 역할은 끝나지 않았다. 아마도 지금까지 해 왔던 것보다 더 많은 역할을 하게 될 것 같다. 그동안 그의 가르침을 받았던 제자들에게는 영원한 스승이 될 것이다. 여전히 광주정신, 남도정신을 알리는 역사문화 전령사로 역할을 할 것이다. 후배들에게 방향을 제시하는 등대로 빛을 내며 지금까지 있던 그 자리에 있을 것이다.

물론, 나도 성태 친구와의 인연을 이어 갈 것이다. 그의 건승을 빌어본다. 아울러, 베이비붐 세대의 멋진 우정이 X세대, Y세대(밀레니얼 세대)의 본이 되길 기대해 본다.

내 교직 생활의 자양분

김명수(숭덕고등학교 교사)

성태 형님!

벌써 20년이 흘렀습니다.

고향도 아닌 광주에서 교직 생활을 이어 가면서 빛고을역사교사모임에 관심이 있던 차에 형을 잘 알고 계시던 양○○ 선생님의 소개로 처음 알게 되었습니다. 물론 당시 형의 이야기는 널리 알고 있었지만…….쉽게 형이 빛고을과 함께하자고 하여 무척이나 고마웠습니다. 그 만남이후 함께하면서 많은 것을 배우고 느꼈습니다. 기회가 있을 때마다 하는 이야기이지만 빛고을모임에 왔다 가면 왠지 내가 역사교사다움을 조금이라도 갖추게 된 것 같았습니다. 형님을 비롯한 '빛고을역사교사모임'은 저에게는 큰 안식처가 또 배움의 터가 된 곳이고 누구보다도 형의 관심과 지도가 큰 힘이 되었습니다. 감사하게 생각하고 있습니다.

돌이켜 보면 형과 만난 후 저의 교직 생활은 형과 함께한 시간이라 하여도 지나치지 않습니다. 제가 형을 보고 느낀 것은 항상 나보다 먼저라는 모습이 너무 멋져 보였어요. 일의 중함이나 양이 문제가 되질 않았습니다. 시간도 문제가 되질 않았습니다. 막연함도 뚫어 가는 형의 저돌적인 연구 모습은 우리 후배들의 본보기가 되었습니다. 한마디로 멋집니다!

형님!

기억에 남는 일들이 많습니다.

형님은 저의 국내외 답사 룸메이트였습니다. 형님의 잠자는 스타일도 형수님 빼고는 제가 제일 잘 알 것입니다. 주무시는 스타일에 약간의 비밀도 있지만……

2002년 중국 심양·집안·백두산 답사를 시작으로 많은 곳을 함께하면서 서로를 알아 가기(?) 시작했습니다. 답사가 끝나고 숙소로 들어오면 형님은 간단히 씻고 먼저 주무시고 그 뒤 저는 샤워를 하고 잠이 들었죠. 형은 아침에 샤워하는 것을 좋아하여 저하고는 정말 딱 맞는 짝꿍이었어요.

2004년 부산에서 배를 타고 대마도에 가 통신사 일행의 흔적과 근·현대사의 아픔을 확인하는 최익현 순국비, 덕혜옹주 관련 기념비, 도조 이삼평 후손 며느리 상봉 등 많은 일이 추억으로 남습니다.

2005년 티베트 답사도 함께했죠. 강한 인상을 남긴 곳 중의 하나가 아닌가 합니다. 고산지대로 산소가 부족하여 일부는 산소통을 사서 마시고 라싸 지역의 포탈라궁을 답사한 것도 모두 기억합니다. 특히 화려하지는 않지만, 자신의 삶 속에 지나치지 않고 조그마한 것에도 감사하게 살아가는 그들의 모습을 통해 더욱더 겸손하게 살아야겠다는 세상의 이치도 배우고 다짐도 했습니다.

2007년 개성 답사는 지금 생각해 보면 형님을 비롯한 빛고을의 혜안을 느낄 수 있는 역대 큰 경험이었습니다. 같은 민족으로서 통제되고 억압받는 곳이지만, 우리가 쉽게 접근하지 못할 곳이지만, 다른 사람들보다 먼저 경험을 하게 된 것은 무척 인상적이었습니다. 개인적으로는 아들도 함께하여 기쁨은 배가 되었습니다. 감회가 새롭습니다.

2008년 여름날 가족과 함께한 연해주 답사도 영광이었습니다. 역사라는 것에 별로 관심을 두지 않던 집사람이나 아이들이 우리 역사에 대해 조금씩 알게 되고 질문을 던지게 되는 계기가 되었고, 아들의 대학 진학에도 영향을 끼쳤다고 생각됩니다. 형과 함께한 생활이 가족과 자녀의 삶에도 녹아드는 일이었으니 형은 어찌 보면 우리 가족의 2대에 걸친 영향력을 행사하게 된 것 같습니다.

2012년 겨울 캄보디아·베트남 답사에서는 앙코르와트 유적의 신비함을 느꼈습니다. 베트남에서는 과거 강대국들이 자신들의 이익을 위해서 약소국들을 이념으로 대립시켜 그들의 힘을 확대하는 현장이라는 생각이 들면서, 현재의 갈라진 한반도의 실상을 짚어 보았습니다. 베트남전에서 한인들에 의한 현지인들의 희생을 생각해 보면서 그들에게 우리의 진정한 사과가 이루어져야 한다는 열띤 말씀도 있었지요.

2014년부터는 주로 구한말과 일제 강점기 한·중·일 관계사에서의 우리 의병 항쟁사와 독립운동가의 삶 그리고 한·일 간의 고대사 흔적들을 찾아다녔습니다. 2014년 상하이·난징·시안·옌안, 2015년 시안·한단·베이징, 2016년 오사카·교토·나오시마·시모노세키·기타큐슈, 2017년 후쿠오카·나가사키·가고시마, 2018년 난징·우한·시안·옌안·충칭, 2020년 상하이·난징·시안·옌안·베이징 답사를 통해서 안중근, 김구, 김원봉 등은 물론이고, 잘 몰랐던 최재형, 정율성, 무명 독립운동가들을 생각하게 되었고, 왜 우리의 8월 15일이 건국절이 아니고 해방을 맞이한 광복절인지를 알았습니다. 자신의 안위를 좇지 아니하고 죽음을 각오하고 나라를 위해서 투쟁하고 희생한 자랑스럽고 존경스러운 순국선열들에 대한 애국심을 배웠습니다. 한·일 간의 선결 과제는 일본의 진정한 사과가 밑바탕이 되어야 함을 깨달았습니다. 나아가서 중국 내 독립운동가들의 유적지를 어서 빨리 보존하고 기억의 공간으로 만들어야 함을 새삼 느꼈습니다.

성태 형!

40여 년 교직 생활을 자랑스럽게 정년으로 마치는 형이 존경스럽습니다. 형은 그 누구보다도 열정적으로 아이들을 사랑하셨고 재임하시는 동안 학생들에게 광주정신을 일깨우는 데 앞장서셨습니다. 광주교육의 주역이셨습니다. 많은 기록과 저서도 누구 못지않았습니다. 이 모든 것의 밑바탕에는 형수님과 훌륭하게 성장한 한솔, 준엽이의 응원이 있었음을 알고 있습니다. 형수님! 감사합니다.

다시 한 번 형을 알고 지낸 20여 년이 저에게는 교사의 직분을 수행하는 데 큰 자양분이 되었음을 감히 이야기하고자 합니다.

내내 건승하세요. 앞으로는 연구소에 놀러 가겠습니다.

나의 영원한 비빌 언덕 선배님!

박민아(지산중학교 교감)

국정교과서 저지 투쟁에 앞장서다

역사 선생으로 25년을 훌쩍 넘겨 살았던 나는 가르치는 원동력을 빛고을역사교사모임에서 찾았다. 아이들과 수업 중에 느끼는 곤궁함과 나른함을 물리쳐야 했다. 빛고을은 신기한 힘이 샘솟게 하는 곳이었다. 짬짬이 이루어지는 회원들과의 워크숍, 가깝고 먼 곳으로의 답사는 내게 부족함을 채워 주는 힘이 되었다. 당시 회장님이셨던 노성태 선배님의 열정과 실력에 서서히 중독되었다.

어쩌다 장학사가 되었다. 2015년 박근혜 정부는 미친 듯이 역사 교과서 국정화를 밀어붙였다. 광주시교육청 역사교육 업무자로서 얼마나 난감했는지 모른다. 당시 교육부의 세월호 참사 관련 부당한 업무 지시도 아찔했지만, 국정교과서 문제와는 비교가 되지 않았다. 결코 쉽지 않았다. 그런데 어떻게 그 길을 헤쳐 나갔을까? 지금 생각하면 아득하기도 하다.

이미 한국사를 필수과목으로 지정하고 교학사 교과서 파동을 일으켰을 때부터 국정화는 예고된 수순, 졸속으로 추진되는 국정화는 그야말로 광풍이었다. 국정교과서 현장검토본이 나왔을 때 우리 교육청은 빛고을역사교사모임(당시 회장 신봉수)을 중심으로 분석작업에 돌입하였다. 11월 말 추운 날씨에도 저녁이 되면 수업을 마친 우리 선생님들이 하나둘 교육청에 모여 배달 도시락으로 버티면서 어느 지역보다 빨리 분석을 마쳤다. 노성태 선생님께서 후배들을 진두지휘하신 덕이다. 당시 책의 오류와 편향은 경악스러웠고, 그 결과가 대대적으로 언론에 보도되었으며 국정화 반대 물결이 더 거세졌다.

대안 교과서 집필

국정화 저지 투쟁의 정점으로 4개 시도 교육청이 공동으로 대안 교과서(보조교재)를 만들게 되었다. 특별히 우리 광주의 장휘국 교육감님은 누구보다 앞장서시게 되었다. 어렵게 집필진을 꾸린 후 용산역으로, 전주, 세종, 심지어 강원도의 양양까지 곳곳으로 다니며 비밀 워크숍을 수없이 가졌다. 끊임없이 토론하고, 고뇌하며 책을 만들어 갔다. 지역사 쓸 때는 매주 토요일마다 첨단의 숙소나 교육청에서 낮밤 가리지 않았다. 특별히 기억나는 것은 끊임없이 노리는 정보기관의 눈을 피해 광주에서 가졌던 워크숍이다. 이때 교육감님은 집필진에게 "쫄지 마시라"고 격려해 주셨는데, 그때 우리는 일제 강점기 임시정부 요인들이 위태로운(?) 기념사진 찍는 것을 추체험한 적도 있다. 그런데, 노성태 선배님은 내가 장학사로서 늘 쫄지 않도록 든든한 버팀목이 되어 주셨다. "분명히 우린 해낼 수 있고, 결코 질 수 없는 꽃놀이패"라 하시며, 집필진 중에서도 이끎이가 되어 주셨다. 특히 그 보조교재(교과서)에서는 지역사를 쓰게 되었는데, 이 부분은 타 지역에서 범접할 수 없는 영역이었다. 이미 탄탄하게 광주의 역사를 저술하셨고, 광주팀은 『광주 제대로 알기』 등을 써서 관내 학교에 몇 차례 보급한 터였다. 항상 우리 팀이 샘플을 내어 타 지역의 길잡이가 되어서 책을 진척시킨 것은 말할 것도 없다.

박근혜 정부의 역사 국정교과서는 무너져 내렸다. 우리가 승리한 것이다. 문재인 대통령은 취임 일성으로 국정교과서 폐지를 업무 지시하였다. 물론 선배님은 쿨하게 '사필귀정'이라 하셨다. 지금도 그 생각을 하면 한없이 뿌듯하고 기쁘다. 내가 전문직 생활을 하면서 가장 보람 있는 일이라면 그때라고 감히 말할 수 있으며, 이는 99% 노성태 선배님 덕이다. 감사할 뿐이다.

해외 항일 연수를 주도하다

대개 그렇듯이 시교육청 장학사 시절은 일 구덩이에 산다. 2015년부터 우리 지역 고3 학생들에게 '광주정신'을 깨칠 수 있는 역사 특강을 운영한 적이 있다. 수능 끝난 고3 학생을 대상으로 하는 대규모 강의가 얼마나 어려운지 교사들은 다 안다. 어쩌면 무모할 것 같은 일이었지만 호랑이처럼 밀고 나갔다. 이 글을 읽는 분들은 이미 짐작하시겠지만, 이 또한 노성태 선배님이 계셨기에 가능했다. 맞춤형으로 학교에 찾아갔고, 때로는 최대 1,000여 명을 놓고도 뜨끈뜨끈한 강의를 하셨다. '정의로운 광주인'으로 살아야 한다고 아이들 마음에 씨를 뿌렸다. 이를 계기로 역사과에 본격 진학한 학생도 생겨났으니 신기한 일이다. 이 또한 선배님께 감사한 일이다.

또 어쩌다 연수원 연구사가 되었다. 국정교과서 강행 여파로 우리 교육청과 연수원은 후속 일들을 많이 하게 되었다. 교원을 위한 해외 항일 연수였다. 중국에만 그쳤던 연수 프로그램을 노성태 선생님과 이건상 본부장 등이 도와주셔서 러시아 연해주 지역으로 범위를 넓혔으며, 이 연수는 우리 광주 연수원의 간판 프로그램이 되었다. 매년 100여 명 이상이 이수하는 최고 만족 프로그램이다. 물론 타 시·도의 벤치마킹 대상이 되었다. 코스 선정부터 현장 강의까지 노성태 선생님이 아니셨다면 이루지 못할 일이다. 작년에는 연수에 참여하지 못하는 교원을 위해 원격 콘텐츠까지 제작하게 되었다. 이 또한 누구의 덕이었겠는가? 난 참으로 행복한 사람이다. 역사교사였던 나에게 샘물이 되어 주셨고, 교육전문직 생활을 이토록 보람 있게 할 수 있도록 해 주신 분이 계시기 때문이다. 오늘도 난 든든하고 감사하다.

"박장!"

노성태 선생님이 늘 내게 부르시는 칭호이다. 나는 그 어떤 칭호보다 선배님이 불러 주시는 이 '박장!'이 좋다. 수시로 갖는 만남 자체가 역사교육을 위한 기획회의('박장!'은 업무 파트너?)이고, 엄청난 추진력이 있으시므로 때로는 버거울 때도 있었다. 그때마다 선배님은 나를 성장하는 길로 이끌어 주시어 전문직 생활의 든든한 비빌 언덕이 되어 주셨다. 구체적인 일들은 여기 쓰기에 너무나 많다.

(선배님께는 외람되지만) 나도 퇴직이 아주 멀지만은 않다. 그래서 난 나중에 존경하는 노성태 선배님이 더 많은 활동을 하시도록 스케줄 관리 담당으로 써 주시라고 종종 말씀드리곤 했다. 호호호…… 써 주실랑가는 의문이다. 무료인데도…….

선배님, 선생님의 멋진 활동을 계속 기다리는 많은 사람들을 위해서라도 늘 건강하시고, 더 행복하시길 빕니다.

참으로 인간적이신 선배님

김정모(인천광역시교육청 장학관)

존경하는 선배님께!

선배님, 진짜로 정년이 되신 건가요? 우선 긴 교직 생활 성공적으로 무사히 마치게 된 것을 진심으로 축하드립니다. 정년을 축하드리면서도 섭섭한 마음 그지없습니다. 야속한 세월의 흐름에 자랑스러운 선배님께서 정년을 하게 되어 너무 안타깝지만, 정년 이후에도 멋진 삶을 사시길 기원합니다.

선배님! 지금 이 순간, 선배님과 저의 인연은 유별나게 친근하였다고 생각합니다. 선배님께서는 국사교육과 TA로, 저는 국사교육과에 막 입학한 신입생으로 첫 만남이 시작되었습니다. 격동의 80년대 전반기 국사교육과 임원으로 활동할 때, 친형처럼 친절하게 대해 주셨던 기억이 새롭습니다. 같은 5회 황행자 선배님과 함께 후배들에게 관심과 사랑을 주셔서 형님, 누님처럼 든든했습니다.

대학 4년 졸업을 앞두고 박만규 교수님과 함께 해남 대흥사를 찾아 두륜산을 등반하고, 정상에서 정기를 받아 지금까지 무사히 근무할 수 있었던 것이 새삼 웃음 짓게 합니다. 선배님과의 인연을 계속 이어 가고 싶어서 군대 갈 때와 제대할 때 인사를 드렸던 기억도 간직하고 있습니다. 제가 교직 생활을 인천광역시에서 시작하고 지금까지 우리 과에 관심을 갖게 한 것도 선배님의 힘이 컸다고 고백합니다. 과 행사에 참여할 때마다 반갑게 맞아 주며 집필하신 책까지 챙겨 주시어 정말 고맙습니다.

2017년 제3회 전국마한문화역사발표대회(국립나주박물관)에 선배님은 회장으로서 인천동암중 학생들에게 격려금도 주시고, 밖으로 나가 고분 앞에서 직접 설명을 해 주신 사진은 지금도 보관하고 있습니다(무등산의 두 가지 기록-1,000미터 넘는 산에 주상절리, 인구 백만이 넘는 도시의 1,000미터 산). 그때 참여한 4명의 학생은 졸업할 때 공로상을 받았고, 지금도 저와 연락을 하고 있습니다.

존경하는 선배님, 선배님을 한마디로 말하면 '참 인간적이다'라고 말하고 싶네요. 역사 하는 분들이 한쪽으로 치우친다는 고정관념이 많은데, 선배님은 역사에 정의롭고, 매사에 인간적이셔서 일찍부터 저의 멘토가 되었습니다.

이참에 선배님 생신을 정리해야겠어요. 4월 28일 이충무공 탄신일이죠? 양력이 아닌 음력 4월 28일로 기억하고 있겠습니다. 지금처럼 카톡으로 글을 보내겠습니다. 잘 읽어만 주세요. 선배님께서 '소주 한잔 그날이 오겠지?'라고 하셨는데, 이제 옛날 이야기하면서 소주 한잔하게요.

존경하는 선배님! 그동안 수고 많으셨습니다. 무엇보다 건강하셔야 합니다. 형수님과 조카들과 함께 늘 건강하시고 행복하십시오. 선배님을 늘 응원하고 힘찬 박수를 보냅니다.

"선배님! 진심으로 존경합니다. 사랑합니다."

하얼빈에서 우연처럼 만난 선배님

이병삼(전라남도교육청 장학관)

하얼빈, 성소피아 성당 앞에서 만나다

지난여름(2019년), 하얼빈의 성소피아 성당 앞에서 우연처럼 노성태 선배님을 만났다. 중후한 러시아 정교풍의 성소피아 성당에 눈길을 빼앗긴 나를 잡아 이끈 것은 신봉수 후배였다. 이역만리 먼 땅에서 선후배를 함께 만날 거라고는 상상도 하지 못했다. 수일 전에 전남지역사 교육자료 발간 사업으로 만났으니 더 반가웠다. 선배님과 봉수 후배는 광주지역 교사들의 '해외역사체험 연수' 안내를, 나는 '전남통일희망열차학교' 학생 인솔을 맡고 있었다.

선배님과의 우연 같은 만남을 더 반긴 것은 열차학교 학생들이었다. 여러 곳에 흩어져 있던 학생들이 선배님 주위로 모여들었다. 반갑게 인사하고 악수를 나누는 모습이 마치 오랫동안 정을 쌓은 스승과 제자 사이 같았다. 단체 사진을 함께 찍고, 통일의 구호를 외치는 모습이 독립군의 모습처럼 비장하게 보이기도 했다.

학생들은 국외 연수를 떠나기 전에 이미 선배님과의 만남을 가졌다. 학생들은 선배님이 쓴 『다시, 독립의 기억을 걷다』를 읽고, '일제 강점기 만주·연해주 독립운동가'란 주제로 선배님의 강의도 들었다. 학생들 가슴속에는 독립운동가의 뜨거운 열정이 가득 차 있었다.

성소피아 성당 앞에서 학생들과 환한 얼굴로 스스럼없이 만나는 선배님의 모습을 보면서 사제의 정이란 오랜 만남에서 싹트기도 하지만 무엇으로 만남이 이루어진 것인가도 중요하다는 사실을 깨달았다. 학생들은 독립운동 유적지를 답사하면서 선배님이 강조한 빼앗긴 국권을 되찾기 위해 자신의 모든 것을 조국에 바친 수많은 독립운동가의 정신을 되짚고 있었다.

지사적인 풍모의 선배님

나는 그 뒤로 선배님을 전라남도학생교육원에 두 번 더 모셨다. 2020년도 '전남평화통일희망학교' 계획을 수립할 때 컨설턴트로, 그리고 희망학교 지도교사 사전 연수에 강사로 모셨다. 2019년에 자료 편찬과 강의, 그리고 컨설턴트로 선배님과의 만남이 더욱 돈독해졌지만 선배님과의 인연은 대학 시절로 거슬러 올라간다. 나는 대학 시절에 TA실에서 왕조실록을 펴 놓고 공부하는 선배님의 모습이 가장 먼저 떠오른다. 아마 그때가 선배님의 대학원 시절이었을 것이다. 후배들 앞에서 선한 얼굴로 조근조근 말씀하시던 모습도 떠오른다.

교직에 들어와서 더 학구적인 모습으로 바뀐 선배님을 보았다. 선배님은 오랫동안 '빛고을역사교사모임' 회장을 역임하면서 광주·전남 지역사 연구에 몰두하였다. 뿐만 아니라 해외 독립운동가를 찾아서 만주와 연해주, 그리고 중국 본토를 누볐다. 그 결과물이 '기억을 걷다' 시리즈로 나오지 않았나 생각된다.

선배님은 역사 연구에만 머문 게 아니라 현실의 문제를 날카로운 필력으로 지방신문에 투고하는 수고를 아끼지 않았다. 특히 역사 교과서 국정화 반대 운동에도 적극 앞장선 모습에서는 지사적인 풍모를 느낄 수 있다. 그래서 선배님의 글에는 아름다운 수식보다 사실에 근거하여 역사적인 평가를 내리는 청량감이 배어 있다.

언젠가 선배님은 후배들에게 바람직한 교사상에 대한 질문을 던졌다. 대답 없는 후배들에게 선배님이 그리는 바람직한 교사상을 말했다. "원만한 인격을 가진 사람, 해박한 지식을 가진 사람, 끊임없이 실천하는 사람"을 제시한 것이다. 지금 생각하니 그 교사상이 바로 선배님의 모습이 아닌가 싶다. 선배님은 선후배를 아우르는 원만한 인격으로 우리 과 동문회장을 역임했고, 지방사를 연구하여 10여 권의 책을 저술하였으며, 수년 동안 '광주교육아카데미 연합회장'을 역임하면서 닦은 통찰력으로 사회적 모순을 날카롭게 비판하고 이를 뒤바꾸려는 실천하는 모습을 보였기 때문이다.

이런 점에서 나는 선배님의 살아온 모습에서 내 인생의 좌표를 찾고 싶다. 나이를 먹을수록 인생의 모범을 찾는 게 쉽지 않다. 나는 교단을 떠나는 선배의 뒷모습에서 내가 그리는 미래의 꿈과 희망을 찾고 싶다.

선배님, 부디 건강한 모습으로 오랫동안 지역사 연구에 매진하면서 후배들을 이끌어 주시길 바랍니다.

남도문화전령사 노성태, '역사의 기억'이 되다

김남철(나주학생독립운동기념사업회 이사)

역사, 역사교사 노성태

'역사는 이상화 실현의 과정이다.'

역사를 좋아하고 역사교사가 되어 역사교육을 담당하면서 가슴에 새기는 말이다. 역사에서 얻은 교훈을 통해 새로운 세상을 꿈꾸는 것은 살아 있는 역사교사들을 꿈틀거리게 한다. 더구나 그런 열정과 의지를 갖춘 선배를 만나는 것은 크나큰 행운이다. 역사와 역사교육, 가장 모범적으로 활동하고 계시는 노성태 샘을 선배로 만나게 된 것이 바로 그것이다. 그런 분이셨다.

평범하기 그지없이 그냥 책 읽기와 글쓰기가 좋았던 나는 자연스럽게 역사책에 빠져들었고, 큰 고민 없이 역사교사가 되고자 했다. 60년대 베이비부머 시대 마지막 자락에 태어나, 가난과 배고픔의 연속이었던 시절, 그저 보이는 것은 읽고, 아는 재미에 빠졌다. 그렇게 국사교육과에 진학했고, 자연스럽게 학회 공부와 사회과학에 심취했다. 어인 일인지 그냥 자연스럽게 동아리(서클)와 학생회의 여러 역할을 맡게 되었다. 그때쯤에 연구하는 학자풍이었던 노성태 선배를 만나게 되었다. 아마도 대학원을 다니고 공부하기 좋아하는 선배로 다가왔다. 그리고 교사가 되었고, 모임에서 얼굴을 뵐 수 있었다. 멋진 선배로 각인되었다.

남도의 기억을 걷다

노 선배는 광주 국제고에서 근무를 하셨다. 그리고 자연스럽게 빛고을역사교사모임을 조직하고 회장으로서 역할을 다하셨다. 그러면서 다양한 연구와 강의를 하셨다. 차분하면서도 지역의 역사와 문화를 구체적으로 실감 나게 설명하는 능력을 가지셨다. 그런 활동은 신문 연재에 이르게 되었고, 남도 역사를 설명하는 '남도의 기억을 걷다'라는 멋진 책을 발간하셨다. 영산강 유역의 고대문화 마한문화를 부각시켰고, 남도지역의 역사와 문화를 새롭게 발굴하고 소개하였다. 명실공히 남도문화의 전령사가 되셨다. 현행 교과서는 중앙사 위주로, 지역사는 거의 반영되지 않고 있는 실정이다. 이런 상황에서 멋스럽고 정의로운 남도의 역사를 쉽고 재미나게 설명해 주는 책은 메마른 대지에 단비가 되었다. 지금도 그 책은 남도의 역사와 문화를 대변하는 대표적인 역할을 담당하고 있다.

의병운동의 기억을 걷다

남도문화의 전령사, 또는 남도 역사의 선구자. 노 선배에게 가장 어울리는 말이다. 정말 그런 말에 부끄럼이 없다. 호남은 국난 과정에서 가장 많은, 가장 치열하게, 가장 끝까지 의병운동을 전개했던 지역이다. 오죽하면 일본은 '남한대토벌작전'이라는 작전으로 호남 의병을 끝까지 척결하고자 했고, 결국 그들은 식민지 전략을 바꿀 수밖에 없었다. 우리가 자주 보는 한말 의병운동 의병장들 사진은 바로 그 호남 의병장들이다. 호남 어느 지역 예외 없이 의병장은 저 임진 의병에서부터 한말 의병까지, 그리고 자연스럽게 항일독립운동, 그리고 해방 이후 민주화운동까지 그 정신과 활동이 이어지고 있다. 그리하여 호남을 '의향'이라고 명명하는 것에 누구나 동의한다. 바로 그런 의병장을 가장 많이 발굴해 내고, 또한 선양을 하고, 잘못된 자료를 수정 보완하였다. 무엇보다 자료에서 벗어나 직접 현장을 발로 뛰고, 의병장 관련 후손이나 전문가를 만나서 증언과 구술 채록을 하여 역사적 사실과 설명을 더욱 풍부하게 만드는 능력은 정말 부러울 정도로 대단하시다. 자연스럽게 '기억을 걷다' 시리즈에 반영되어 있다. 하여, 남도문화의 전령사라는 칭찬이 딱 어울리는 말이다.

독립운동의 기억을 걷다

오천 년의 우리 역사에서 중요하지 않은 것이 없으리라. 고대사부터 근세까지 굴곡 많은 역사를 가졌지만, 특히 근·현대사에서 전개된 남도 역사는 외침과 대응을 해 온 처절한 역사이다. 한말부터 국난 앞에서, 일제 강점기의 항일독립운동에서 수많은 의병과 독립운동가의 활동은 눈물겹고 아프다. 안타깝게도 분단이 되고, 남북한이 서로 대립과 갈등하고 있을 때 자유와 독립을 위해 투쟁했던 그들의 삶은 소외되거나 외면당해 왔다. 더구나 중국의 땅이 되어 버린 만주와 러시아 땅이 되어 버린 연해주에는 많은 독립운동가가 있다. 노 선배는 기회가 있을 때마다 만주와 연해주를 답사하고 관련 자료를 찾아 『독립의 기억을 걷다』라는 묵직한 책을 발간하였다.

그런 답사에 몇 번 동행을 할 수 있었다. 항상 미리 자료를 찾아 공부하고 현장에서 끊임없이 설명하는 모습은 선각자, 실천적 지식인의 모범을 보여 주셨다. 그리고 답사와 연수를 다녀와서 디테일하게 답사 후기를 정리하는 것을 보면서 노 선배는 천생 역사학자이면서 역사교사이셨다. 후배로서 자극을 받고, 또 롤모델 그 자체였다. 지금도 그 활동은 계속 이어지고 있다. 아직도 기억에 남는 것은, 시안에서 옌안을 방문하는 과정에 눈이 펑펑 쏟아지던 그 길에서 정율성의 마음이 되어 고난과 역경을 이기고자 했던 고행길을 함께하고, 제대로 살아야겠다고 다짐하면서 혁명가의 삶을 같이 나눈 시간들이다. 결국 사람은 정신과 의지로 사는 것임을 몸으로 체화하는 것이리라. 그러고 보니 노 선배와 남도는 물론 중국에서 일본까지 동행한 연수가 많았다. 정말 행운이었다.

전사역의 기억을 걷다

전사역의 인연. 살면서 내게 가장 소중한 인연을 꼽으라면 '전사역'의 인연이다. 역사를 더욱 좋아할 수 있었고, 역사교사로 살아갈 수 있는 자양분을 얻었고, 또 살아 있는 현장의 역사교사가 될 수 있었다. 전남을 뛰어넘어 전국의 역사교사들과 교류하면서 지금까지 내로라하는 역사샘들과 함께할 수 있었다. 얼마나 고맙고 자랑스러운지 모른다.

노 선배는 전사역의 동문회장을 맡아 솔선수범해 주셨다. 전사역의 최대 자랑은 동문회가 활성화되어 있으며, 5년 단위로 기념행사와 회보를 발행하고 있다. 퇴임하는 교수님들의 멋진 기념식을 알차게 꾸려 기념한다. 자랑스러운 전통이자 자부심이다. 어려운 시기에 회장님을 맡아 45주년 행사를 아주 알차게 해내셨다. 현장에서 수석교사로, 그리고 여러 기관에서 강연 활동을 전개하고, 언론과 방송에 출연하는 등 바쁜 일정에도 동문회장을 수행하시는 것을 보면 요즘말로 '능력자'이시다. 개인적으로 상당 기간 전사역의 실무 일을 맡아 진행해 오면서 행사 및 프로그램을 기획하고 추진하는 과정을 함께해 왔다. 어렵고 힘들더라도 해야 할 일은 긍정적으로 적극적으로 지원해 주셨고, 또 행사 과정에서 선택과 집중을 통해 행사가 원활하게 추진되도록 하는 노하우가 명확하였다.

행사가 끝나고 나면 지친 후배들에게 뒤풀이를 통해 위로와 격려를 해 주는 모습은 진정한 선배님의 역할이 무엇인지를 보여 주셨다. 지금도 그런 활동은 계속 이어지고 있다. 어쩌면 퇴임 이후 이모작 인생에서도 그것은 변하지 않고 이어지리라 믿는다.

역사의 기억을 걷다

어느새 퇴임을 하신다. 시원섭섭하시리라. 솔직히 노성태 선배는 영원한 현역이시다. 아직도 할 일 많고, 또 하고 싶은 일도 많으시리라. 벌써부터 '남도역사연구원'을 만들어 새로운 길을 가고자 하신다. 남도인들의 시대정신을 놓치지 않고, 또한 그것이 토대가 되어 호남학의 밑그림이 되도록 기여를 하고 싶어 하신다. 그런 활동과 역할을 충분히 해내시리라 믿는다. 국정교과서 반대 투쟁의 선봉에서 실천적 역사교사로서, 촛불혁명 과정에서 온몸으로 정의로움을 실천했던 그 모습에서 큰 역할을 하시리라 확신한다.

항상 최선을 다하시며 '온고지신'의 마음을 간직하며 활동하시리라. 그 길이 남도 역사의 발전은 물론 한국사의 발전에 크게 기여할 것이다. 그리하여 결국은 '역사의 기억'이 될 것이다.

거듭 한평생 실천적 역사교사로 살아오신 노 선배님의 퇴임을 축하드립니다. 이모작 인생에도 더 멋지고 아름답고 알차게 전개될 것을 믿어 의심치 않습니다.

건강과 행복을 기원합니다.

역사교사의 사표(師表), 노성태 선배

정종재(광주제일고등학교 교감)

일하기를 즐기다

높은 가치를 향해 한결같은 삶을 사는 사람은 흔치 않다. 아무개라고 하면 좋은 추억이 떠오르고 존경의 미소가 머금어지는 인생도 드물기는 마찬가지다. 후배의 한 사람으로서 노성태 선배는 그 희소한 사례에 드는 분이라고 믿는다. 노 선배의 퇴임을 아쉬워하며, 그와 함께한 자취를 돌아보는 일은 우리름의 의식이면서 본을 따르고자 하는 다짐이기도 하다.

선배는 만남을 소중히 여기면서 함께 일하기를 즐기는 분이었다. 필자가 초임 발령을 앞둔 1992년 초, 선배에 대한 추억을 잊지 못한다. 밥을 사 주고 책 한 권을 선물하며 기대를 전하던 선배의 따뜻한 정이 지금껏 생생하다. 70년대 학번으로서 까마득한 80년대 후배를 챙겼던 일이 지금도 예사롭지 않게 느껴진다. 선배는 광주지역 역사교육과 동문 모임, 광주교육아카데미 역사교사모임, 빛고을역사교사모임, 역사 마니아 시민들과 꾸린 여러 모임의 중심에 줄곧 서 있었다. 모임 활동에서 후배들의 장점을 찾아 키워 주고 역할을 맡겨 보람을 느끼게 해 주었다. 이런 삶의 자세로부터 역사 대중화의 기수라는 '진국'이 우러나지 않았을까 생각해 본다.

선배는 열정적으로 비전을 추구하며 일을 벌이는 스타일이었다. 주말

마다 광주와 전남의 구석구석을 답사하였고, 정기 기획 답사로 전국을 누볐다. 그의 마당발은 일본 역사와 일본 내 한일관계사, 중국의 대한민국 임시정부 루트·화북과 옌안 일대 독립운동 유적·동북지방 독립군 전적지, 러시아 연해주 독립운동 유적 답사까지 줄기차게 이어졌다. 그의 사고는 언제나 열려 있었고, 시야는 늘 새로운 곳을 향하였다. 이번에는, 금년에는 이런 사업이나 저런 활동들을 벌여 보자고 앞장섰다. 후배들이 오히려 피로를 느끼고 몸을 뺄 정도였으니 노익장이란 말이 딱 제격이었다. 선배의 답사 벽은 그의 저작과 강연 활동에서 역사 기록의 한계를 보완해 주었고, 역사를 맛깔스럽게 전달해 주는 요긴한 밑천이 되었다고 본다.

능숙한 대중과의 교류

선배는 자신의 역사 지식과 견문을 유려한 필치로 표현하여 대중들과 공유하는 데 탁월하였다. 역사교사로서 현장 답사를 가 보면 눈이 번쩍 뜨이고 새로운 앎의 기쁨에 사로잡히곤 한다. 아쉽게도 이런 지적 체험은 일과성에 그친다. 글로 정리하기를 미루거나 완벽주의에 빠져 발표하기를 두려워하다 보면 좋은 기억과 통찰력이 모두 증발해 버리기 때문이다. 그러나 선배의 경우는 복잡한 답사 여정이나 부담되는 주제를 불문하고 모두 재미있는 글쓰기 소재가 되었다. 그는 답사 뒤에 신문 연재 기사를 쓰거나 대중적 역사서로 출간하는 일을 습관으로 삼았다. 선배의 답사 기사를 보며, 선물로 받은 저서 책장을 넘기면서 참 필력 좋으시다고 생각되었다. 그중 대표적 노작이 이른바 '기억을 걷다' 시리즈이다. 『독립의 기억을 걷다』, 『남도의 기억을 걷다』, 『광주의 기억을 걷다』 등은 인기를 누린 대중적 역사서들이다.

선배는 청소년과 대중들에게 역사 공부의 현재적 의미를 일깨우는 일에 매진해 왔다. 그에게 역사란 과거에 멈춰 있는 사실이 아니라 현재를 사는 사람들의 인생좌표요, 문화창조의 원형이며, 인문적 성찰의 도화선이어야만 하였다. 이러한 역사관 위에서 그의 교실 수업은 빛나는 눈동자들로 생동했고, 학교 밖 대중들의 부름에 기꺼이 호응했으며, 각종 기관 단체의 자문 요구에 소신을 피력할 수 있었고, 닫힌 연구실의 고담준론이 아니라 답사·동아리 활동으로 담금질한 생명의 글감으로 저술 활동을 펼칠 수 있었다.

선배는 얼마 뒤면 정년을 맞이한다. 정년퇴임은 인생 이모작 출발점이라는 공치사 격려가 회자된다. 다른 사람은 몰라도 선배에게 이런 말은 격에 맞지 않는다고 본다. 오히려 지금껏 감당해 온 사명의 여정에 자유를 보태는 전환점에 불과하다고나 할까. 선배의 정년은 학교 일에 매이면서도 줄곧 붙들어 온 역사 대중화의 깃발을 마음껏 휘날릴 호시절 그 자체라 하겠다. 다만 이런 모든 전망의 터전은 건강이 아닐 수 없다. 부디 긴 호흡과 깊은 정성으로 섭생(攝生)의 규모를 잘 세워 가시길 기원한다. 노성태 선배님! 지구적 재난과 불확실성의 혼돈 속에서 우리의 영원한 사표(師表)로 남아 주소서.

형! 이제는 나 빼고……

신봉수(광주예술고등학교 교사)

26년째의 긴 인연

전화가 온다. 형이다.

"예, 형! 무슨 일 있나요?"

"아니, 별일 없어. 오늘 시간 돼? 소주 한잔하려고."

"오늘은 안 돼요. 다른 일이 있어요."

일단 거절한다. 분명 또 일 하나가 있다.

"내일은?"

이러면 거절할 수가 없다.

"내일은, 약속이 없긴 한데…… 집에 일찍 들어가려구요."

최대한 빼 본다.

"그럼 내일 6시 어부회포차에서 보자."

전화를 끊는다.

노성태 형과 나는 늘 이런 식이다. 나는 어떻게 하면 도망갈까 궁리하고 형은 무조건 나를 붙잡을 궁리를 한다. 인연. 참으로 질긴 인연이다. 형과의 인연은 1995년 2월로 거슬러 올라간다. 내가 임용고시에 막 합격했을 때다. 물론 그 전에 '역사교육인의 날'에서 뵌 적은 있지만. 발령받자마자 고등학교 3학년 세계사 수업을 맡아야 했다. 너무 막막했다. 형 학교로 전화를 드렸다. 그때 형은 고3 진학부장으로 이름을 날리고 있을 즈음이었다. 학교로 오란다. 비가 온 뒤라 질척거리는 언덕길을 올라 국제고등학교로 찾아갔다. 당시에는 포장도 안 되어 있는 언덕길이었다. 반갑게 맞아 주셨다. 이야기를 듣더니 말없이 참고서 몇 권을 주셨다. 그리고 점심을 사 주셨다. 그때의 인연이 26년이 지난 지금까지 이어지리라곤 상상도 못했다.

본격적인 관계는 1996년부터다. 갑자기 '청소년에게 들려주는 의향 광주'라는 책을 쓰자고 하신다. 아직 교과서 붙들고 쩔쩔매고 있는 사람한테, 갑자기 책을 쓰자니. 의향 광주를 알리기 위한 교육청의 작업이란다. 그때 거절했다면 형과의 인연은 그저 동문 선후배에서 멈추었을지 모른다. 그러나 거절할 수가 없었다. 그것이 바탕이 되어 지역사를 공부하기 위한 모임이 만들어졌다. '빛고을역사교사모임'의 탄생이었다. 1998년에 정식 창립되었지만, 이미 1997년에 모임을 만들고 형이 회장, 나는 총무가 되었다. 2011년까지 총무는 여러 번 바뀌었지만 회장은 계속 형이었다. 이어 2012년부터 5년간 내가 회장이 되었고, 지금은 윤덕훈 선생이 회장을 맡고 있다.

함께한 수많은 답사

형의 열정은 식을 줄 몰랐다. 광주 시내 모든 역사 유적지를 다 돌아보잔다. 불가능이 없었다. 형이 하자는 대로 따라다녔다. 내 머리 속에 하나씩 하나씩 지역에 대한 이해가 쌓이기 시작하였다. 월봉서원을 간 적이 있었다. 그러나 텅 비어 있는, 산월동에 있는 옛터였다. 답사는 그런 방식이었다. 현재 있는 곳뿐만 아니라 옛터까지 샅샅이 훑고 다녔다. 그러다가 갑자기 일본 답사를 제안하신다. 일본 속에 있는 우리 문화의 흔적을 찾자는 것이다. 나의 첫 해외여행 겸 답사가 그렇게 시작되었다.

청춘18 열차를 타고 교토에서 도쿄까지. 이른 아침 도쿄 지하철 화장실 앞에서 먹었던 햄버거, 전날 저녁에 샀기 때문에 이미 식어 버린 그 맛을 잊을 수가 없다.

또 만주 답사를 제안하신다. 장군총, 광개토태왕릉비 등등 집안에 있는 고구려 문화와 백두산까지. 그때는 함께하지 못했다. 대학원에서 같은 날 만주 답사가 예정되어 있었기에. 개성 답사는 그 가운데서도 백미였다. 금강산을 두 번이나 다녀왔지만 개성은 언감생심이었다. 그러나 형의 전광석화 같은 신청으로 우리는 개성을 다녀올 수가 있었다. 지금도 선죽교, 숭양서원, 박연폭포, 개성의 성균관, 불일사 5층 석탑 등등 눈에 선하다.

이후에도 형과 나는 계속 답사를 다녔다. 실크로드, 오키나와, 베트남과 캄보디아, 중국 옌안과 시안 등등 셀 수가 없을 정도다. 해외뿐만 아니라 국내도 마찬가지다. 우리 지역은 물론이고 울릉도와 독도, 금산의 고경명 순절비, 예산의 남연군묘, 서산의 정충신 사당과 묘, 밀양 김원봉의 집터(당시에는 집터였음을 알리는 조그만 비석이 초라하게 서 있었다), 진주성, 안동과 영주 부석사 등등. 지금도 진행형이다.

2003년으로 기억된다. 전국역사교사모임이 처음으로 광주 연수를 계획하였다. 빛고을역사교사모임과 전남역사교사모임 공동 주관이었다. 5·18민주화운동 말고 어떤 것을 소개할까 많은 고민을 했다. 형은 거침이 없었다. 한 꼭지는 광주의 인물로 가자. 그렇게 해서 형과 나는 광주의 인물과 관련된 곳들 즉 충장사, 경렬사 등을 찾아다녔다. 마지막 날 아침에 타 지역 선생님들께 소개했던 풍암정은 전날 비가 와서 물이 넘쳐 건너갈 수가 없었다. 그렇지만 풍암정을 바라보던 선생님들 입에서는 탄성이 쏟아졌다. 너무 멋진 풍경이었다. 지금도 잊을 수가 없다.

형 원고의 1호 독자

2008년 형은 갑자기 연해주 답사를 계획한다. 3대 항일독립운동기지 가운데 한 곳 연해주. 안중근의 흔적이 숨 쉬고 있었고, 이상설, 최재형의 독립정신이 살아 있던 곳. 형은 이미 다녀왔던 곳이다. 그런데 또 가자는 것이다. 형의 계획은 따로 있었다. 『독립의 기억을 걷다』 집필이었다. 다녀온 뒤 얼마 지나지 않아 형은 나에게 엄청난 양의 원고 뭉치를 던져 주었다. 읽고 수정해 달란다. 형과 나의 새로운 인연이 또 시작된 것이다. 이때부터 형의 모든 원고는 내가 수정을 도맡았다. 팩트 체크, 문맥, 오탈자 등등. 눈이 빠지게 보았다. 내 눈이 빨리 노안이 된 것은 형 덕분인지도 모른다. 아니 맞을 것이다.

뒤이어 시작된 전남일보 연재. 1호 독자는 나였다. 신문사에 보내기 전에 미리 나의 수정 작업을 거쳤다. 가끔 나의 수정 작업을 거치지 않은 것에서 오류가 발생하기도 하였다. 나의 자랑이 된 셈이다. 다시 책으로 엮었다. 『남도의 기억을 걷다』가 그것이다. 전체 원고 뭉치가 내게로 왔다. 이제는 그냥 숙명처럼 받아들였다. 당연히 내가 해야 하는 걸로. 수정에 수정을 거듭한 끝에 나온 책은 벌써 몇 쇄를 찍었는지 모른다. 원고료가 꽤 되었을 거다. 나한테 교정료는 안 주셨다. 대신 그보다 더 많이 밥을 샀다. 지금도 늘 형이 밥을 사고 소주를 산다.

이후 나온 『광주의 기억을 걷다』를 비롯한 형의 책은 모두 내가 1호 독자이자 교정인이다. 뿐만 아니라 형 책의 사진은 대부분 내가 찍은 사진이다. 지금 형의 퇴임 문집도 수정 중이다. 형이 나한테 밥과 소주 한 잔 살 만하지 않은가? 앞으로 사는 일이 더 많아지지 않을까 걱정된다. 이제는 싫다. 잠깐 거절해 본다. 그러나 불가능하다는 것, 모든 사람이 다 안다. 노안이 된 내 눈 돌리도.

형! 이제는 나 빼고!

인생은 회자정리하고 했던가? 만남이 있으면 헤어짐이 있다고. 형은 37년을 넘게 봉직하다 이제 학생들과의 인연을 정리하고 있다. 그러나 형과 나의 인연은 정리될 기미가 안 보인다. 아니 앞으로 더 많이 만날 것 같다. 그래도 외쳐 본다. "형! 이제는 나 빼고!"

오늘도 전화가 온다.

"신샘, 부처님 오신 날 뭐 할 거야?"

"밖에 못 나가니까 집에서 공양드려야지요."

"답사 가세."

"어디로요?"

쉬고 싶다. 별로 생각이 없다.

"청풍 풍치굴 가세."

거부할 수 없는 장소다. 아내의 눈치를 살짝 본다. 어쩔 수 없다. 가야지.

대한민국 역사교사 그 누구도 가 보지 않은 곳, 앞으로도 가 볼 사람이 없을 곳, 한말 의병장 심남일과 강무경이 은신하다 체포된 장소 풍치굴. 형의 질주본능을 막을 수가 없다. 이제는 조금 쉴 만도 하건만 전혀 그럴 생각이 없으시다. 한결같이 '역사의 길'을 걷고 있는 노성태 형의 길을 응원한다.

'앎'에서 '함'으로

윤덕훈(수완하나중학교 교사)

빛고을역사교사모임의 정신적 지주

노성태 선생님!

오늘이 벌써 2020년 4월 마지막 날이네요. '부처님 오신 날'입니다. 방금 카톡에 올라온 사진을 보니, 선생님은 오늘도 한말 심남일, 강무경 의병장이 일본군에게 체포된 장소인 화순 청풍 풍치골(바람재)을 찾아 나섰네요. 선생님의 삶은 역사와 떼어 놓고는 생각할 수 없을 것 같습니다. 지금도 이렇게 누구보다도 더 열정적으로 활발하게 지역사 찾기에 앞장서고 있으니 말이죠. 나이는 숫자에 지나지 않는다는 말을 선생님을 보면서 실감합니다.

선생님께서 1학기를 마지막으로 정년퇴임하신다고 생각하니, 벌써 가슴 한편이 횅하고 걱정이 앞섭니다. 선생님이 없는 빛고을역사교사모임이 상상되지 않습니다. 빛고을모임이 만들어져 활동하며 지금처럼 내실 있는 교과모임으로 틀을 갖추기까지 선생님의 헌신적인 노력과 힘이 컸습니다. 첫 회장을 맡아 모임을 이끌면서 지역의 역사 현장을 찾아 나서고, 동료 역사교사들의 역사 인식의 폭을 넓히기 위해 각종 세미나와 토론회를 여는 등 모든 심혈을 쏟아부으셨죠. 선생님의 애정과 헌신이 없었다면 오늘 빛고을모임은 존재하지 않았을 것입니다. 그래서 빛고을모임은 선생님께 특별하게 다가오리라 생각됩니다. 빛고을모임이 곧 선생님으로 대표되었을 정도였으니까요.

제가 빛고을모임에 들어와 선생님과 함께 활동을 시작할 때가 2002 한·일 월드컵이 개최되던 해이니, 벌써 20년 가까이 흘렀습니다. 오랜 세월 동안 선생님과 함께 역사 공부도 하고 국내외 탐방도 참 많이 다닌 것 같습니다. 풋내기 역사교사였던 시절 서석초등학교 빈 교실에서 가졌던 광주교육아카데미 역사교사모임 활동에 나갔을 때 선생님께서 반갑게 맞이해 주던 기억이 눈앞에 선합니다. 생각만 해도 가슴이 따뜻해 지내요. 선생님께서는 모임 때면 항상 맨 먼저 도착해서 모임 선생님들을 맞이하였습니다. 함께 공부할 주제와 내용도 늘 준비해 오셨지요. 항상 솔선수범하면서 의견을 존중해 주고 편하게 대해 주었습니다. 처음 모임에 어색해하던 저에게 선생님께서는 교과 지도에 대한 조언과 함께 우리 지역사에 대해 관심을 갖고 공부할 것을 당부하였습니다. 선생님의 조언과 당부는 이후 제가 학생들 앞에서 역사교육 활동을 할 때뿐만 아니라, 학교생활을 하는 데 큰 힘과 도움이 되었습니다.

빛고을 역사 전도사

역사를 가르치는 교사로서 어떤 역할과 활동을 해야 할까 고민에 부딪혔을 때에도 선생님은 모범이 되는 롤모델이 되었지요. 제가 보아 온 선생님은 '앎'을 '함'으로 옮기시는 분이었습니다. 선생님은 역사 교과 내용만이 아니라 역사에 비추어 생활 속에서 올곧게 실천하는 당당한 역사 선생님이었습니다. 늘 시대정신을 직시하며 실천하려고 노력하셨지요. 나서야 할 때면 주저함 없이 뒤돌아보지 않았습니다. 중·일 등 주변국의 역사 왜곡이 문제가 되었을 때 세미나를 열어 그 실체를 알리려 앞장섰고, 역사 왜곡을 규탄하는 '광주 역사교사 선언'을 이끌었습니다. 박근혜 정권의 국정 역사 교과서 강행에 맞서서 '국정 폐지 역사교사 선언'과 대안 역사 교과서 집필에도 앞장섰습니다. 이렇듯 언제나 많은 후배 역사교사들에게 모범을 보여 주었지요.

또한 선생님께서는 지역에서 근무하는 역사교사의 바람직한 모습을 보여 주었습니다. 역사교사로서 그저 교실에서 학생들을 가르치는 것에만 멈추지 않고, 일반 시민들에게 우리 지역의 역사를 알리며 지역사 대중화에 앞장서 왔습니다. 하여 이름 앞에 '빛고을 역사 전도사'라는 호칭이 붙게 되었지요. 광주의 역사를 깊이 들여다보며 꾸준히 연구해 온 선생님의 학문에 대한 열정이 부럽습니다. 그리고 지역사에 대한 관심을 자신만의 지적 관심과 성취로 끝내지 않고 주변의 역사교사와 함께 연구하고 알리기 위해 앞장서서 노력하신 선생님을 존경합니다.

노성태 선생님!

지금껏 선생님이 계셔서 빛고을모임은 행복했습니다. 선생님은 존재만으로도 후배들에게 정신적 안정감을 주는 버팀목이었습니다. 또한 지적 공허함을 채워 주는 선생이기도 했습니다. 그런데 정년퇴임을 하여 현장을 떠난다고 생각하니 아쉬움이 큽니다.

선생님이 학교현장에 계실 때 더 자주 모여 우리 지역의 역사와 현장에 대해 듣고 탐방하고 싶었는데, 늘 계획만 하고 추진했던 날은 손으로 셀 만큼 적었네요. 지역사와 역사교육에 대한 선생님의 식견과 비법들을 전수받아야 했는데 머리로만 생각하고 행동으로 옮기지 못해 아쉬움이 많습니다. 생각해 보니, 빛고을모임에서 가장 아이디어를 많이 냈던 회원이 선생님이었던 것 같아요. 그래서 걱정이 됩니다. 빛고을모임이 정체될까 봐.

선생님,

퇴임을 하시더라도 빛고을모임을 할 때면 항상 연락드리겠습니다.
꼭 시간을 내서 참석해 주세요.

아름다운 인연은 오래되어서야 안다

김민선(신용중학교 교사)

나의 최고의 스승 노성태 선생님

선생님과의 인연을 이렇게 진지하게 글로 되짚어 보는 날이 오다니 참으로 만감이 교차한다. 내가 선생님을 처음 만났을 때가 고3이었으니 올해로 27년이 되었다. 고3 담임선생님이 중요하다는 말은 있었지만, 이렇게 큰 영향을 받을 줄은 그때는 몰랐다. 서울대 원서를 쓸 때에도 선생님은 강력하게 역사교육과를 추천하진 않으신 걸로 기억한다. 정확히는 기억나지 않지만 국어교육과와 역사교육과 사이에서 고민할 때, '국어랑 역사를 둘 다 좋아하니 뭐 어느 과를 선택해도 괜찮을 거 같은데……'라고 하신 거 같다. 결과적으로는 역사교육과를 선택했는데, 그 선택 속에는 선생님과 함께했던 역사수업의 즐거움이 영향을 미치지 않았다고 장담 못하겠다. 의식하지 못하는 영향력이 이런 게 아닌가 싶다. 마치 꽃향기가 나도 모르는 새에 스며드는 것처럼.

광주로 내려와서 결혼하고 임용고시를 준비해야겠다고 마음먹었을 때도 그랬다. 용기 없는 제자를 만나 기꺼이 밥 사 주시면서 격려해 주셨다. 얼마나 감사했는지 모른다. 이미 한 차례 2차에서 떨어져서 자신감이 바닥에 떨어진 상태였는데, 선생님의 격려 덕분에 더욱 공부에 매진할 수 있었다. 그때 선생님을 뵙는 게 많이 부끄러웠지만, 따뜻하게 위로와 격려를 아끼지 않으셨던 선생님의 가르침 덕분에 포기하지 않을 수 있었다. 넘어졌을 때 다시 일어나도록 용기를 주고 다시 걸을 수 있도록 격려해 주는 스승이야말로 참 스승이다. 그냥 선생님만 보고 따라가면 되었고 선생님을 보면서 용기가 났다. 한 발자국 앞에서 어서 오라고 손 내밀어 주면서 걸음마를 가르치는 부모와도 같았다.

나의 버팀목이자 비빌 언덕

그런 스승님을 곁에서 가까이 지켜보고 따라갈 수 있는 기회를 준 빛고을역사교사모임과의 만남은 그래서 내게 커다란 행운이었다. 무슨 일이든 항상 모범을 보이시고 먼저 나서시는 모습에 감동하지 않은 사람이 없었다. 스승님과 해마다 세미나와 답사를 함께할 수 있었던 시간이 지금 돌이켜 생각해 보면 교사로서 최고의 행운이 아니었나 싶다. 지금도 『독립의 기억을 걷다』에서 신한촌의 비석 에피소드를 애들에게 보여 주면서 '여기 김 선생이 나야'라고 씩 웃는다. 같은 지역에서 스승님과 같은 과목의 교사가 되었기에, 그리고 빛고을역사교사모임에 이끌어 주셨기에 누릴 수 있는 행운이었다. 이를 통해 알게 된 많은 선생님들과의 만남은 또 다른 소중한 인연이었다. 역사 얘기를 함께 나누고 가르쳐 주시는 선생님들과 함께할 수 있어서 좋았고, 훌륭한 교사의 모습을 몸소 보여 주셔서 더욱 좋았다. 빛고을역사교사모임 선생님들의 좋은 점만 모조리 모아서 나라는 그릇에 담고 싶었다.

스승님은 항상 자랑스러웠다. 수업을 하면서 『남도의 기억을 걷다』나 『광주의 기억을 걷다』를 학생들에게 보여 주면서도, TV 인터뷰나 기사를 우리 집 아이들에게 보여 주면서도 '우리 스승님이야'라고 하며 내 어깨가 으쓱했다. 아무리 바쁘셔도 우리 학교 특강을 부탁할 때마다 절대 마다하지 않으셔서, 학생들 앞에서 소개할 때마다 가슴이 벅찼다.

오실 때마다 교장 선생님께 '우리 김 선생 잘 부탁한다'는 청탁 아닌 청탁도 잊지 않으셨다. 그럴 땐 왠지 든든했다. 전화할 때마다 '응~ 김 선생.' 하시는 다정한 목소리와 배어 나오는 존중감에 항상 마음이 뭉클했다. 스승님은 언제나 내게 위로가 되는, 비빌 언덕 같은 그런 든든한 존재였다.

오랜 소나무처럼

그래서 항상 부끄럽고 또 부끄러웠다. 해가 갈수록 더욱 왕성하게 활동하시고 젊은 나보다 더 열정적으로 학구열을 불태우시는 스승님을 보면서, 내 갈 길이 저기라고 생각했지만 동시에 제자로서 기대에 미치지 못하는 것 같아 죄송했다. 어느 자리나 제자라고 애정 어린 눈길로 소개해 주실 때마다, 더 열심히 하는 모습을 보여 드리지 못하는 나 자신이 언제나 아쉬웠다. 언젠가 더 멋진 모습으로 스승님에게 자랑스러운 제자가 되어야겠다고 다짐했다.

벌써 퇴임을 하신다니 사실 믿어지지가 않는다. 예나 지금이나 하나도 변하지 않으신 거 같은데 세월이 그렇게나 흘렀다니 놀랍기만 하다. 하지만 앞으로도 항상 지금처럼 왕성하게 활동하면서 후배들을 이끌어 주실 거라 믿기에, 퇴임이 또 다른 시작이 되실 거라 생각한다. 제자로서 아직 보여 드리지 못한 모습이 많다. 언제나 그렇게 오랜 소나무처럼 서서 기다려 주시리라 믿는다.

좋은 인연은 향기를 남기고 그 향기에 스며들게 한다. 처음 그 순간에는 모르지만 오랜 시간이 흘러 그 향기가 나에게 배었다는 것을 알아차린 후에야 그 인연의 아름다움을 깨닫는다. 우리 스승님과의 인연이 나에게는 그러했다. 그리고 그 향기는 앞으로도 오래 지속될 것이다.

아낌없이 주는 나무

강민경(조선대학교여자고등학교 교사)

역사교사의 멘토

십여 년 전 빛고을역사교사모임에 처음 참석했던 때가 생각납니다. 저녁을 먹으면서 노성태 선생님을 중심으로 우리 지역 역사 이야기에 빠져서 시간이 가는 줄도 몰랐습니다. 역사에 대한 애정과 열정 넘치시는 선생님의 이야기를 듣는 시간들이 너무나 좋았습니다. 선생님과 함께 국내외 답사를 다니고, 여러 가지 일들을 같이 할 수 있게 이끌어 주시면서 좋은 말씀해 주시던 선생님의 모습이 하나하나 생생합니다. 평생을 교육자로 사셨던 선생님께서 정년퇴임을 하신다고 하니 서운한 마음이 앞섭니다. 언제까지나 후배들 앞에서 이끌어 주실 것이라 생각했는데, 돈독한 정을 나누며 살아오신 멘토 선생님을 떠나보낼 때가 왔다는 사실이 믿기지 않습니다.

광주 학생들과 선생님들을 대상으로 전개했던 국내외 답사 인솔을 따라다니면서, 선생님으로부터 많은 것을 배울 수 있었습니다. 답사지에서 열정적으로 이야기해 주신 말씀들은 항상 감사했습니다. 교무실 제 책상에는 『독립의 기억을 걷다』, 『남도의 기억을 걷다』, 『광주의 기억을 걷다』 시리즈가 꽂혀 있습니다. 항상 선생님이 저술하신 책들을 참고해서 우리 아이들에게 지역사 이야기를 해 줄 수 있었고, 선생님의 열정을 전파할 수 있어서 행복했습니다. 우리 지역사에 대한 애정을 가지고 쓰셨던 전남일보 연재와 '기억을 걷다' 시리즈를 이을 수 있는 후배가 되어야 할 텐데, 선생님이 떠나신 그 자리가 너무 클 것 같아 걱정이 앞섭니다.

늘 새로운 계획을 세우고 추진하는 선생님

한국사 국정교과서 문제가 나왔을 때도 기억납니다. 가장 앞자리에서 국정교과서에 반대하셨고, 이에 대한 대안 교과서를 열정적으로 집필하셨던 모습도 생각납니다. 또 우리 지역사를 알리기 위해 만들었던 팟캐스트 '팟! 호남가' 제작을 통해서도 수많은 역사적 주제들에 대한 선생님의 이야기를 풀어내어 지역사에 대한 많은 지식을 전달해 주셨습니다. '팟! 호남가' 녹음할 때마다 하나의 주제에 대한 선생님의 해박한 지식을 들을 수 있어서 너무 좋았답니다. 선생님과 함께 광주 전남 지역의 안중근 의사의 흔적도 찾아보았고 마한의 역사를 찾아보기도 하였습니다. 그리고 올해 광주정신 프로그램을 계획하시고 우리 아이들에게 광주정신을 알리기 위해 노력하시는 모습을 보여 주셨습니다. 광주를 대표하는 역사교사로서 선생님이 전개하셨던 수많은 활동들을 다 나열할 수 없지만, 아낌없이 주는 나무처럼 전해 주셨던 많은 말씀들 가슴에 담고 선생님의 뒤를 부끄럽지 않게 따를 수 있도록 노력하겠습니다.

평생을 역사교사로 살아오신 노성태 선생님! 수고하셨습니다. 이제 영예롭게 퇴직하시는 선생님을 진심으로 축하합니다. 선배님이 걸어오신 발자국을 이정표 삼아 걸어가겠습니다. 정년퇴임은 끝이 아닌 시작입니다. 역사에 대한 넘치는 열정으로 남도문화전령사로서 제2의 인생을 걸어가실 선생님을 응원합니다. 선생님이 전파해 주셨던 광주정신과 의향 광주 이야기를 가슴에 새기겠습니다. 선생님의 가정과 삶터에 건강과 행운이 가득하시기를 진심으로 기원합니다. 노성태 선생님~ 사랑합니다!

선한 영향력을 소유한 선생님

김보름(문화중학교 교사)

첫 인연 빛고을역사교사모임

내가 노성태 선생님과 인연을 맺게 된 것은 2004년 빛고을역사교사모임에 참여하면서부터이다. 당시 나는 신규 2년 차의 풋내기 교사였고, 선생님은 빛고을역사교사모임과 광주교육아카데미 등을 이끌면서 왕성한 활동을 하고 계시는 베테랑 교사였다. 선생님은 부족한 것이 참 많은 후배를 동료 교사로 따뜻하게 대해 주시고 진심으로 응원해 주셨으며, 더 나은 역사교사가 되도록 조언을 아끼지 않으셨다. 내가 우둔한 탓에 선생님이 이끌어 주신 만큼 훌륭한 교사로 성장하지는 못하였지만, 그래도 선생님의 가르침이 있었기에 지난 17년 동안 역사교사로서의 사명감을 잊지 않고 교단에 설 수 있었다. 이제 선생님은 새로운 인생의 출발선 앞에 서 계신다. 존경과 감사의 마음을 담아 선생님과 함께했던 지난 시간들을 몇 자 적어 보고자 한다.

노성태 선생님을 떠올릴 때 가장 먼저 생각나는 것은 역시 공부이다. 선생님과 함께하는 것은 모든 것이 공부가 되었다. 한번은 교무실 옆자리에 앉은 선생님이 학교 일과 육아에 치여 살면서도 역사교사모임에 꼬박꼬박 참석하는 나를 보고 그 모임은 뭐가 좋으냐고 물어본 적이 있었다. 그때 내 대답은 그 모임에서는 앉아서 밥만 먹어도 공부가 된다는 것이었다. 정말 그랬다. 식사 자리에서 선배 선생님들이 주고받으시는 이야기만 들어도 알찬 공부가 되었다. 때로는 역사교육의 쟁점에 대해, 때로는 최근 언론 보도에 나온 문화재나 지역사 현안에 대해, 또 때로는 자신의 역사 수업에 대해 풀어놓으시는 이야기들은 그 어떤 곳에서도 들을 수 없는 명품 강의였다. 그렇게 들은 이야기들이 조금씩 쌓여서 나의 인식을 넓혀 주었고, 내가 역사교육에 애정을 갖도록 끊임없이 독려하였다. 그리고 그 중심에는 언제나 노성태 선생님이 계셨다.

공부의 판을 짜 주다

선생님은 중장기 프로젝트를 계획하여 후배들이 공부할 수 있는 판을 짜 주기도 하셨다. 2006년에 했던 독립운동사 공부도 선생님이 이끌어 주신 공부판이었다. 발표자가 EBS에서 방영했던 〈도올이 본 한국 독립운동사〉를 요약해 오면 함께 그 내용을 되짚어 보고 더 알아야 할 부분에 대해 이야기를 나누었다. 당시에 나는 한국 근·현대사를 가르쳐 본 적이 없어서 독립운동사 공부가 너무 벅찼다. 영상 속에 등장하는 만주와 연해주는 마냥 낯설기만 했으며, 끊임없이 등장하는 새로운 지명과 인명, 단체명에 머리가 아파 왔다. 내 지식의 미천함이 부끄러웠고 이를 감추기에 급급했다. 그런데 오히려 선생님은 모르는 독립운동가가 너무 많다며 새로운 공부거리를 찾은 것에 신나 하셨다. 놀라웠다. 누구나 인정하는 실력파 교사가 자신의 공부가 부족함을 솔직하게 고백하고, 그 어떤 젊은이보다도 열정 넘치게 도전하는 것이 말이다. 도올의 독립운동사가 10부작이었는데, 그때 그 10부작 공부를 다 끝냈었는지는 잘 기억이 나지 않는다. 하지만 함께 모여 공부했던 서석초등학교의 낡은 교실과 뜨거웠던 공부 열기, 아직도 배울 것이 많다며 스스로를 채찍질하시던 선생님의 눈빛은 10년이 훌쩍 지난 지금도 생생하다.

국정교과서 반대 대안 교과서 집필

2007~2008년에는 노성태 선생님의 주도하에 모임 선생님들과 『역사도서 길라잡이』를 함께 만들었다. 『역사도서 길라잡이』는 청소년에게 추천하거나 수업 시간에 활용할 만한 역사책을 골라 책의 내용을 소개하고, 선생님과 함께 또는 스스로 학습해 볼 수 있는 활동을 제시한 역사 독서 안내서였다. 나는 글을 써 본 경험도 없고, 학생 활동에 대해 진지하게 고민해 본 적도 없어서 이 프로젝트에 참여하는 것이 부담스러웠다. 하지만 선생님은 내가 낸 작은 아이디어도 크게 칭찬해 주시고, 용기를 북돋아 주셨다. 선생님의 격려 덕분에 나는 프로젝트를 끝까지 완수하였고 한 단계 더 성장할 수 있었다. 그때 선배 선생님들과 나눴던 고민들－학생들의 역사적 사고력은 어떻게 강화되는가, 어떠한 발문이 학생들의 배움을 자극하는가 등－은 지금도 더 공부해 나가야 할 과제이자, 수업 설계의 나침반이 되고 있다.

노성태 선생님과의 공부 중 가장 인상 깊은 일은 역시 2016~2017년 역사 교과서 보조교재 집필에 참여한 것이다. 당시는 박근혜 정부의 역사 교과서 국정화 정책으로 역사교육이 절체절명의 위기였다. 선생님은 잘못된 교과서를 바로잡기 위한 교사 연수뿐만 아니라 광주지역 역사교사 시국선언에도 앞장서셨다. 행동하는 지식인으로 불의에 굴하지 않으셨으며, 동시에 후배들에게 역사교사는 어떻게 살아가야 하는지를 몸소 보여 주셨다. 서울에서 대전으로, 또 강원도로 끊임없이 이어지는 보조교재 집필 회의와 이후의 작업들은 무척 힘이 들었다. 그러나 선생님이 광주의 대표 역사교사로서 중심을 잡아 주고 계셨기에 우리는 흔들리지 않을 수 있었으며, 보조교재 집필이라는 새로운 경험은 역사교사로서 전문성을 더욱 강화하는 계기가 되었다. 또 장거리를 오가며 선생님과 나눴던 많은 이야기들 속에서 선후배의 정도 두텁게 쌓여 갔다.

답사의 달인

노성태 선생님은 답사의 달인이기도 하시다. 선생님과 함께하는 답사는 늘 귀가 호강한다. 숨겨 놓은 이야기보따리가 얼마나 많으신지 유적지에 도착만 하면 책에서 쉽게 접할 수 없는 이야기들이 술술 풀려져 나왔고, 자주 봤던 유물도 선생님이 설명해 주시면 더 특별하게 다가왔다. 가장 기억에 남는 답사는 2008년 여름에 갔던 연해주 독립운동사 답사이다. 그때 우리는 1863년 연해주에 처음 정착했던 한인들의 마을인 지신허를 찾아갔다. 뜨겁게 내리쬐는 태양, 키를 훌쩍 넘는 풀숲과 진흙탕, 피를 빨려고 무섭게 달려드는 등에 떼 속에서 4킬로미터를 걸어 간신히 지신허 마을 옛터에 도착했다. 거기에는 한인 러시아 이주 140년을 기념하여 가수 서태지가 헌정한 비가 있었다. 역사의식을 가진 이의 선한 영향력이란 이런 것이구나를 확인함과 동시에 이런 이들을 많이 길러 내는 것이 역사교사의 소명임을 깨달았다. 다시 4킬로미터를 걸어 돌아오는 길은 몸은 힘들었지만 마음은 가벼웠다. 특히 노성태 선생님이 가장 뿌듯해하셨다. 사실 연해주 답사는 1년 전에 선생님이 이미 다녀오신 코스였다. 선생님은 자신이 다녀온 독립운동의 현장들을 후배들이 다시 체험할 수 있게끔 해 주고 싶으셨던 것이었다. 마치 부모가 밖에서 맛있는 것을 먹으면 집에 있는 자녀가 생각나는 것처럼, 선생님은 늘 그렇게 좋은 것이 있으면 후배들과 나누고 싶어 하셨다.

지난 17년간 선생님과 함께했던 시간들은 매 순간이 내 교사생활의 버팀목이었고 배움이었으며, 신선한 자극이었다. 선생님에게도 나와의 인연이 좋은 추억이었으면 좋겠다. 이제 선생님은 교단을 떠나시지만 더 열정적인 활동으로 후배들에게 귀감이 되어 주실 것을 믿어 의심치 않는다. 선생님이 항상 건강하시길 바란다.

7.

노샘,
사진으로 들여다보기

가족사진1(1964)

가족사진2(2014)

MBC 희망대상(2006)

3·1절 유공자 표창(2018)

이용섭 시장과 함께(2019)

길거리 특강(2016)

〈공감다큐 사람〉(KBS, 2016)

〈집중 인터뷰 이사람〉(KBS, 2016)

〈갑론을박〉(MBC, 2016)

〈빛날〉(MBC, 2016)

〈빛날〉(MBC, 2018)

노성태(MBC, 2019)

2001년 런던

2004년 모스크바

2008년 홍범도 장군 외손녀(우수리스크)

2012년 청산리대첩비에서

2013년 앙코르와트

2015년 광복군2지대

2015년 태항산

2017년 15대 심수관과 함께

2017년 윤동주 묘

3·1혁명 100주년 학술 세미나(2019)

광주교육아카데미연합회장(2003)

마한 학술 세미나(2012)

역사교육과 동문회장(2018)

정율성 심포지엄(2013)

김민선 제자와 함께(2010)

최옥경 제자와 함께(2019)

역사동아리 답사 안내(2016)

팟호남가 제작(2019)

학부모 답사 안내(2013)

홀로 답사(2018)

8.

교직 37년의 흔적

주요 경력

1958. 4. 28.	전남 나주군 노안면 계림리 828번지 출생
1965. 3. 5.	노안서국민학교 입학
1971. 2.	광주효동국민학교 졸업
1974. 2.	북성중학교 졸업
1977. 2.	광주고등학교 졸업
1977. 3.	전남대학교 사범대학 인문학부 입학
1981. 2. 23.	육군 소위 임관(국방부장관)
1981. 2. 26.	전남대학교 사범대학 국사교육과 졸업(문학 학사학위 취득)
1981. 2. 26.	중등2급 정교사 자격증 취득(역사)
1983. 6. 30.	육군 중위 전역(25사단 72연대 14중대)
1983. 8.	벌교여자중학교 발령
1985. 2.	전남대학교 사학과 대학원 진학, 벌교여자중학교 휴직
1987. 2. 26.	문학 석사학위 취득(전남대학교 사학과 대학원 졸업)
1987. 3.	장흥 회덕중학교 복직
1988. 3.	전남외국어학교(현, 국제고등학교) 전직
1990. 8.	중등1급 정교사 자격증 취득(역사)
1991.	『한국을 움직이는 인물들』에 선정 수록(중앙일보)
1993. 12. 10.	평화신문 교사 수기 집필위원 선정
1994. 3. 5.	국제고등학교 진학부장(국제고등학교)
1998. 5. 15.	빛고을역사교사모임 회장 취임(1998. 5~2011. 2)
1999. 4.	『現代史의 主役들(인물편)』 선정 수록(국가보훈편찬위원회)
2000. 3. 5.	국제고등학교 2학년 부장(국제고등학교)
2001. 3. 5.	광주교육아카데미 연합회장 취임(2001. 3~2007. 2)
2002. 10. 10.	고등학교 검정도서 검정을 위한 검정위원(교육인적자원부 장관)
2003. 12.	광주비엔날레 참여관객 선정
2004. 9. 1.	제5기 '사이버현장교원자문팀' 자문위원(부총리 겸 교육인적자원부장관)
2005. 4. 23.	한국역사교육학회 광주 지역이사(한국역사교육학회)
2006. 3. 5.	국제고등학교 교육연구부장(국제고등학교)
2006. 6. 16.	2006 노벨평화상 수상자 광주정상회의 개회식 및 만찬 참석(김대중, 노무현, 고르바초프 등)
2006. 8. 10.	제2회 나라사랑교수학습프로그램 경진대회 우수상 수상(국가보훈처)

2006. 10. 2.	제3회 광주 MBC 교육·문화 부문 희망대상 수상(광주 MBC)
2010. 2. 1.	국제고등학교 교무부장(국제고등학교)
2010. 3. 20.	국제고등학교 운영위원회 교원위원
2012. 11. 10.	'동북아 한민족교육교류협력위원회' 위원(광주광역시교육청)
2013. 2.	'2050' 미래포럼 문화위원 위촉(광주광역시청)
2013. 12. 2.	교육과정 심의회 역사소위원회 위원(교육부)
2013. 11. 16.	전남대학교 사범대학 역사교육과 동문회장(2013~2019)
2014. 3. 1.	국제고등학교 수석교사(학교법인춘태학원)
2014. 3. 25.	전남일보 독자권익위원회 위원(전남일보)
2015. 3. 7.	근로정신대 시민모임 자문위원(시민모임)
2015. 5. 14.	'중국과 친해지기 사업 추진위원회' 위원(광주광역시)
2015. 6. 26.	'푸소(FU-SO)체험 평가단' 평가위원(강진군)
2015. 10. 31.	제1회 마한문화역사발표대회, 집행위원장(나주시)
2015. 12. 3.	나주 고샅길 발간 심사위원(나주시)
2016. 3.	역사 교과서 보조교재 개발 집필위원(광주광역시교육청)
2016. 7. 21.	광주광역시교육청 '역사문화교육위원회 위원'(광주광역시교육청)
2017. 12. 28.	'마한문화권 개발' 자문위원회 위원(전라남도)
2017. 12. 29.	광주 경총 금요조찬 특강(신양파크)
2018. 3. 1.	3·1절 99주년 기념식 '나라 사랑' 유공자 표창(광주광역시)
2018. 5.	독립운동사적지 표지석 자문위원(광주광역시)
2018. 9. 17.	지역문화교류호남재단 이사
2019. 2.	'광주3·1혁명 100주년 기념사업추진위원회' 시민추진위원
2019. 4. 12.	안중근의사 숭모비 재건립추진위원회 위원(광주광역시)
2019. 6. 7.	남도역사연구원 개소

수상 및 표창

1981. 2. 성적우수총장메달상 수상(전남대학교 총장)

1990. 8. 1정 연수 학업성적 우수상 수상(광주직할시 교육위원회 교육감)

1993. 3. 교수·학습 개선 유공 교원 표창(광주직할시 교육감)

1994. 3. 학생 생활지도 우수교사 표창(국제고등학교장)

1996. 2. 학업지도 우수교사 표창(춘태학원 이사장)

1996. 3. 교수·학습방법 및 평가방법 개선 유공 교원, 2등급 표창(광주광역시교육감)

1997. 3. 교수·학습방법 및 평가방법 개선 유공 교원, 2등급 표창(광주광역시교육감)

1998. 3. 학업지도 우수교사 표창(춘태학원 이사장)

1998. 4. 춘태학원 10년 근속 표창(춘태학원 이사장)

1998. 12. 교육부 장관 표창(교육부 장관)

1999. 12. 교수·학습방법 개선 사례발표 유공 교원, 2등급 표창(광주광역시교육감)

2000. 12. 교과연구회 사례발표 유공 교원, 1등급 표창(광주광역시교육감)

2000. 12. 제2회 홈페이지 경연대회 입상, 3등급 표창(광주광역시교육감)

2001. 1. 2000년 교과교육연구회 우수 연구 활동, 2등급 표창(광주광역시교육감)

2001. 11. 2001년 교과교육연구회 우수 연구 활동, 3등급 표창(광주광역시교육감)

2002. 12. 2002년 교과교육연구회 우수 연구 활동, 표창(광주광역시 교육감)

2002. 12. 2002학년도 교육청 교육정보화사업 우수 교원, 3등급 표창(광주광역시교육감)

2006. 2. 우수교원 표창(국제고등학교장)

2006. 8. 제2회 나라사랑교수학습프로그램 경진대회 우수상 수상(국가보훈처장)

2006. 10. 제3회 광주 MBC 희망대상 교육·문화 부문 대상(광주 MBC)

2006. 12. 2006년도 교실수업 개선연구 활동 유공 교원, 1등급 표창(광주광역시교육감)

2008. 4. 춘태학원 20년 재직 표창(학교법인 춘태학원 이사장)

2013. 9. 사학공로상 수상(사단법인 사립중·고등학교회장)

2018. 3. 3·1절 99주년 기념식, 나라사랑 유공자 표창(광주광역시장)

2018. 5. 춘태학원 30년 재직 표창(학교법인 춘태학원 이사장)

2019. 12. 안중근의사 숭모비 재건립 유공 표창(광주광역시장)

논문 및 저서

■ 논문

「세조대의 保法」, 전남대학교 사학과 대학원 졸업 논문, 1987. 2.

「올바른 역사교육에 대한 일고찰」, 『오성』 창간호, 1988.

「왜란·호란과 전남 의병」, 『전남지방사 서설』, 김향문화재단, 1990. 12.

「朝鮮朝 全南地方의 人口와 産業」, 『全羅南道誌』, 第4券, 전일실업출판국, 1993.

「머슴 출신 평민 의병장 안규홍」, 『변혁기의 인물과 역사』, 사회문화원, 1996. 3.

「일본 교과서의 왜곡 원문 해석과 한국·일본 측의 견해」, 『일본 역사 교과서 문제와
　　　우리 역사교육의 바람직한 방향』, 매일원색, 2001. 11.

「필문 이선제의 생애와 사상」, 『금당문화』 창간호, 라이프, 2001. 12.

「전상의 장군의 생애에 대하여」, 『금당문화』 제2호, 라이프, 2002. 12.

「영사정 최형한의 생애에 대하여」, 『금당문화』 제3호, 라이프, 2003. 12.

「국사 교과서의 남도 서술 분석」, 『國史敎育』 제5집, 집현전, 2003.

「근·현대의 광주 교육사」, 『光州敎育硏究』 제3호, 2003.

「근·현대의 광주 교육사」, 『光州敎育硏究』 제4호, 2004.

「춘담 최병채의 생애와 교육사상」, 『금당문화』 제5호, 라이프. 2005. 12.

「양진여 의병장의 생애와 활동」, 『양진여·양상기 부자 의병장 실기』, 한일원색, 2009. 12.

「양상기 의병장의 생애와 활동」, 『양진여·양상기 부자 의병장 실기』, 한일원색, 2009. 12.

「광주 인물 도로명의 현황과 문제」, 『시민의 소리』, 2016. 11.

「광주 3·1운동의 재인식」, 『향토문화』, 제38집, 2019. 12.

■ 저서

『중·고등학교 의향』, 노성태 외, 세기사, 1998. 12.

『초등 현장 체험학습, 우리 고장의 문화』, 노성태 외, 날빛닷컴, 1999. 8.

『중학교현장 체험학습, 남도의 문화』, 노성태 외, 날빛닷컴, 2000. 6.

『시내버스를 이용한 소풍 코스 20선』, 노성태, 집현전, 2001. 12.

『국사바라기』, 노성태 외, 늘품미디어, 2003. 2.

『국제고등학교 20년사』, 노성태, 호남 연감사, 2006. 2.

『고등학생을 위한 역사도서 길라잡이』, 노성태 외, 성문당, 2007. 12.

『호남 의병 100년』, 노성태 외, 집현전, 2009. 12.

『양진여·양상기 부자 의병장 실기』, 노성태, 광주광역시 문화원연합회, 2009. 12.

『독립의 기억을 걷다』, 노성태, 한울, 2010. 2.

『남도의 기억을 걷다』, 노성태, 살림터, 2012. 1.

『신한국통사』, 노성태 외, 주류성, 2014. 2.

『광주의 기억을 걷다』, 노성태, 살림터, 2014. 5.

『사진과 인물로 보는 광주학생독립운동』, 노성태 외, 광주광역시문화원연합회, 2014. 12.

『영산강 고대문화 마한』, 노성태 외, (사)전일엔켈스, 2015. 6.

『남도 도자기 로드를 가다』, 노성태 외, 전라남도, 2015. 12.

『역사를 배우며 문화에 노닐다, 남구』, 노성태 외, 아시아문화커뮤니티, 2015. 12.

『영산강 고대문화 마한, 영암』, 노성태 외, 도서출판 로뎀나무, 2016. 8.

『광주·남도 차이나로드를 가다』, 노성태 외, 전라남도, 도서출판 로뎀나무, 2016. 12.

『양동시장에서 서창들녘까지』, 노성태 외, 담희출판, 2017. 11.

『왕인박사 현창사업의 현황과 과제』, 노성태 외, (사)왕인박사현창사업회, 2017. 12.

『다시 독립의 기억의 걷다』, 노성태, 살림터, 2018. 4.

『주제로 본 역사』, 노성태 외, 광주광역시교육청, 2018. 7.

『주제로 본 한국사』, 노성태 외, 광주광역시교육청, 2018. 7.

『광주학의 기원과 역사 찾기』, 노성태 외, 광주문화재단, 2018. 8.

『40주제로 이해하는 한국사 사료독해』, 노성태 외, 씨마스, 2019. 8.

『학생들의 함성, 광주를 넘어 전국으로』, 노성태 외, 광주광역시교육청, 2019. 10.

『남도 안중근로드를 가다』, 노성태 외, 전라남도, 2019. 12.

『광주학생독립운동 90년사』, 노성태 외, 광주학생독립운동기념회관, 2019. 12.

『노성태, 역사의 길을 걷다』, 노성태, 살림터, 2020. 8.

위촉 및 자문 활동

1998. 6. '98년도 광주광역시교육청 교과별 수업모형 정립 요원 위촉(광주광역시교육감)

2001. 2. 제7차 교육과정 직무연수 강사 위촉(광주광역시교육감)

2001. 5. 2001년 중학교 제7차 교육과정 심화과정 강사 위촉(광주광역시교육연수원장)

2001. 5. 2001년 고등학교 제7차 교육과정 심화과정 강사 위촉(광주광역시교육연수원장)

2001. 7. 남구문화원 부설 향토문화연구소 전문연구위원 위촉(남구문화원장)

2002. 5. 2002학년도 광주광역시교육청 광주에듀넷 교사지원단 위촉(광주광역시교육감)

2002. 6. 2002년 테마중심 사회과 수업과정 연수 강사 위촉(광주광역시교육연수원장)

2002. 10. 고등학교 검정도서 검정을 위한 검정위원 위촉(교육인적자원부 장관)

2003. 1. 중등 신규임용예정자 직무연수과정 강사 위촉(광주광역시교육연수원장)

2003. 3. 중·고등학교 제7차 교육과정 심화과정 I · II 강사 위촉(광주광역시교육연수원장)

2003. 5. 제22회 스승의 날 1일 명예교사 위촉(일동중학교장)

2003. 6. 중등사회과 통합지도 직무연수과정 강사 위촉(전라남도교육연수원장)

2003. 7. 답사로 배우는 우리 고장의 문화 직무연수 강사 위촉(광주광역시교육연수원장)

2004. 6. 중등 답사로 배우는 우리 고장 문화과정 강사 위촉(광주광역시교육연수원장)

2004. 6. 지역 문화 콘텐츠 개발을 위한 자문위원 위촉(광주광역시교육정보원장)

2004. 6. '초등 답사로 배우는 우리 고장 문화' 연수 강사 위촉(광주광역시교육연수원장)

2004. 9. 제5기 '사이버현장교원자문팀' 자문위원 위촉(부총리 겸 교육인적자원부장관)

2004. 11. 초·중·고 문화교실 표준모델 개발 추진위원 위촉(광주광역시 교육감)

2004. 12. 중등 생활지도와 학교폭력 예방 교육 연수 강사 위촉(광주광역시교육연수원장)

2004. 12. 일반사회·지리교사를 위한 역사교육과정 강사 위촉(광주광역시교육연수원장)

2004. 12. 2004년 교과교육연구회 연구활동 심사위원 위촉(광주광역시 교육감)

2004. 12. 2004년 교육정보원 학술지 발간을 위한 좌담위원 위촉(광주광역시교육정보원장)

2005. 1. 2005학년도 중등 신규교사 임용예정자 과정 강사 위촉(광주광역시 교육감)

2005. 4. 학국역사교육학회 지역이사(광주) 위촉(한국역사교육학회 회장)

2005. 6. 2005학년도 ICT 활용 교수용 콘텐츠 개발위원 위촉(광주광역시교육정보원장)

2005. 6. '중등 답사로 배우는 우리 고장 문화' 연수 강사 위촉(광주광역시교육연수원장)

2005. 6. '초등 답사로 배우는 우리 고장 문화' 연수 강사 위촉(광주광역시교육연수원장)

2005. 6. 2005학년도 역사과 1정 자격연수 강사 위촉(전남대학교 교육연수원장)

2005. 7. '현장학습을 위한 우리 고장 탐사' 직무연수 강사 위촉(광주광역시교육연수원장)

2005. 7. '중등 답사로 배우는 우리 고장 문화' 평가위원 위촉(광주광역시교육연수원장)

2005. 10. 광주광역시교육청 실천중심 장학자료 개발위원 위촉(광주광역시교육감)

2006. 3. 2006학년도 광주광역시교육청 모니터링 학부모 요원 위촉(광주광역시교육감)

2007. 9. 스리랑카 교원 정보화 연수 강사 위촉(광주광역시교육감)

2007. 11. '남도의 역사 이해' 직무연수 강사 위촉(광주광역시교육연수원장)

2008. 7. 역사과 1정 연수 강사 위촉(전남대학교 교육연수원장)

2008. 8. 충남 역사교사 연수 강사 위촉(충남 당진군 교육청)

2009. 7. 광주교육역사관 설립기획단 추진위원 위촉(광주광역시교육과학연구원장)

2009. 10. 광주교육역사관 설립 실무추진단 추진위원 위촉(교육과학연구원장)

2010. 4. 창의적 체험활동 지원 지도(CRM) 자료 개발위원 위촉(동부교육청 교육장)

2010. 7. 광주교육사료관 및 과학체험관 구축 사업 기술자문위원 위촉(교육과학연구원장)

2010. 8. 중등 역사과 문화사 영역 심화 직무연수 강사 위촉(전라남도교육연수원)

2010. 10. 광양교육청 사회과 직무연수 강사 위촉(광양교육청)

2012. 4. 2012 중등 교실 수업 개선 수업발표대회 장학위원 위촉(광주광역시교육청)

2012. 12. 광주정신 '모바일 체험학습 시스템' 제작팀장 위촉(광주광역시교육청)

2012. 11. '동북아 한민족교육교류협력위원회' 위원 위촉(광주광역시교육감)

2013. 2. '2050 미래 포럼' 문화위원 위촉(광주광역시 시청)

2013. 12. 교육과정 심의회 위원(역사소위원회) 위촉(교육부 장관)

2014. 3. 전남일보 '제10기 독자권익위원회' 위원 위촉(전남일보)

2014. 9. 국립나주박물관 박물관회 임시 이사 선임(국립나주박물관)

2014. 10. 남구사 편찬위원회 위원 위촉(광주광역시 남구청장)

2014. 11. '동북아 한민족 교육교류협력위원회' 위원 위촉(광주광역시교육감)

2015. 3. '근로정신대시민모임' 자문위원 위촉

2015. 5. '중국과 친해지기 사업 추진위원회' 위원 위촉(광주광역시장)

2015. 6. '푸소(FU-SO) 체험 평가단' 평가단원 위촉(강진군수)

2015. 12. '나주 고샅길' 발간 심의위원 위촉(나주시청)

2016. 3. 2016학년도 컨설팅 장학지원단 컨설턴트 위촉(광주광역시교육감)

2016. 6. 맞춤형 혁신 교육 연수 강사 위촉(산정초등학교장)

2016. 7. 광주광역시교육청 '역사·문화 교육위원회 위원' 위촉(광주광역시교육감)

2017. 12. 마한 문화권 개발 자문위원회 위원 위촉(전라남도도지사)

2018. 6. '광주 서부의 생활' 자문위원 위촉(서부교육청)

2018. 3. 지역문화교류호남재단 이사 위촉(지역문화교류호남재단 위원장)

2018. 9. 광주전남 3·1혁명 100주년 기념사업회 학술분과 위원 위촉(준비위원회)

2018. 10. 광주독립운동사적지 표석 설치 자문위원 위촉(광주광역시)

2018. 10. 남북교육교류협력기획단 협의회 위원 위촉(광주광역시교육청)

2019. 4. 제2기 광주광역시 시립학교 개교 심의위원회 위원 위촉(광주광역시교육청)

2019. 4. 안중근의사숭모비 건립추진위원회 위원 위촉(광주광역시)

2019. 5. 사단법인 '동고송' 이사 위촉(동고송 위원장)

2019. 5. 조선대학교 태권도학과 공연작품 '100년 전의 봄' 자문위원 위촉(조선대학교)

국외 연수 활동

1994. 8. 5~8. 11.　백두산·연길·북경(중국, 국제고 교직원)

2000. 9. 19~10. 3.　도쿄·홋카이도·히로시마(일본, 일본 문부성 초청)

2001. 1. 5~1. 11.　오사카·교토·나라·도쿄(일본, 빛고을역사교사모임)

2001. 8. 1~8. 11.　영국·프랑스·독일·스위스·이탈리아(중부 유럽, 광진연)

2002. 1. 9~1. 13.　싱가포르·말레이시아·인도네시아(동남아, 국제고 교직원)

2002. 8. 1~8. 6.　심양·집안·백두산·연길(고구려 유적, 빛고을역사교사모임)

2003. 7. 29~8. 7.　북경·서안·둔황·투루판·우루무치·카스거얼(티베트, 광주교육아카데미)

2004. 1. 14~1. 18.　쓰시마·규슈 지역(일본, 빛고을역사교사모임)

2004. 7. 29~8. 8.　독일·체코·오스트리아·헝가리·폴란드·러시아(동부 유럽, 광진연)

2005. 7. 31~8. 7.　광저우·라싸·장체·시가체(티베트, 빛고을역사교사모임)

2007. 7. 29~8. 2.　블라디보스토크·우수리스크·용정·하얼빈·뤼순·상하이·항저우(보
　　　　　　　　　　훈연구원)

2007. 12. 23.　박연폭포·숭양서원·선죽교·성균관(빛고을역사교사모임)

2008. 7. 31~8. 5.　블라디보스토크·우수리스크·크라스키노(빛고을역사교사모임)

2009. 1. 2~1. 13.　스페인·포르투갈·모로코(남부 유럽, 광진연)

2009. 8. 3~8. 8.　단동·집안·백두산·청산리·용정·해림·산시·하얼빈(김좌진장군기념사
　　　　　　　　　　업회)

2011. 1. 9~1. 12.　오키나와(빛고을역사교사모임, 광주시교육청 후원)

2011. 8. 6~8. 13.　뤼순·단동·집안·백두산·용정·명동촌·하얼빈(흥사단 흥민통, 강사)

2012. 12. 2~10.　부산·오키나와·쓰루가·후쿠오카·부산(인권·평화교류 프로그램 참가)

2013. 1. 25~1. 30.　하롱베이, 앙코르와트 탐방(베트남, 빛고을역사교사모임)

2013. 7. 28~8. 1.　블라디보스토크, 우스리스크(6·15광주·전남본부, 강사)

2015. 1. 17~1. 22.　시안·옌안·태항산(광주광역시교육청 주최, 전남일보 주관)

2016. 1. 7~1. 12.　나라·교토·오사카·나오시마(광주광역시교육청 주최, 전남일보 주관)

2016. 1. 23~1. 29.　오사카·교토·나라·고지현(국제고 일본 국제교류체험활동 참가, 단장)

2016. 8. 2~8. 6.　뤼순·하얼빈·용정·명동촌(광주교육연수원 해외항일유적지탐방, 강사)

2017. 1. 30~2. 5.　나가사키·군함도·구마모토·가고시마(광주시교육청 주최, 전남일보 주관)

2017. 8. 1~8. 6.　뤼순·심양·용정·연길·하얼빈(광주교육연수원 해외항일유적지탐방, 강사)

2017. 8. 7~8. 13.　상하이·항저우·충칭(대한민국임시정부, 광주·전남광복회)

2018. 1. 21~1. 27.　난징·무한·시안·옌안·충칭 연수(광주광역시교육청 주최, 전남일보 주관)

2018. 7. 31~8. 5.　블라디보스토크·명동촌·하얼빈(광주교육연수원 해외항일유적지탐방, 강사)

2018. 8. 7~8. 12.   블라디보스토크·명동촌·하얼빈(광주교육연수원 해외항일유적지탐방, 강사)

2019. 2. 6~2. 10.   나리타·기누가와·도쿄 연수(광주광역시교육청 주최, 전남일보 주관)

2019. 4. 26~4. 30.   블라디보스토크·우수리스크·명동촌(예비답사, 광주교육연수원)

2019. 7. 21~7. 27.   블라디보스토크·하얼빈·뤼순(광주교육연수원 해외항일유적지탐방, 강사)

2019. 8. 4~8. 10.   블라디보스토크·하얼빈·뤼순(광주교육연수원 해외항일유적지탐방, 강사)

2020. 1. 13~1. 20.   상하이·난징·시안·옌안·베이징(광주광역시교육청 주최, 전남일보 주관)

방송 활동

■ TV 출연

1996. 2. 9.	KBC 뉴스 〈대학 입시〉 출연
1996. 3. 10.	광주 MBC 〈일요포커스〉 출연
1996. 11. 27.	광주 MBC 〈97 대학 학과 선택 이렇게〉 출연
1997. 11. 23.	광주 MBC 일요포럼 〈점수에 맞춘 진학지도, 이제는 개선 필요〉 출연
1997. 8. 22.	KBC 뉴스 〈대학 입시〉 인터뷰
1997. 9. 21.	KBC 〈뉴스포럼〉 출연
2004. 7. 24.	KBC 〈접속! 문화세상〉 32회(2004 광주비엔날레 D-50 특집) 출연
2004. 9. 18.	KBC 〈접속! 문화세상〉 37회 '비엔날레 참여관객' 출연
2004. 10. 16.	광주 KBS 〈행복충전 토요일〉 출연
2004. 11. 30.	YTN 뉴스 〈수능 부정 관련〉 인터뷰
2006. 9. 30.	광주 MBC 뉴스데스크 희망 대상 수상 방영
2006. 10. 8.	광주 MBC 희망 대상 수상 시상
2012. 8. 16.	광주 MBC 〈시선집중 광주〉 출연
2012. 12. 22.	광주 MBC 〈시사르포 여기는 지금〉 출연
2015. 8. 17.	KBC 〈시사터치 따따부따〉 출연(광주공원 친일비 청산)
2015. 9. 1.	KBC 〈시사터치 따따부따〉 출현(사직동 역사공원 조성)
2015. 1. 8.	광주 MBC 〈시선집중〉 제1회 마한역사 발표대회 관련 인터뷰
2015. 10. 13.	광주 MBC 〈시선집중〉 한국사 국정화 논란 관련 인터뷰
2016. 4. 5.	광주 KBS 〈시사현장 맥〉 국정교과서 문제 관련 인터뷰
2016. 5. 31.	광주 KBS 〈집중 인터뷰 이 사람(25분)〉 출연
2016. 8. 16.	광주 KBS TV 9시 광주·전남 뉴스 출연(사라져 가는 독립의 현장)
2016. 11. 10.	광주 MBC 7시 뉴스투데이 〈이슈와 사람〉 출현
2016. 11. 12.	광주 KBS 〈공감 다큐, 사람-노성태 편〉 방영
2016. 11. 28.	광주 KBS 9시 뉴스 출연(국정교과서와 5·18민주화운동)
2016. 12. 2.	광주 MBC 〈갑론을박〉 출연(역사교육 어떻게 바로 세우나?)
2016. 12. 5.	광주 MBC 생방송 〈빛날〉 출연(국정 한국사 교과서 분석)
2018. 5. 18.	광주 MBC 생방송 〈빛날〉 출연(팟캐스트 호남가)
2018. 11. 10.	광주 KBS 〈전라도 매력 청〉 출연(양진여, 양상기 부자 의병장)
2018. 12. 4.	광주 KBS 〈전라도 매력 청〉 출연(서암로와 설죽로)
2019. 2. 20.	광주 MBC 〈이슈 in 투데이〉 출연

2019. 2. 20.	CMB 〈집중토론〉 출연(광주 3·1운동)
2019. 2. 20.	광주 MBC 뉴스 출연(광주 3·1운동)
2019. 2. 25.	광주 MBC 〈무등산을 사랑합시다〉 캠페인 촬영
2019. 3. 1.	KBC 뉴스 출연(광주 3·1운동)
2019. 3. 1.	광주 KBS 뉴스 출연(광주 3·1운동)
2019. 10. 15.	광주 KBS 〈전라도 매력 청〉 출연(충장사와 김덕령)
2019. 10. 16.	광주학생독립운동 90주년 기념 KC TV 특집 다큐멘터리, 〈대한 학생〉 출연
2019. 11. 3.	광주 MBC 〈김낙곤의 시사본색〉 토론 프로그램 출연(광주학생항일운동 90년)

■ 라디오 출연

2005. 4. 19.~2006. 4. 18.	광주평화방송 〈금주의 역사〉 50회 출연(노성태 코너)
2010. 3. 1.	〈CBS 시사자키 양병삼입니다〉 출연
2011. 6. 6.	KBS 광주방송총국 제1라디오 〈출발! 무등의 아침〉 출연
2011. 6. 6.	광주교통방송 5시 프로그램 출연
2012. 2. 10.	CBS 매거진 〈시사보도 프로그램〉 출연
2012. 8. 16.	광주 MBC 〈시선집중 광주〉 출연
2012. 12. 22.	광주 MBC 〈시사르포 여기는 지금〉 출연
2014. 2. 28.	광주 MBC 〈시선집중 광주〉 출연(정효룡 항일 독립운동가 유공자 포상 관련)
2015. 5. 4.~9. 13.	광주교통방송 〈재미있는 도로 이야기〉 18회 출연(노성태 코너)
2015. 8. 14.	광주 MBC 〈시선집중 광주〉 출연(한국광복군과 조선의용군)
2015. 11. 12.	광주 MBC 〈시선집중 광주〉 출연(국정교과서의 건국절 논란)
2015. 12. 30.	광주 MBC 〈시선집중 광주〉 출연(국정교과서 파동이 우리 사회에 남긴 것)
2016. 2. 22.	광주평화방송 출연(군 위안부 할머니)
2016. 3. 15.	광주 MBC 〈시선집중 광주〉 출연(초등 사회 교과서 왜곡 문제)
2016. 3. 16.	광주 KBS 제1라디오 〈남도 투데이〉 출연(초등 사회 교과서 왜곡 문제)
2016. 3. 17.	BBS 광주불교방송 〈빛고을 아침 저널 출연〉(초등 사회 교과서 왜곡 문제)
2016. 4. 29.	광주 MBC 〈시선집중 광주〉 출연(역사 교과서 왜곡과 대안)
2016. 5. 11.~2017. 7. 19.	광주 MBC 〈투데이 광주〉 65회 출연(노성태의 남도역사)
2016. 7. 20.	독일 ARD 라디오 인터뷰(국정교과서 문제)

2016. 8. 15.	광주 MBC 〈시선집중 광주〉 출연(건국절 논란)
2016. 8. 23.	광주 MBC 〈시선집중 광주〉 출연(영산강 유역, 마한)
2016. 8. 30.	광주 MBC 〈사람이 좋다! 문화가 좋다!〉 출연(영산강 유역, 마한)
2016. 11. 24.	광주 MBC 〈시선집중 광주〉 출연(역사 교과서 국정화 문제)
2016. 12. 1.	평화방송 〈함께하는 세상 오늘〉 출연(역사 교과서 국정화 문제)
2017. 6. 16.	광주 KBS 〈남도 투데이〉 출연(광주·사직공원 이야기)
2017. 6. 26.	광주 MBC 〈시선집중 광주〉 출연(역사에서 본 미국, 중국과의 외교)
2017. 10. 23.~2018. 11. 5.	국악방송 〈꿈꾸는 아리랑〉 26회 출연(노성태의 남도역사 이야기)
2018. 3. 6.	광주 MBC 〈시선집중 광주〉 출연(소록도 신사 문제)
2018. 6. 26.	광주 MBC 〈시선집중 광주〉 출연(올바른 역사 교과서 서술)
2018. 8. 15.	광주 MBC 뉴스, 인터뷰(학생독립운동 동굴 활용 방안)
2019. 2. 15.	광주 MBC 〈황동현의 시선집중〉 출연(2·8독립선언)
2019. 2. 19.	광주 CBS 출연(광주 3·1운동과 제중원)
2019. 2. 19.	광주 BBC 출연(광주 3·1운동이 재서술되어야 하는 이유)
2019. 2. 20.	CBS 〈매거진 시사보도 프로그램〉 출연(광주 3·1운동의 재구성)
2019. 2. 20.	광주 MBC 〈투데이 광주〉 출연(광주 3·1운동)
2019. 2. 20.	광주평화방송 출연(광주 3·1운동)
2019. 2. 21.	광주 KBS 제1라디오 〈남도 투데이〉 출연(광주 3·1운동)
2019. 3. 1.	광주 MBC 〈투데이 광주〉 출연(광주 3·1운동)
2019. 3. 20.	광주 KBS 제1라디오 〈무등의 아침〉 출연(광주 4·19혁명 역사관)
2019. 8. 29.	CBS 〈매거진 시사보도 프로그램〉 출연(경술국치일)
2019. 8. 29.	광주 MBC 〈투데이 광주〉 출연(경술국치일)
2019. 9. 9.	광주 KBS 〈출발! 무등의 아침〉 출연(5·18교육의 방향)
2019. 9. 12.	광주교통방송 출연(항일로 보는 남도 알기, 임진왜란과 남도)
2019. 9. 13.	광주교통방송 출연(항일로 보는 남도 알기, 한말 의병과 남도)
2019. 9. 14.	광주교통방송 출연(항일로 보는 남도 알기, 안중근 의사와 남도)
2019. 9. 15.	광주교통방송 출연(항일로 보는 남도 알기, 광주학생항일운동)
2019. 11. 1.	광주 KBS 〈출발! 무등의 아침〉 출연(광주학생독립운동)
2020. 1. 3.~현재.	광주교통방송 〈광주매거진〉 출연 중(노성태의 역사 찾기)
2020. 3. 18.	광주평화방송 〈함께하는 세상 오늘〉(시사 프로그램) 출연
2020. 6. 9.	광주 KBS 제1라디오 〈남도 투데이〉 출연(항일독립운동 기념관 건립)